[瑞典] 希赛拉·博克（Sissela Bok）著

胡萌琦 译

公共与私人生活中的道德选择

说谎

Lying

Moral Choice in Public and Private Life

北京大学出版社
PEKING UNIVERSITY PRESS

著作权合同登记号 图字：01-2021-0585

图书在版编目（CIP）数据

说谎：公共与私人生活中的道德选择 /（瑞典）希赛拉·博克著；胡萌琦译. 一北京：北京大学出版社，2022.8
ISBN 978-7-301-32898-9

Ⅰ.①说⋯ Ⅱ.①希⋯ ②胡⋯ Ⅲ.①谎言 – 心理学分析 Ⅳ.①C912.69

中国版本图书馆CIP数据核字（2022）第030656号

Lying: Moral Choice in Public and Private Life
Copyright © 1999 by Sissela Bok
This edition arranged with Peter W. Bernstein Corp.
through Andrew Nurnberg Associates International Limited.

书　　　名	说谎：公共与私人生活中的道德选择
	SHUOHUANG: GONGGONG YU SIREN SHENGHUO ZHONG DE DAODE XUANZE
著作责任者	[瑞典] 希赛拉·博克（Sissela Bok）著　胡萌琦 译
责 任 编 辑	陈万龙　曹芷馨
标 准 书 号	ISBN 978-7-301-32898-9
出 版 发 行	北京大学出版社
地　　　址	北京市海淀区成府路205号　100871
网　　　址	http://www.pup.cn 新浪微博：@北京大学出版社 @阅读培文
电 子 信 箱	pkupw@qq.com
电　　　话	邮购部 010-62752015　发行部 010-62750672
	编辑部 010-62750883
印 刷 者	天津光之彩印刷有限公司
经 销 者	新华书店
	787毫米 × 1092毫米　32开本　10.75印张　300千字
	2022年8月第1版　2022年8月第1次印刷
定　　　价	52.00元

以下文献内容经许可在本书中使用，在此谨表示感谢。

Lewis White Beck: Excerpt from "On a Supposed Right to Lie from Altruistic Motives" in *The Critique of Practical Reason and Other Writings in Moral Philosophy* by Immanuel Kant, ed. and trans, by Lewis White Beck.

Basil Blackwell, Publisher: Excerpt from "Utilitarianism Revised" by R. F. Harrod. Reprinted from *Mind* 45 (1936): 137−56.

The Bobbs-Merrill Co., Inc.; Excerpt from *On the Law of War and Peace* by Hugo Grotius, trans, by Francis W. Kelsey.

Burns & Oates: Excerpt from *Summa Theologica 2, 2,* ques. 110, art. 2, by Thomas Aquinas, literally trans, by the Fathers of the English Dominican Province. Copyright Burns & Oates 1953,1977.

The Catholic University of America Press: Excerpts from "Lying" and "Against Lying" in *Treatises on Various Subjects,* vols. 14, 16, by St. Augustine, ed. by R. J. Deferrari, in *Fathers of the Church series.*

Harvard University Press: Excerpt from *The Poems of Emily Dickinson,* ed. by Thomas H. Johnson. Reprinted by permission of the publishers and the Trustees of Amherst College. Copyright © 1951, 1955 by the President and Fellows of Harvard College.

Alfred A. Knopf, Inc.: Excerpt from *Three Plays* by Jean-Paul Sartre. Copyright 1948, 1949 by Alfred A. Knopf, Inc. Reprinted by permission of Alfred A. Knopf, Inc.

Macmillan & Co., London: Excerpt from "Classification of Duties—Veracity" in *The Method of Ethics,* 7th ed., by H. Sidgwick.

Macmillan Publishing Co. and SCM Press: Excerpt from "What Is Meant by 'Telling the Truth'?" by Dietrich Bonhoeffer in *Ethics,* ed. by Eberhard Berthge. Copyright © 1955 by Macmillan Publishing Co. Inc. © SCM Press, Ltd., 1955.

Methuen & Co. Ltd.: Excerpt from *The Object of Morality* by G. J. Warnock.

Ward, Lock, Ltd.: Excerpt from "Of Truth" in *Essays Civil and Moral* by Francis Bacon.

献给德里克

目　录

致　谢

　　谈到说谎这个主题，就不可避免地引发各种讨论。我很感谢朋友们与我分享他们的想法，尤其要感谢阅读了全部或部分手稿的朋友们：格雷厄姆·艾利森、巴巴拉·巴斯、约翰·布鲁姆、希拉里·博克、哈罗德·布尔斯坦、安·科恩、伯顿·德雷本、内瓦·凯泽、瓦尔特·凯泽、玛格丽特·基斯卡登、梅尔文·莱文、阿尔瓦·米尔达、贝尔塔·纽斯塔特、小约翰·努南、布里塔·斯坦达尔、朱迪斯·汤姆森、鲁斯·温雷布和劳伊德·温雷布。他们的批评意见在我写作的整个过程中意义深远，倘若有些意见被忽视了，责任完全在我。

　　我还要感谢约翰·科克利和德博拉·纳西尼帮助查找和翻译神学文献，感谢德博拉·利普曼在整理手稿方面给予了最专业的帮助。此外，我想感谢对本书编辑詹姆斯·派克的有力支持。

　　最后，我想将本书献给我的丈夫，他对本书的兴趣、批评和支持对我意义重大。

1989 年版序

自本书 1978 年首次出版已经过去十年了。在此期间，围绕诚信与欺骗的话题引发了众多讨论。故而，我不能再继续坚持我在"引言"部分提出的看法，说当代人对这些命题几乎没有做出分析。诚信与欺骗的话题如今频频出现在学校、媒体和学术作品中。美国医学协会 1980 年版的"医学伦理守则"等一批伦理规章也已经写入了强调诚实的条款。

然而，想促使实际生活发生改变，单靠讨论是不够的，更何况，那些最容易受谎言诱惑的人往往倾向于对自身言行中的所有难题视而不见。除了书中提到的水门事件、越战和其他问题，新案例层出不穷。在华尔街的投资公司里，在各类电视节目上，在政治活动中，在伊朗门*丑闻的连锁反应里，我们都已看到，无论是说谎者、闪烁其词者、含沙射影者，还是被他们欺骗的人们，无一例外受到了伤害。我们也看到，随着谎言逐渐演变成庞大的机构行为，大众信任分崩离析。

我没有把这些新案例加在这一版里，以期让这本书变成与时俱进的书，而是将它们放在这些年的另两本新书里讨论，即《秘密：

---

* 20 世纪 80 年代中期，里根政府向伊朗秘密出售武器，事件被披露后造成严重的政治危机。——译者注

论隐瞒与披露的伦理标准》（*Secrets: On the Ethics of Concealment and Revelation*, 1982 年）和《和平的策略：人类价值与战争威胁》（*A Strategy for Peace: Human Values and the Threat of War*, 1989 年）。在前一本书里，我一边分析这些案例，一边探讨了诸如自我欺骗、保密等论题，这些论题是我在本书中为了能集中精力讨论显而易见的谎言而有意搁置的。在后一本书里，我对谎言和过度保密加上了限制，将它们纳入宗教信仰和世俗传统共有的、不分地域国别的道德框架下去考量。

1999 年版序

在准备本书新版的过程中，我不禁想起这样一个告诫：年轻时许愿应谨慎，因为到了晚年，当初的愿望可能成真。我在 1978 年版的引言中提到，希望可以邀请其他人参与我们每个人都要面对的关于谎言和真话的实际道德选择讨论。20 年后，电波中充斥着对谎言的指责，以及各种关于推诿、回避、赤裸裸的谎言和伪证的纷争。近年来，一系列公职人员、银行家、律师、工会领袖和企业高管因在行贿受贿、内幕交易、洗钱、一连串腐败问题上说谎而被电视曝光。科学研究和医疗保健领域的欺诈、便衣警察的诱捕、记者的钓鱼式追踪、图书出版行业舞弊等丑闻也层出不穷。

1998 年，对克林顿政府的指控及反指控细节经由电视节目传遍千家万户，关于说谎与说真话的道德讨论也随之达到白热化。克林顿总统在 8 月 17 日的演说中承认他"误导了"家庭、同事和公众，在很多观众心里引发了心理学家所谓的"闪光灯效应"——一种在事发后很久仍挥之不去的印象。总统在 8 月承认了他本人于 1 月 26 日矢口否认的事情，两次截然不同的公开表态，每一次都表现出绝对的诚意。这两次相互矛盾的声明让他陷入了辩论的中心：什么是谎言，谎言在何种情况下（如果有这样的情况）是合理的？

随后的公开讨论和国会弹劾程序令我书中的大部分案例黯然失色。当隐私面对下流无耻的刺探时，说谎是否更容易获得原谅？

对家人撒谎，为保护同事和客户撒谎，对认定的骗子说谎，对敌人说谎，这些行为的正反论点何在？在什么情况下对信任的损害最严重？

这场论辩如此胶着，以至于被观察家们称为战争。论辩双方在一次次精心策划的战斗中不遗余力地利用媒体来摧毁对手的信誉。谎言与真诚、掩盖与揭秘相交织，其错综复杂达到了前所未有的程度。相应地，从家庭餐桌到学校，从法庭到国会和全球媒体，人们也在反反复复地讨论这些话题。

随着论战的深入，有人指出，为保护隐私，尤其是保护性生活而撒谎，在道德上无可指责，更何况是面对斯塔尔穷追猛打的调查。但继续追问下去，却很少有人会坚持认为，对隐私的主张不仅可以自动成为保持沉默的理由，而且可以作为谎言的辩解。那些官员在就职时就宣誓要"毫无保留、全心全意地"维护宪法，更不应在法庭上故意提供误导性证词。因此，虽然大多数美国人认为克林顿总统在这件事情上的做法是错误的，但他们拒绝弹劾总统，认为这种处理方式过于严苛，带有政治阴谋色彩。

1999 年 4 月 12 日，联邦法院大法官苏珊·韦伯·赖特（Susan Webber Wright）在阿肯色州小石城做出的判决为这场论战画上了句号。赖特法官根据克林顿总统 1998 年 8 月对全国发表的电视讲话和先前 1 月的宣誓证词，裁定他藐视法庭，做出有误导性的不实答复，意在阻碍司法程序：

尽管他对原告诉讼的反感可以理解，但企图用欺骗和谎言阻碍司法程序是绝对不可接受的……对此必须实施处罚，不仅要纠正总统的不当行为，而且要威慑其他意图效仿美利坚合众国总统、以不当行为破坏司法体系诚信的人。[1]

近年来，随着新闻里层出不穷的谎言、骗局和掩饰，人们会很自然地怀疑是否欺骗正在整个社会愈演愈烈，并怀念起更诚信的旧时光。在越战和水门事件的余波中写下《谎言》的我不得不承认，彼时错综复杂的欺骗与保密之网已被超越，尽管后果尚不明朗。估测谎言水平与估测身高体重完全是两回事。鉴于从未被揭穿的谎言所占的比例，半真半假的灰色地带，自我欺骗和伪善，再加上那些谎话连篇的人阻止探究其态度的动机，想对目前社会中层出不穷的欺骗做出评估绝非易事。

但回顾过往，我们无疑可以更容易地看出欺骗水平的变化：社会发展的各个阶段经历了严重程度不同的政治腐败、税务欺诈、医生和其他专业人士默许的谎话，以及人们私生活中接受的各种谎言。但不管我们身处的这个时代如何，可以确定的是，我们接触到的谎言比以往多得多。无论政客或律师的"人均"说谎次数是否比以前更多，事实是，我们意识到的谎言更多了。虽然这些行业中过去也可能存在欺骗行为，但公众不能像如今这样实际观察到。多亏了媒体的全球化，公众如今可以在第一时间获知发生在世界各个角落的欺诈、腐败，这些行为越是肮脏无耻、越是令人瞠目结舌，就越有"新闻价值"。

就在不少大众媒体将注意力过多地放在谣言、丑闻和欺诈行为上的同时，也有媒体关注了社会向更诚信、更负责的行为方式的转变。例如，近几十年来，社会上对危重病患和临终者说谎的传统做法有了很大的改变。除非病人确实能行使对自身状况充分知情的权利，否则所谓按其心愿而拒绝手术和延长生命措施的权利显然只是空谈。类似的，人们在领养、婚外生育、宗教信仰、性取向问题上的态度也更加开放。过去人们普遍认为，在性问题上撒谎是很自然的，因此也比其他谎言更合理。但随着性虐待受害者的觉醒，以及艾滋病和其他性传播疾病的肆虐，这个看法正受到越来越多的质疑。在美国政界，鉴于公众对带有欺骗性质的攻击性广告和抹黑战术的反感，不少州政府建议公职竞选人签署协议，不使用含沙射影、虚假指控的手段。南非、萨尔瓦多、危地马拉等国的真相委员会终于揭开了尘封数十载的关于刑讯、屠杀、"失踪人口"和其他恶行的秘密。

一方面是要求更大的诚信，另一方面则主张给予欺骗行为更广泛的合法性，二者之间的张力始终存在。无论媒体站在哪一方的立场，对欺骗行为的片面关注势必会让人们觉得欺骗行为正愈演愈烈。但不管这种看法有多么普遍，都不应阻挠扭转现状的努力。

此外，我们更要注意，不应让这种想法影响人们的立场，左右人们对生活中遇到的谎言的态度。无论欺骗行为是否会在社会里越来越普遍，诚信与说谎间的道德冲突亘古未变，也始终挑战着我们每个个体和群体。一个人在考虑想成为怎样的人，希望如何对待他人、如何对待自己时，他真实的想法永远是最重要的。

从小到大，我们渐渐明白了什么叫撒谎，什么是受骗。我们开始意识到谎言能带来的力量，也感受到撒谎比澄清容易得多。每个人都会犯此类错误，但选择使用欺骗方式待人接物则是另一回事。人们在权衡谎言时最大的误判就是在孤立的情境下估算利弊，如果觉得收益似乎大于成本，就会倾向于说谎。这种做法有可能让他们对谎言给自身诚信和尊严造成的损害视而不见，并置他人于危险之中。

在这种情况下寻求个体的道德选择，答案很大程度上取决于该时期公众对欺骗行径的态度。在公众眼中，它们是表率还是警诫，是令人兴奋、值得模仿的例子，还是说谎者损人损己、危害脆弱的社会信任的反面典型？无论是哪种，这些例子本身就有一股力量。正如拉·罗什福科（La Rochefoucauld）所说，"没有什么能比榜样更具感染力。大善大恶，都会给他人带来同样强烈的影响。"

若有人问，我们能从如今的这些谎言案例中得到什么教训，那就是：对欺骗抑或诚实的道德选择进行真诚的、清晰的公开辩论至关重要。就此而言，我没有理由收回在第一版中表达的希望进行更多讨论的愿望。因为虽然有大量关于谎言的传闻和指控，以及敷衍了事的花言巧语，但自我第一次写下这个主题以来，也出现了可供严肃讨论的资源和空间。

20 年前，我固然可以借鉴数世纪以来哲学家、神学家和其他人对谎言与真诚的伦理讨论，但当时的同代思想家极少触及这个主题。如果放在今天来写这本书，我可以找出很多近期的、缜密的分析。[2]道德理论课程重新开始关注这些问题，给出了高质量的文本和案例材料，一如几个世纪前那样。实践道德或应用道德各领域的教学计划，很多在我第一次写作本书时尚不存在，如今则涉及了各行各业的欺骗行为。经济学家和政治学家已经探讨了欺骗和背叛行为的制度成本。心理学家研究了欺骗的各种变体，以及从声音或面部表情判断一个人是否在说谎的难度。神经科学的进步则令人们对自我欺骗、记忆扭曲和丧失有了更深入的认识。

我很庆幸，在过去几十年中，能把当代人对诚实与欺骗的这些更广泛、往往也更深入的讨论纳入到自己的写作中。[3] 我的结论依旧是我在《说谎》的最后几句里所说的："信任和诚实是无价之宝，但打破容易重建难。唯有在尊重事实的基础上，它们才能茁壮成长。"

话虽如此，如果是今天来写这本书，我仍会希望增加一些话题，以更好地阐述人们说谎时的动机，以及相关的论点和定义。[4] 第一个话题是"虚构"（confabulation）——这是一个精神病学术语，近期才进入人们的视野，故而很多主流辞典尚未收录。这个词曾有扎堆聊天的意思，但现在用来指称因患阿尔茨海默病或其他精神、神经类疾病而造成脑损伤的人所讲的故事。这些人可能会泰然自若地为自己的生活编造一些虚假的故事，且坚信自己所言千真万确。因此，不能认为他们在说谎或进行任何形式的欺骗。但同时，由于他们的陈述明显背离事实，因此他们的故事也谈不上任何真实性。这个例子表明，就诚实与欺骗而言，单考虑陈述者的意图并不能完全概括不同选择的道德层面。有一大类陈述，言说者并无欺骗意图，但从中却绝对无法引出真诚的交流。在讨论这一类陈述时，还必须考虑除欺骗意图之外所有可能使交流失真的因素。当人们信以为真地表述虚假信息时，可能是因为疲惫、差错、不了解情况、词不达意、神志不清或被他人蒙蔽，但只要他们并非有意误导任何人，其行为就不能算欺骗。他们的陈述可能不实，但没有故意说假话。如果信息的传递经过了中间媒介，比如通过流言八卦或媒体，则可能会进一步被扭曲。同样，在接收端，类似的原因以及诸如听力障碍等其他因素也会造成影响，结果，在信息发出者和传递者并无过错的情况下，接收者却最终受骗。

第二个概念是病理性或强迫性说谎。病理性说谎之于其他各种类型的说谎，就像盗窃癖之于偷窃。这种病理性说谎最极端的形式叫作"幻想性谎言癖"（Pseudologia fantastica），"说谎者会讲述现在和过去生活中的故事"[5]。考量是否可以说谎的道德选择时，也必须考虑到这种强迫性案例，以及该病症对一个人生活的控制。为此，我希望解释一下先前关于一个谎言何以往往带出更多谎言，以及一个谎言"需要用另一个谎言去掩盖，否则就会穿帮"的观点。

第三个概念，"欺骗的喜悦"，解释了欺骗的一系列愉悦的动机，包括说谎行为可能带来的兴奋、诱惑和挑战。心理学家保罗·埃克曼（Paul Ekman）认为，这个术语指的是说谎能够带来的所有积极感受，从误导朋友上当引发的快感，到冒着在外人看来毫无必要的被揭穿的风险说谎而获得的兴奋感。"无论是预见到挑战，还是在说谎的那一刻，甚至还不能确定是否有人相信时，说谎者都会感到兴奋。随后，说谎者会体会到一种如释重负的快感，会为自己的成功而骄傲，或者对受骗者产生一种沾沾自喜的蔑视。"[6]

第四个概念叫"事实倾销"（truth-dumping），它有助于驳斥对说实话和说谎的简单化论证。这个概念是由精神病学家威尔·盖林（Will Gaylin）提出的，指出了冷冰冰的、不必要的或无情的真话可能造成的伤害。[7]那些劈头盖脸责骂孩子的父母，板着脸数落对方缺点的配偶，用残酷的消息令毫无心理准备的病人震惊不已的唐突的医护人员，他们说的可能都是实话，但却违背了尊重、关心他人的基本标准。主张对说谎行为应该更宽容的人们有时会问，如果我们一直说真话，只说真话，世界会是什么样子？审慎而明智的谎言难道不是更好的选择吗？提出这样的问题，是假设我们在这个世界上只有两种选择：要么撒谎，要么不停地、毫无保留地说真话。然而这个假设过于干瘪，没有留下任何自由裁量的余地，没有考虑到人们在人际交往中辨别何为伤害的能力。[8]学会像对待成人那样尊重儿童，从某种意义而言就是要学会各种既真诚又不"倾销事实"的处事方法。

　　然而，这就不可避免地要遇到如何定义谎言的问题。对此，我也想在二十年前的基础上进一步分析。[9]人们似乎经常在某人是否就某件事说谎的问题上意见不一。其中一个原因是，人们对说谎的定义大相径庭，而且往往缺乏公开讨论，因此无法进行比较和批判性地审视。我把谎言定义为"任何故意陈述出的欺骗性信息"，从属于故意以作为或不作为、陈述或不陈述的方式误导他人的欺骗行为的范畴。我将这个定义与其他人的定义进行了比较，相比之下，有些更宽泛，有些更狭义。我认为，无论哪种都未尝不可，"只要人们保有对故意误导言论进行道德评价的特权，不管这些言论是否属于谎言的范畴"。但有一个定义，我只在脚注中提到，却很常见。这个定义非常宽泛，甚至将所有欺骗，无论是否涉及任何形式的陈述，一概视为谎言。于是，我们屡屡在媒体上看到惊人的说法，称一般人每天要说十次、二十次、一百次谎话。鉴于不少人一天中很少说话，更不用说有意误导他人，这种说法从何而来呢？我查证了这些所谓谎言的内容，结果意识到，原来被归入谎言的远不止陈述，还包括一切带有误导性的手势或表情，甚至沉默。

　　马克·吐温在《天堂还是地狱》（*Was It Heaven? Or Hell?*）中

以夸张的形式表现了这个问题。他的故事里有一名医生，按照宽泛的定义，吹嘘自己每天说不止十个、一百个，而是一百万个谎。另有两姐妹，将诚实作为铁律，视撒谎为罪大恶极。这姐妹俩坚持要把病入膏肓的侄女的小女孩带到病床前，逼迫她承认做了骇人听闻的事情——说了一句谎话。医生责备了两姐妹这种用今天的话说叫"事实倾销"的行为。在医生看来，即便是从真实性本身的角度看，这种以诚实的名义胁迫小女孩的做法不仅是残酷的，而且是完全错误的：

> 她说了一句谎话！是吗？愿上帝保佑我的灵魂！我每天要说一百万句谎话！每个医生都是这样。每个人——包括你们——也都是这样……你们凭什么自欺欺人地以为只有说出口的谎话才算谎话？用眼睛撒谎和用嘴撒谎有什么不同？没什么不同。[10]

医生责备姐妹俩如此冷酷地加重侄女的负担，这当然是对的。但如果想避免伤害，她们只需沉默即可。医生关于何为谎言的宽泛标准模糊了一个重要的道德界线。按照他的定义，无论两姐妹是否对侄女说过什么，都是在撒谎。类似的，所有想独自待在家里，却装出兴高采烈的样子朝人群挥手的政客，都撒了成千上万次谎；如果我们在忧郁沮丧的日子里对他人微笑，那也是撒谎。吐温故事里的医生得出的谎言无处不在的结论，一笔勾销了对谎言的一切质疑。既然我们无时无刻不在说谎，那么重要的道德问题就不再是说不说谎，而是说谎是否是出于好意："难道你没有足够的理智来分辨谎言吗？难道你看不出有益与有害的谎言的区别吗？"[11]

另一种我没有充分考虑的谎言定义则是另一个极端。该定义认为，要认定某个陈述为谎言，不仅要求陈述者有意欺骗听众，而且要相信该陈述是虚假的。这种狭义定义的问题在于，执此观念的人，只要能够声称没有做出不仅具有误导性而且事实上是虚假的陈述，就可以抛开所有道德顾虑。如此一来，他们就可以随意误导他人，同时坚称自己绝对诚实。

约瑟夫·康拉德（Joseph Conrad）在《在西方目光下》（*Under Western Eyes*）中塑造的沙俄时期的哲学系学生拉祖莫夫（Razumov）就是持此观念的典型。他决定用"合理的原则"指导生活，其中一条原则就是真实性。他自诩从不明目张胆地撒谎，却欺骗和背叛了身边所有的人，包括他爱的女人。小说末尾，他反思了自己将同学交给秘密警察的行为，渐渐发现了欺骗与背叛的本质：在背叛他人的过程中，"我背叛最多的是我自己。"[12]

正如使用马克·吐温的宽泛定义者大有人在，对谎言持狭义定义的也绝非只有拉祖莫夫。《美国传统词典》（*The American Heritage Dictionary*）同时采用了这两种定义来界定谎言："1. 故意描述成事实的虚假陈述或信息；不实之词。2. 任何旨在欺骗或造成虚假印象的东西。"介于这两种描述之间的，就是欺骗行为。

我仍然坚信，人们应该可以自由地定义谎言，只要他们能明确自己使用的是哪种定义，且不以此蒙蔽自己的道德认知，为自己的言行开脱。但现在，我希望能在此层面上更多地关注各种偏见和自我蒙蔽，及其由此造成的自欺欺人的恶性循环。

在这一方面，我觉得已故的艾丽斯·默多克（Iris Murdoch）

堪称最好的引路人，尤其是她的小说和哲学作品。如果我可以在第一版的引文之外再增加一种观点，那当然非她莫属。

[我们生活的大部分时间]是在寻找真理、想象和质疑。我们通过真理和真实性接触到事实，并由此意识到，洞察力和理解力存在不同的模式与层次。

对道德反思和道德变化（退化、改进）的描述是一切伦理体系中最重要的部分。我们对此类问题的灵活态度，比如把坏的当成好的，把好的看成坏的，往往在诗人、剧作家、小说家的笔下展现得淋漓尽致。

伟大的艺术家会带着正义与怜悯的眼光看待他笔下的人物（无论是悲伤的、荒诞的、令人反感的抑或邪恶的）。他们关注的方向与人之本性相反，是外向的，总是从将一切归结为虚假统一体的自我出发，朝向世间那些惊人的多样性，而引导着这种关注的能力就是爱。[13]

引　言

对真理的尊重一俟丧失，甚或只是稍稍动摇，一切都将不再可信。

——圣·奥古斯丁，《论谎言》(*On Lying*)

若从人们心中去除了自负的观念、虚幻的期望、不切实际的估计和想象，如此种种，则很多人的思维里就只剩贫乏空洞，满脑子都是忧郁不安，自怜自艾，不是吗？

——培根，《谈真理》(*Of Truth*)

通过对自己的长期观察，我发现了人类本质上的两面性。于是我意识到，谦逊能助我出人头地，自卑让我变得强大，而德行教会我如何欺压。

——加缪，《堕落》(*The Fall*)

为了推迟真相可能带来的恐惧与焦虑，医生是否该对濒死的病人撒谎？为了让学生在竞争激烈的就业市场得到更好的机会，教师是否该夸大学生的优点？养父母是否该向孩子隐瞒其被领养的事实？为了研究在诊断及治疗过程中的种族和性别歧视问题，社会学家是否可以让调查人员假装成病患？为了避免急需的福利法案遭否决，政府律师是否该对议会做出不实陈述？为了获取信息、披露腐败事件，记者能否对知情者撒谎？

面对这些选项，我们会有不同的认知。但在上述任何一种情况下，无论是说谎、闪烁其词、保持沉默、还是道明真相，往往都要做出艰难的抉择。说艰难，是因为所谓欺骗，其实有很多种形式，程度可以不同，目的和结果也大相径庭。此外，我们也知道，在家庭、社会和工作中，无论说与不说，在真相和谎言的背后，都不可避免地伴随着各种问题，这使得选择愈发困难。说谎与否，界限难分，一以贯之的原则更不可求。

我和所有人一样，都曾在生活中为这些问题烦恼。除此之外，我还在教授应用伦理学的职业生涯里遇到过这些问题。我曾有机会与护士、医生、律师、公务员和其他很多人探讨工作上遇到的特殊道德困境。在准备撰写关于安慰剂治疗的文章期间，我第一次仔细考察了与职业相关的真相和谎言问题。[1] 面对林林总总的观点，我的困惑越来越多：不少医生谈到此类欺骗行为时都显得漫不经心，常常表现出一种居高临下、开玩笑的态度；而与此同时，患者在得知自己被欺骗后往往会有强烈的受伤害感，不再信任医生。

我发现，这种差异还以一种奇怪的形态普遍存在于医学界。对于病患而言，医学专家的坦诚胜过一切。然而，无论是医学誓言还是伦理条款，却只字不提应对病人如实相告，且在医学教学中也常常有意无意地忽视这一点。

随着研究范围的扩展，我开始意识到，其他不少专业领域中也存在类似的反差。在法律界、新闻界、政界和社会学领域，但凡规则制定者能找到理由，欺骗就变得冠冕堂皇。政府官员和参选人若是认为民众无法理解事实真相，且自己能从谎言中全身而退，多半会行欺骗之举。社会学家以学术价值为由纵容带有欺骗性质的实验。律师在法庭上玩弄真相以维护客户的利益。销售界、广告界和各种宣传领域的从业人员会为了达成目标而误导公众和竞争对手。为了替昔日的患者保密或令其免服兵役，精神科医生不惜歪曲事实。记者、警察和所谓的情报探员则常常为了获取信息毫不犹豫地撒谎。

然而，专业人士这种漫不经心的做法完全没有顾及那些被迫承受谎言影响的人们的感受。对于后者，面对生活中的重要选择却得不到真实信息，束手无策，所谓的自主权又从何谈起。

法规和关于职业伦理的文书几乎提供不了任何帮助。不少专业领域，比如经济学，根本没有相关的道德规范。而现有的法规也未明文规定何种欺骗是正当的、何为不当。*

事实上，说谎的动因对大多数人而言司空见惯。没有多少人会停下来仔细审视眼前的选择，而现有的欺骗行径和竞争压力也令人们很难不随波逐流。人们得不到相关指导，学校里和职场上也不鼓励人们深入辨析。

有鉴于欺骗行为层出不穷，有鉴于我们在这个话题上缺乏真正的讨论，我觉得，公众近来对美国政府、律师、银行家、商人和医生的信心严重下滑与此不无关系。1960 年，很多美国人得知艾森豪威尔总统在 U2 侦察机和飞行员迫降苏联事件上撒谎后大为震惊。

---

*　过去在不少领域中，学者们并不需要制定某种道德标准。但如今，一些领域对社会选择和人类福祉影响深远，因此理应效仿医学、法学等早已有职业规范的行业制定出相应的规范。

但仅仅 15 年之后，经历了越战和水门事件的打击，一次全国范围的民意调查中有 69% 的受访者认为，"过去 10 年里，这个国家的领导人一直在对民众撒谎"。[2]

丧失民众信任的远不止政府领导人。从 1966 年到 1976 年，对大型医疗机构负责人保有信心的公众比例由 73% 降至 42%；对大公司负责人的信任比例由 55% 降至 16%；对律师事务所负责人的信任比例由 24%（1973 年）降至 12%；对广告公司的信任比例则由 21% 降至 7%。[3]

对普遍存在的职业欺诈的担忧并不是民众信心丧失的唯一原因，但肯定起到了推波助澜的作用。我相信，无论是出于个人选择，还是为了或鼓励或遏制欺骗行为的社会决策，我们都应把说真话的问题讨论清楚，必须审视实施欺骗的动因。有些时候，或许我们有充分的理由去说谎，那么究竟是何时呢？在大多数情况下，说谎并不具备合理性，这又是为什么呢？单纯地描述是不够的。选择，意味着要有标准。比方说，对濒死之人，该撒谎还是道出真相？哪一个才是更好的选择？这样的选择是基于怎样的境况，出于怎样的考量？能够支撑或否定这些理由的依据又是什么？

既然我接受过哲学训练，在回答上述问题并提供必要的分析时就很自然地会去寻求道德哲学家的帮助，因为标准、行为、目的、生活方式以及社会制度的选择，都是道德哲学的基本关注点。*

＊ 在我看来，对伦理学最言简意赅的定义出自第欧根尼·拉尔修（Diogenes Laertius） 在 *Lives of Eminent Philosophers* (Cambridge, Mass.: Harvard University Press, 1925, Book 10, Ch.30) 中引述的伊比鸠鲁的话："伦理学关注的是值得追求的事物和应当避免的事物，探讨的是生活方式和泰勒斯（Telos）。"（Telos，即首善、目标或生命的终点。）

那么，有没有某种道德理论能够帮助我们摆脱说真话与撒谎的两难呢？

　　我再次惊讶地发现，可供借鉴的屈指可数。事实上，相比于其他道德选择，形形色色的欺骗行为尽管更常见、更恼人，却极少得到当代人的关注。20 世纪道德哲学领域的几大巨著虽在其他方面颇具洞见，于本话题却三缄其口。八卷本的《哲学百科全书》（ *Encyclopedia of Philosophy* ）索引中，竟然没有一条提及谎言或欺骗，更不用说花上一整篇文章去探讨这些问题了。[4] 即便回溯几个世纪，关于此类问题的零星讨论也只是寥寥数笔，简短生硬。至于其他学科的著作，比如心理学或政治学作品，则往往采用纯粹描述性的或策略性的方式来处理。

　　说真话的困境比比皆是，却为何鲜有分析？想要完全理解个中缘由并非易事。哲学家与应用型领域间的鸿沟是原因之一。与其他学科一样，哲学的专业化也产生了其自身的术语、理论和学术壁垒，既阻挡了门外汉，也限制了圈内人。此外，要讨论何为谎言，就必须先考察何为真理、何为谬误，而不少哲学家对于真理的认识尚存分歧，这就迫使他们不得不提出更大的预设。试问，倘若连"真理"为何都不清楚，讨论又该从何谈起呢？再者，伦理学主要关注的是意义和理论，与具体而微的道德选择相去甚远。

　　因此，我常常不得不回溯到古典时期和中世纪，以便更直接地把握本书的核心问题：当我们为说谎还是说实话而犹豫不决时，该如何做出实际选择？为什么要做这样的选择？出于保护政治难民的目的，是否可以做伪证？或者，是否该为了免受迫害而假装信奉自己痛恨的神明？诸如此类的问题一度在神学家和哲学家中引发了激

烈的争论。*昔日的辩词或已残缺不全，支离破碎，但依然鲜活，
时常给我启发。

　　如今有些人对斯多噶学派、穆斯林神秘主义者、早期基督教教
父或拉比们极深研几、析毫剖芒的热情嗤之以鼻。然而，传统中有
太多的东西值得我们学习。没有这些基础工作，进一步地细分就会
进退失据。

　　眼下，我们恰应重启这场辩论，厘清真相与谎言的界限，力图
找出一条详尽的解决之道，以检验所有看似合理的撒谎动因，从个
体与社会两方面来考察这些理由能否站得住脚。同时，这场讨论切
不可脱离生活实际。因此，我试着从文学、私人生活和工作中寻找
样本。当然，这只是样例，类似的例子我们还能举出很多。挂一漏
万固然难免，但这些例子或可说明谎言的几种主要类型、不同形式
以及说谎的理由。此外，若干行业案例间的比照也有助于我们摆脱
狭隘的专业或个人视角。

　　要达成这些目标，最好的方法是暂且搁置闪烁其词或遮遮掩掩
等欺骗形式，着重拿说真话和赤裸裸地撒谎做比较。倘若我们能在
一定程度上把实质性的谎言辨析清楚，面对更广义的欺骗问题时也
会相对轻松一些。

　　本书的主要任务既不是编订一份谎言和劣迹黑名单，也不是
重复每天报纸披露的上层黑幕。相反，我想关注的是更令人烦恼的
日常困境，而身陷其中的芸芸众生，或是以为人微言轻、恶小不足
虑，或是觉得说谎可以保护他人、造福社会。我们要仔细审视，不

* 本书附录节选了其中部分作品。

是审视那些显而易见的不合理境况，而是审视那些在不少人看来是出于善意、因而似乎合情合理的谎言。

本书的第一至四章阐释了谎言的本质、谎言如何影响人们的选择，以及评价谎言的方法。第五章分析了善意的谎言，并以此说明前述方法的不足。第六章和第七章具体讨论了在何种情况下人们更容易为谎言开脱，是否有些谎言真的具备正当理由。第八章到第十五章进一步详细分析了几类通常被人们视为合理的谎言，比如，在战争中撒谎，对孩童撒谎，出于保守机密或进行调查研究而撒谎。

如果我能够借此说明上述主流做法均对所有人造成了损害，那么接下来最重要的问题就在于：无论是从社会还是从个体角度而言，我们还有其他选择吗？该如何改变？需要怎样的制度层面和个人层面的激励？如何才能让潜在的说谎者知难而退？我在结论部分提出了这些问题，但也只是抛砖引玉而已。我知道，我所设想的替代选项大抵只适用于强制性较低的社会。但我希望，对说真话问题的研究亦能暴露出存在于家庭、机构和社会中的强制与欺骗关系。

本书只是我个人的尝试，旨在缩小道德哲学家和面临实际道德选择的人们之间的距离，并未试图得出最终结论。在此，谨奉上我所采用的方法、自觉有益的工作和尚不成熟的结果，诚邀诸君探讨。

第一章 "全然的真相"可得吗？

"我为此而生，也为此来到世间，特为给真理作见证。凡属真理的人，就听我的话。"

"真理是什么？"彼拉多说。

——约翰福音（John）18:37

如果谎言也像真相那样只有一面，或许对我们更有利。因为我们可以笃定地相信说谎者所言的对立面。但真相的反面却有千千万万，无可穷尽。

——蒙田，《随笔》（*Essays*）

与自由一样，真相只是一种最微小、最虚幻的理念（比方说，关于滑铁卢战役或《春》（*Primavera*）的真相，全然的真相）。

——J. L. 奥斯丁，《哲学文集》（*Philosophical Papers*）

"全然的真相"

若是想对说谎和说真话做一番一般性的探讨，是不是太天真？有人觉得这是不可能完成的任务。他们说，生活太复杂，社会太多样。大巴扎上的讨价还价，日常生活里善意的谎言，为了国防事业而说的不实之词，对奄奄一息的幼童的安慰，这些怎么能相提并论呢？试图做这样的探讨，岂非夜郎自大？

此外，即便以上种种可以以某种方式笼而统之，问题依旧存在：我们怎样才能获得复杂事件——比如奥斯丁提到的滑铁卢战役——的真相呢？须知，纵然简单境况下的真相也不易获得，又当如何完全履行法庭上的誓言"真相，全然的真相，唯有真相"？

这些问题无情地嘲弄着我们试图记住、表述经历的笨拙努力。在有些人看来，"全然的真相"显然是不可得的，这使得他们对人类的交流失去了信心。想获取真实信息尚且障碍重重，更何况交流传播呢。表辞达意的过程中布满陷阱。

例如，医生该如何对病人解释一系列症状、病因和后遗症的"全然真相"？他自己尚且不能全面知晓。即便他说得出——哪怕不完整、有错误、不确定，也不可能在短短数周或数月内向病人解释清楚。此外，生活和经历中的一切息息相通，万事万物都结成一张"绵密的网"，没有任何事件可以用无限回归的方式不加限定地阐释，意识到这些困难，即便最无畏的勇士也会在不知不觉中心灰意冷。

本书意在对这种观点作出回应。全然的真相固然不可得，但这个事实无关我们撒谎抑或说实话、对什么事情和盘托出、对什么事情三缄其口的选择。这些选择是可以拿出来讨论、比较、评价的，由此而得到的哪怕最基本的差异也能起到指导作用。

若说其中有自视过高的嫌疑，那么更多的恐怕是对一切不符合"全然真相"之事的厌弃。这种厌弃或可解释为何当代关于欺骗的思辨如此贫瘠。有趣的是，不愿直面欺骗的心理，恰恰源自对真理执着的追求。

"真理"——再没有哪个概念能让人如此敬畏，又如此强烈地吸引着思考者。从人类探索世界之初，真理为何、人类能否获得真理的问题就一直横亘在我们面前。每一个哲学家都曾为此冥思苦想，*每一种宗教都试图给出答案。

前苏格拉底时代有一种古希腊传统认为，真理（aletheia）涵盖了人们记忆的全部，是经由记忆从注定要流入"遗忘之河"勒忒（Lethe）的万事万物中拣选出的。口口相传的习俗要求人们（往往用歌咏的形式）将信息记忆、传承下去，不至于遗忘。创世的传说、神祇和英雄的谱系、关于健康的箴言，所有一切就这么被记住了，它们都是真理，即便在另一种意义而言完全是虚构或谬误。在这一早期传统中，对歌咏的重复保持了内容本身的生命力，因而也保持了其"真实性"，正如创作艺术品的过程可以视为让物体变得真实并获得生命的过程。[1]

真理与谬误的对立逐渐成为哲学的中心问题，证明的本质也随之凸显。对认识论的巨大热情始自柏拉图，且从此未曾有丝毫消

---

*　浏览一下近期出版的《哲学百科全书》（*Encyclopedia of Philosophy*）的索引，我们就能看出古今反差。正如我在引言中提到的，里面没有一条关于"谎言"或"欺骗"，而关于"真理"的则有一百多条。

退。在逻辑学、认识论、神学和形而上学领域，关于"真理"的话题始终吸引着思考者无尽的关注。[2]由于这些分支学科间的界限并不清晰，其中不少对"真理"的论述也相当模糊。[3]

真相和真实性

就此问题的论述过程中，人们有可能忽视两个领域之间的关键区别，从而造成概念混乱，即混淆了属于道德领域的有意识地坦诚和欺骗，与更广泛的一般意义上的真相和谬误。是否说谎这个道德问题并不取决于你所说的是真相还是谬论，而是在于你是否有意识地误导。

这两个领域常有重叠，在某种程度上甚至互为前提。但真相和真诚不尽相同，谬误和谎言亦然。[4]我们只有弄清其中的区别，注意到两个领域间的重叠与混淆，才有可能在应对说谎的道德困境中略有进展。

这两个领域有时会被视为同一的。当人们认为他们拥有全部真相，而其余一切皆为虚妄时，就会出现这种情形。不少宗教文献或启示录均声称宣扬了真理，那些不接受该信仰的人自然被视为生活在谬误、无知、甚至蒙昧中。若非信徒拒绝接受宗教向信徒揭示的教义或真理，则不仅是犯错，亦是在撒谎。因此，这场冲突也就成了信仰维护者和奸诈欺骗之徒间的斗争。[*]朋霍费尔

---

* 在此信仰之下，"谬误"与"谎言"的混淆间或会引出这样一个结论，即那些掌握真理的人——当然不可能是说谎者——既永离谬误，也永不可能撒谎。为了弄清该结论的意思，我们有必要问一问：永离谬误者绝对不可能撒谎吗？ （转下页）

> 耶稣称撒旦为"谎言之父"。（约翰福音 8.44）这里的谎言主要指的是否认上帝，因为祂已向世人证明了自己。"否认耶稣就是基督的人，不是说谎又是什么呢？"（约翰一书 2.22）[5]

无论是在宗教领域还是在政治领域，人们一旦坚信自己掌握了真理，就会觉得为了真理而撒谎是合情合理的。他们可能会用所谓善意的欺骗来说服心存怀疑者，或者强化信徒的信念。在他们看来，为"更崇高的"真理而撒谎无可厚非。

在人类思想史上，我们可以一次又一次发现这两个领域的混淆。这与坚信真理存在、真理可被揭示和渴望获得真理的传统不无关系。就连尼采在与这种传统的交锋中也难免混淆：

> 只有一个世界，这个世界是虚假的、残酷的、矛盾的、扭曲的、毫无意义的。……我们要用谎言来击败这一现实，粉碎这个"真理"，为了生存，我们要说谎。……谎言是生活的必需品，这本身就体现了存在之可怕、存在之问题重重。[6]

（接上页）绝对不可能做出其他形式的欺骗行为吗？绝对不会犯错吗？绝对不会上当受骗吗？他掌握的是何种形式的知识呢？对此，可以参照苏非（Sufi）派的信条："虔诚者不行骗，智慧者不受骗。"*A Sufi Rule for Novices*, ed. Menahem Wilson (Cambridge, Mass.: Harvard University Press, 1975), p.41.

　　"虚假"这个词有若干含义，这就使得上述两个领域更容易出现混淆。广义上的"虚假"可用于描述所有错误的、不正确的事物，而狭义上的概念则指向人的道德范畴。说某人虚假，不是说此人犯了错误、产生了误解或做了不妥当的事，而是指此人蓄意欺骗、背叛、不信守承诺。若想弄清广义与狭义上的区别，不妨比较一下"假便条"和"假朋友""假经济"和"假证人"。*

　　很多表象和言语都有可能误导我们，但其中只有一小部分是故意为之。海市蜃楼会欺骗我们，但这并非任何人的过错。我们的眼睛一直在欺骗我们。我们还常常陷入自我欺骗和各种偏见。尽管如此，通常情况下，我们知道自己何时是实话实说，何时在撒谎。无论真相与谬误的本质为何，也无论生活中的错误来自哪里，人为因素一定脱不了干系，比如在发出和接收信息时蓄意改变、隐瞒，甚至曲解。** 说到底，人们在或可获取的片面知识和少得可怜的理性之路上，为彼此设置了形形色色的障碍。

　　因此，我们必须从平日里误入歧途的各种方式中识别出蓄意误导，从对真相的无数片面臆断中识别出本意真诚的努力。只有明晰了此间区别，才有可能提出严谨的道德问题。也正是鉴于存在故意操纵信息的情况，法庭才会要求"真相，全然的真相，唯有真相"。

---

　　*　当然，还有更复杂的情况。"虚假"在表示"欺骗的"或"不可信的"之意时，也常常并不直接用来形容某人，而是形容蓄意让人产生误解的事物。"假线索""假上限""假迹象"，弦外之音都有欺骗的意思。

　　**　人与人之间的交流，在信息源头、转播过程中或接收信息时都有可能受到一系列无意的扭曲或干扰。例如，说话者可能因不善于表达而造成错误，或使用了听者不懂的语言。信息在传递过程中有可能受到外界噪音、大气条件的干扰。在接收端，耳聋、疲劳、语言障碍或思维迟滞都有可能影响信息的接收。

不过，我们还有一个障碍。即便伦理学和认识论两个领域分了家，仍有人认为后者更重要。他们主张，只要我们尚不能确定人类是否有能力掌握知识、传播真理，就没必要过分关心真实性。若是认同这种主张，则考究说真话和撒谎的做法就显然毫无意义。如此，对真理的执着便再次助长了不愿直面谎言的心态。

怀疑论者从一开始就对人们的轻信态度提出疑问。他们中最极端的人主张没有任何事物是可知的，而且在践行这一理念的道路上走得相当远。据说，与苏格拉底同时代的克拉底鲁（Cratylus）拒绝参与任何讨论。他认为，在一切交谈中言说者和话语都会改变，无可确定。因此，对于任何言谈，他只是动动手指头，表示自己虽听见了但无意回应。而公元前 3 世纪的皮洛（Pyrrho）则认为没有什么是可知的，因此所谓光荣与可耻、公正与不公也就无从谈起。[7]

这些激进的怀疑论者与那些笃信能获得完全的绝对真理的人们一样，认为比之于真理的烛照和真理缺失的晦暗空虚，说真话或行欺骗的道德问题显得微不足道。因此，这两类人在孜孜以求真理的确定性时，大体忽略了真实性与谎言之别。[8]

然而，克拉底鲁的例子也说明了彻底奉行怀疑主义有多难。大部分把蓄意欺骗和错误混为一谈的思想家仍会设法在日常生活中区分二者。而那些认为"真理"研习应优先于信息利用的人也不会在日常践行这种观念。[9]他们对图书馆的书籍、地铁换乘站、工具、食物做出明智的选择，他们认为某些信息比另一些信息更真实，某些人比另一些人更可信。[10]

尽管有些理论混淆了真相和说真话，或将认识论的确定性置于伦理分析之先，但显然并不会影响日常决定。然而事实上，道德选择往往因此受到伤害。某人尽可以质疑所有知识的可靠性，但从道德层面而言，人们如何彼此相待、如何言行，在他看来却是无关紧要的。尤其糟糕的是，道德重要性的缺失可能影响其本人的道德选择，因为我们虽严于律人，在轮到自己做决定时，却喜欢拿道德选择的可能性来为自己开脱。

哲学家对欺骗问题几乎未做分析，其间最重要的原因不囿于对真相与真实性的看法，而是有着更普遍的考量。在大多数领域中，纸上谈兵都比实际应用来得轻松。伦理学亦不例外。很多人在面对具体的伦理问题时犹豫不决，是因为它们往往掺杂了心理学和政治因素，令选择异常困难。既然还有那么多关于意义与定义、分类与结构的抽象问题，足以挑战我们的创造力，又何苦在道德选择上费心呢？

随着哲学日趋学术化、专业化，哲学家也愈发犹豫。但这种心态其实自古有之。正因如此，公元 1 世纪的埃皮克提图（Epictetus）以"不说谎原则"为例进行了论述：

> 哲学最首要、也是最必要的一个环节是为原则找一个落脚点，使其具体化，例如践行不说谎的原则。
>
> 第二个环节是提出论题，比方说"人们为何不应该说谎"？
>
> 第三个环节是进一步论证和辨析，比方说"此论证站得住脚吗"？论点为何、结论为何、矛盾何在、何为真理、何为谎言？

因此，第三个环节的必要性取决于第二个环节，第二个环节则取决于第一个环节。第一个环节是最有必要的，也是应该着重考察的。但我们实际上却反其道行之，把时间和所有的热情都浪费在第三个环节，全然忽视了第一个环节。就这样，我们一边说着谎话，一边头头是道地论证着不应撒谎的观点。[11]

因此，应用伦理学不受欢迎，除了以认识论为先和混淆了"真理"含义的原因外，不少道德哲学家也认为它缺乏理论挑战。结果，实际的道德选择被忽视，尤其是在谎言问题上。诚然，有不少学者的确提到了说谎，但往往只是作为例子，或者概而括之。对于那些在生活中面临此类难题，犹豫着是否该用谎言保护客户的信心或让病患免遭打击的人们而言，这样的分析毫无助益。

出于上述种种原因，欺骗行为很少引起人们的注意。而教学和职业伦理准则中也同样缺乏真正的分析。如此一来，那些面对着说真话和撒谎的道德两难选择的人们往往要自行制定规则，自己找理由，自行评估。我在后续章节中会详述。但在此值得一提的是，一些想为自己的谎言开脱的人滥用了怀疑主义，得出一个显然荒谬的观点。该谬论认为，既然我们永远无法确定任何事情的真伪，那么只要有充分的理由，说谎与否无关紧要。有些人利用这个观点辩称，他们及其所在的整个行业在与客户打交道时不得不遗憾地放弃真实。例如，在一篇时常被医学文献引用的文章中，某位著名医生如是说：

最重要的是，记住，对病患说真话、将真相和盘托出是毫无意义的。因为这么做是不可能的——根本不可能。……既然不可能说真话，那么真话与假话也就没什么明显区别。

……有一条戒律远比"真相，全然的真相，唯有真相"更古老，它出自我们这个行业，且历来是、也将——如果我可以大胆预测的话——永远是好医生的指导方针：尽可能不要造成伤害。美其名曰说真话有可能伤人，说谎也有可能伤人。……但要尽量少造成伤害。[12]

生物医学调查人员也常常使用同样的论点，声称让受试者签署研究知情同意书毫无意义，因为并不可能有什么真正的知情同意。政府官员在决定不将计划中的战争或紧急措施向公民告知时，用的也是这种论调，而且往往还抛出另一个观点作为补充：既然在真实与虚假之间无限可分、难以界定，因此人们必须基于其他因素来做出最好的决定。

上述观点利用我们对信息充分与否的考量，得出了一个完全不合理的结论，将定义何为善意谎言的权力交给了说谎者。但不同视角带来的差异是惊人的。以上论调全都来自说谎者，而非受骗者。我们可以设想，倘若提出此论调的专业人士的牙医、律师或保险代理人用类似的观点去欺骗他们，他们会如何回应。作为受骗者，我们换位思考一下就可知说谎者想要隐瞒什么。即便真实与虚假之间没有明确界限，也可以制定规则、做出区分。即便无法得到全然的"真相"，也可以去追求真实。

因此，所谓永远无法得到"全部真相"，不应该成为在狭义范围内探究说真话抑或撒谎问题的障碍。跳出认识论在某种程度上优先于伦理学的观念是有可能的。这两个领域互相滋养,但并无高下。同样,我们也可以避免因混淆了"真相"与"真实性"而产生的谬见,审慎地区分信息的充分性和相关性。基于此,我们可以合理地继续对欺骗给出定义,并分析由它引发的道德困境。

界定蓄意欺骗和说谎

当我们蓄意欺骗时,传递出的信息旨在误导他人,让他们相信我们自身并不相信的东西。我们可以通过举止、伪装、通过某种作为或不作为、甚至通过沉默达到这一目的。在这种种带有误导性的信息中,有哪些可以归为谎言呢?在我的定义中,任何以表述的形式传达出的蓄意欺骗信息就是谎言。表述的方式通常是口头或书面,当然也可以是烟火信号、莫尔斯电码、手语等等。因此,欺骗是个较宽泛的概念,而说谎是其中的一部分。*

这个定义与哲学家和神学家给出的定义类似,但不全然相同。[13] 因为定义的措辞选择往往体现了其本身的道德困境。某些宗教和道德传统严格禁止一切谎言。但有不少信徒希望,至少在某些情况下可以允许有意识的误导性说明。因此,对于他们而言,唯一的解决之道就是把某些误导排除在谎言界定之外。被众多新教思想家奉为先驱的格劳秀斯(Grotius)就是这么做的。他

---

* 从定义上来说,完全可以把"谎言"等同于"欺骗"。比方说,"活在谎言中"这个表述就是个很好的例子。不过,鉴于本书的写作目的,我们最好还是把带有欺骗性质的陈述——即谎言——和其他形式的欺骗行为加以区分。

辩称，对那些不配知道实情的人——比如窃贼——说假话，算不得说谎。[14] 也有时候，人们觉得严格的传统过于死板，有必要为可允许的误导性表述网开一面。于是，诡辩家们创造出了"心理保留"的概念，用比较极端的方式表述，就是一个人可以做出纯粹误导性的陈述，只要他在头脑里添油加醋一番，使之为真即可。[15] 按照这个方法，如果有人问你是否打碎了某人的花瓶，你可以回答"没有"，同时在自己的头脑里添加一个"去年没有"的心理保留，就可以把此番表述变为真话。

这样的定义满足了某种特殊目的，允许人们在遵守严格传统的同时，在实际生活中能按照自己的希望拥有一定的回旋余地。传统越是严格——例如天主教的部分支派和加尔文教——这种"定义过的"变通方式就越受欢迎。当某项法律或规则过于严苛，以至于大多数人无法遵守时，人们就会不断地寻找漏洞。对说谎的规定亦是如此。

关于谎言的界定，无论狭义还是广义，我觉得都未尝不可，只要人们对于故意误导性表述——无论其是否属于谎言范畴——仍保有道德评价的权力。*但狭义上的谎言定义往往挟带了一个本身有待考量的道德术语。例如，如果说对那些无权获得信息的人说假话不算说谎，那就忽略了一个大问题：什么才叫有权获得信息？为了

---

* 让我们用"打人"这个定义来做个类比。假设你信奉的宗教严格禁止一切"打"人的行为。在此情况下，如果你依旧希望得到在自卫或游戏中打人的许可，那么就可以给"打"下个定义，使其不包含你想获准实施的行为。你可以把"打"人定义为在无权攻击他人的情况下对他人发起攻击。

避免这种困境，我转而选择了一个更中性、更宽泛的谎言定义：以表述的形式给出的故意欺骗信息。

所有的欺骗性信息，无论是否是谎言，都会或多或少受自我蒙蔽[16]、错误和实际欺骗意图三方面影响。这三个因素如同厚度、曲度、颜色不一的滤镜，改变了欺骗者和受骗者对信息的体验方式。更为复杂的是，有意行骗的人可以操纵利用这些滤镜，可以利用部分人的偏见、想象，以及整个系统的错误和混乱。

这些滤镜的相互作用相当复杂，经由此，我们传递信息、彼此感知。人们对交流复杂性的认知不断加深，也更多地了解了大脑在信息传递和接收过程中扮演的角色。我们发现，每个人都会否认、以偏概全、歪曲事实、丢失记忆，也都有精准描述、再生和创造的能力。此外，交流需要一段时间，且常常涉及至少两人。很多关于谣言的实验表明，当信息从一个人传递给另一个人时，即便没有人为的故意欺骗，也会被扭曲、部分增减，甚至几乎难辨原样。[17]

单单试着去全面思考这些因素，就足以让我们对建立欺骗问题的道德标准心灰意冷。因此，我建议我们在接下去的章节中搁置这些滤镜，以便专注于纯粹的谎言——也就是带有明显的误导意图的、说谎者明知自己所言不实也无意去相信的假话。当然，我们必须始终意识到滤镜的存在，始终不要忘记潜在的复杂性。但与先前要考虑所有微妙变化相比，我们至少可以对纯粹的谎言做出更敏锐的判别。尝试着去解决这些谎言造成的问题至关重要。毕竟，相当一部分最尖锐的道德选择都会涉及是否要毫不掩饰地说谎。

如果我们能够让这些选择变得更清晰，减少残存的疑问，那么或许之后就可以从更坚实的基础上出发，重新考察各种模棱两可的困境。因此，在接下来的篇幅中，我会经常把明显的谎言挑出来单独考察。这种谎言对我们的认知和选择有何影响？在什么情况下，此类谎言有可能合乎情理？

第二章 真实性，欺骗和信任

若是人们认为没有义务去保持真诚，并依此行事，时而说真话，时而言不由衷，那岂不是破坏了所有交谈的乐趣和叙事的信心？人们交谈时就只剩下讨价还价，而且将很快失去对彼此的信任。

——弗朗西斯·哈奇森（Francis Hutcheson），

《道德哲学体系》（*A System of Moral Philosophy*）

什么是伟人？……他宁可撒谎也不说出真相，这需要更强健的精神与意志。他的内心有一种孤独，既无法赞美也无可指责，他自己的正义无可诉求。

——尼采，《权力意志》

（*The Will to Power*）

毕竟，说谎是博弈论的一种衍生。它至少涉及两个人，说谎者和被骗者；传递了某个信息，且该信息的可信度和真实性都很重要；它按照说谎者的预期影响了对方将要做出的选择；说谎还是不说谎，是说谎者策略选择的一部分；对方相应地有可能说谎、根据一些先验预期来做出判断；回报配置的可能性多种多样……

——托马斯·谢林 (Thomas Schelling),
《博弈论与伦理体系研究》(*Game Theory and the Study of Ethical Systems*)

谎言和选择

欺骗与暴力是蓄意攻击的两种形式。[1] 这两种形式都可以迫使人们违背自身的意愿行事。大部分由暴力形式给受害者造成的伤害也可由欺骗实现。但欺骗对人的操纵更微妙，既可通过行动也可通过信念达成。即便是战无不胜的奥赛罗也因谎言毁了自己和苔丝狄蒙娜。

对欺骗中的强迫因素以及我们自身弱点的认知，让人们形成了以真实性为本的观念。当然，欺骗与暴力一样，也可以用于自我防卫，甚至纯粹为了生存目的。欺骗行为可以是无伤大雅的，比如善意的谎言。然而，它潜在的强迫性和破坏力之大，以至于若不能在一定程度上加以限制，就足以阻碍社会的运转。*

设想有这样一个社会，无论其各方面多么理想，却永远不能相信人们的言谈和举止。提问、回答、信息交换，一切都将毫无价值。倘若所有的表述或真或假，完全随机，那么行为和选择就自始失去了根基。交流必须基于最低限度的信任，语言和行动才不至于

---

* 当然，真实的言论虽然无意欺骗，但也可以带有逼迫性和破坏性，可以被用作武器，实施伤害和暴力。

像在黑暗中抓瞎。正因如此，人们纵然在遵守其他道德原则方面有诸多不足，却始终将某种程度的真实性视为人类社会的要素。正如塞缪尔·约翰逊（Samuel Johnson）所言，即便魔鬼也不会对彼此撒谎，因为若没有真相，地狱社会也无法存续。[2]

由此可见，如果一个社会的成员无法区分真实信息和欺骗性信息，这个社会就会崩溃。但在全面崩溃之前，首先受到威胁的将是个体的选择和生存。人们不能指望在寻找食物和庇护所时得到他人的帮助，井水有毒的警告或求救信号也会因无法证实而被忽视。

我们所有的选择都取决于对形势的估计，而这种估计又往往必须依赖他人的信息。谎言歪曲了信息，因而歪曲了我们认知到的境况，影响了我们的选择。用哈特曼（Hartmann）的话说，谎言"伤害了受骗者的人生，令他误入歧途"。[3]

知识就是力量，而谎言也在同样的程度上影响着力量的分配。谎言增加了说谎者的力量，削弱了受骗者的力量，在不同层面上改变了后者的选择。[4] 首先，谎言会产生误导，令受骗者希望达成的目标变得模糊不清。它会使目标看上去遥不可及或不再有吸引力，甚至可以造出一个新目标，比如让伊阿古决定杀死苔丝狄蒙娜。

谎言还可能掩盖相关的备选方案，例如旅行者得到错误的消息，说桥已坍塌。有时，谎言会让人们以为有更多的选择，也有时，谎言可能让人们对最佳替代方案失去信心。同样，成功的欺骗可以随心所欲地改变行动的成本与收益预估。美国出兵越南造成了巨大的伤亡，其中至少有部分原因是有人用欺骗手段（同时还夹杂着自欺欺人）将过分乐观的信息灌输给决策者。

最后，选择的不确定程度也会被欺骗所左右。欺骗可以让形势扑朔迷离，也会让情况呈现出虚假的确定性。它可以影响人们看到的目标、可能的替代方案、对风险和收益的评估。这种对确定性维度的操纵是欺骗者剥夺受骗者的选择、从而增加自身力量的主要手段。欺骗可以使一个人采取原本不会选择的行为，也可以通过掩盖选择的必要性来阻止某种行为。这就是伪装和掩饰的本质——创造表面上的常态以避免怀疑。

　　每个人都会依靠欺骗来摆脱困境、挽回颜面、避免伤害他人的感情。有些人会有意识地利用欺骗手段来实施操纵、谋取优势。然而，所有人也都能意识到谎言可以构成的威胁、可能带来的痛苦。这样的对立经验人尽皆知，因此只强调其中任何一面会更令人费解。欺骗者和受骗者，为何会对欺骗的影响有如此截然不同的评价呢？

受骗者的角度

　　得知自己在某件重要事情上——比方说父母的身份、配偶的感情或政府的诚信——被欺骗，人们都会感到愤怒、失望、怀疑。他们觉得自己被要弄了，会对新提议疑心重重。谎言揭穿后，他们带着新的认知回头审视自己过去的信念和行为，发现自己被操纵了，意识到欺骗使得自己无法根据现有的最充分的信息做出选择，无法按照自己的意愿行动，无法达成原本可以达成的事情。

　　诚然，即便知情，人们也未必一定会做出个体选择。他们有可能决定放弃选择权，让其他人——比如监护人、财务顾问或政治代表——为自己选择，甚至会决定完全放弃基于常规信息的选择，转而相信星相、骰子和占卜者。

但这样的替代方案应该出于个体的意愿，而非受谎言的摆布或其他形式的操纵。我们大多数人都不愿失去控制权，希望可以在最佳信息的支持下，自行决定把哪些事委托给别人，哪些由自己做出选择。我们之所以不愿失去控制权，是因为从经验中知道，当别人选择欺骗我们时会有怎样的后果，哪怕是"为了我们好"。当然，很多谎言其实无伤大雅。但既然我们在被骗时无从判断哪些谎言是无伤大雅的，既然我们并不能相信说谎者会仅限于此，那么，从受骗者的角度而言，我们自然会对所有欺骗都保持警惕。

受骗者的角度并不限于实际受骗者。受骗的或许只有一个，但其他很多人也有可能因此受到伤害。如果某个市长在开征新税收之必要性的问题上撒谎，整个城市都要承担相应的后果。因此，所有能感受到谎言影响的人，无论其本人是否被骗，都会与被骗者感同身受。例如，当美国公众和世界舆论因受错误引导而相信轰炸柬埔寨行动尚未开始时，柬埔寨人就承担了严重的后果，尽管很难认为他们自己在轰炸一事上受了欺骗。

在此，怀疑论和决定论之间出现了一个有趣的平行对照。怀疑论否认知识的可能性，决定论则否认自由的可能性。然而，知识和自由正是做出合理选择所必需的。因此，无论是怀疑论者还是决定论者，只要他由衷地信奉那套主张，就会失去自主选择，如同风中的枯叶任由外力摆布。很少有人会走到如此的极端，更多的人或许会在需要给撒谎找借口时有选择地搬出上述观念。他们会声称，谎言从总体上并不会增加或减少受骗者的错误信息，也不会令他们"不自由"。然而，如果站在受骗者的角度来看，这样的借口着实空洞。倘若想让说谎者和我们这些受骗者一样，明白道德选择在生活中的意义，就必须搁置怀疑论和决定论。

欺骗可能带有强迫性。若欺骗行径成功，欺骗者就可窃取承受谎言恶果的人不愿放弃的权力。就此角度而言，显然不应主张人们可以想撒谎就撒谎，且不必受到任何惩罚。即便说谎者有充分理由，该主张也同样不合理，因为说谎往往伴随着其他形式的不法行为，如谋杀、贿赂、逃税、偷盗，不一而足。因此，拒绝纵容想说谎就说谎的权利，就是在保护我们自身免受欺骗者试图用谎言掩盖的其他不法行为的伤害。

正是在这个意义上而言，受骗者的角度印证了亚里士多德的观点：

> 谎言是卑鄙的、应受谴责的，真相则是高尚的、值得赞美的。[5]

评判说真话与撒谎，须知其初始条件即有差异。说谎需要理由，而说真话无须理由。谎言需要辩解，且在任何情况下，都必须给出理由说明某个特定的谎言何以不算"卑鄙"、无须"受谴责"。

说谎者的角度

另一方面，站在说谎者立场的人则有另一番考虑。对他们而言，选择往往并不容易。他们或许赞同马基雅维利的观点，认为"不拘小节"者方可成"大事"。他们或许笃信，自己明智地使用了谎言赋予的力量。他们可能自认为有能力分辨什么时候才应该撒谎。

　　说谎者和受骗者一样，也不想被欺骗。因此，他们对撒谎的态度是：自己可以说谎，但其他人应该诚实。换句话说，他们想要的是"单纯享受利益"，既能从谎言中得到好处，又不必承担上当受骗的风险。有些人希望只有自己可以享受这种"单纯的利益"，有些人则把适用范围扩展到了朋友、社交群体或同行。这一想法涵盖的人群或多或少，但必有一个前提，即假设大多数人是诚实的。单纯地享受利益乃是例外情形，若社会上每个人都去谋求此种特权，则例外也就不复存在。

　　有时，说谎者的举动俨然自认为有这种单纯享受利益的特权，因而也就显得冠冕堂皇。也有时情况恰恰相反，因为其他人说了谎，便让他们觉得自己行骗亦无可厚非。有的人说谎是为了利用他人的慷慨占便宜，有的人说谎是为了在堕落的社会中生存下去，区分这两种人至关重要。*

　　没有人愿意上当受骗。但不少人面对是否行骗的抉择时，却往往希望能以更微妙的方式权衡利弊。他们或许会为撒谎找出一些特殊理由，比如要保守秘密或者为了顾及某人的感受，尤其喜欢以善意为借口，而受骗者却未必能感受到说谎者所谓的善意。

　　不过，说谎者虽对自己的谎言给予善意的自我评价，却往往忽视了几种不利因素和伤害。说谎者通常只考虑到谎言对他人造成的直接伤害以及他们希望借此获得的利益。这样的考量有个缺点，即

---

　　* 虽然这两种人不一样，但密切相关。如果有相当一部分人抱着单纯享受利益的目的去撒谎，那么早晚有一天，所有人都会不得不为了生存而撒谎。

忽视或低估了另外两种伤害：谎言给说谎者本身带来的伤害，以及对总体信任度和社会协作造成的伤害。二者均有累积效应，且难以逆转。

谎言如何影响说谎者自身？首先，他知道自己说了谎，这个事实影响了他。他或许会认为自身的正直因此受损，且再次面对受骗者时定会格外小心。他明白，如果别人发现他说了谎，自己的信誉就将毁于一旦。1961 年，阿德莱·史蒂文森（Adlai Stevenson）被迫在联合国就美国在猪湾事件中扮演的角色做出不实之词时，他的人生就此改变。他或许事前并不知道自己要传达的信息失实，但为这种欺骗手段承担责任已是不易，以如此公开的方式失去同行的信任则更加难堪。

在重要的事情上公开撒谎，一旦被揭穿，说谎者将反受其累。那么我们是否可以认为，所有的谎言都会造成这样的后果？那些偶尔说说善意的谎言的人呢，谎言也会以同样的方式伤害他们吗？很难说。一个微不足道的谎言并不会有损于说谎者的正直。然而，说谎者往往从善意的角度看待自己的大多数谎言，从而严重低估了自身面临的风险。一个谎言固然并不一定会给说谎者造成伤害，但风险始终存在。

谎言不单行，这个事实也大大提升了风险。正如一名智者所言，说谎容易，但只说一个谎话却很难。第一个谎言"必须用另一个谎言来掩饰，否则就会穿帮"。于是，谎言越编越多，说谎者要不停地修修补补。每多一个谎言，他背负的压力就增大几分，因为要有出众的记忆力才能自圆其说。[6] 说谎者无谓地付出了诚实者可以自由支配的精力。

此外，万事开头难。一旦突破了心理障碍，撒谎似乎就显得既有必要，也不那么可恶。说谎者的道德判断力变得迟钝，对露馅的担忧不再迫切。即便谎言没有被揭穿，这些变化也会潜移默化地影响说谎者的行为，令他不如诚实正直的人那般可信。而且，频繁地撒谎不可避免地增加了露馅的危险。届时，纵然说谎者本人对失去完整性（integrity）*不以为然，也定会因谎言被揭穿而导致的信用扫地而后悔。有趣的是，尽管谎言往往会在短期内让说谎者拥有凌驾于受骗者之上的力量，但一俟说谎者再也得不到他人的信任，其力量也会大幅削弱。

因此，即便说谎者不在乎欺骗行为对他人的伤害，也至少该因谎言给其自身带来的上述种种风险而慎重权衡。可惜，说谎者极少考虑这些风险。偏见影响判断，这一点在为撒谎找借口中体现得最为明显。无知和不确定因素不仅令说谎者高估了自身的善意和动机，增加了投机心理，也令他们过分相信自己的心理素质，以为可以不受个体纠缠、担忧和丧失正直感的困扰。[7]

如此一来，说谎者赋予自身的这种单纯享受利益的地位，就与

---

*　integrity 与 intact 和 untouched 词根相同。这个词尤其常见于有关真实性与公平交易的描述，我认为，它体现了这样一种观念，即说谎是对自身的伤害。这种言行不端累积其身的观念在不少传统文化中都有所体现。例如，《孟子》有云："人之有四端［仁、义、礼、智］也，犹其有四体也。有是四端而自谓不能者，自贼者也。"参见 Merle Severy, ed., *Great Religions of the World* (Washington, D.C.: National Geographic Society, 1971), p.167 和 W.A.C.H. Dobson trans., *Mencius* (Toronto: University of Toronto Press, 1963), p.132。

其他所有不受约束的权力一样不可取。事实上，鲜有人能通过撒谎"单纯得利"。我希望在本书中探讨对说谎者本人和他人造成较少伤害的特殊情况，以及可以将这些特殊情况区分出来并加以控制的手段。但若说对说谎者本人完全没有伤害，那是不太可能的。

偏见还常令说谎者忽视另一种伤害。因为即便他们努力掂量谎言对包括自身和他人在内的个体的影响，仍往往无法考虑到谎言的多种传播途径，以及由此出现的一系列可能对人类社会造成损害的行为。这些行为显然不仅影响到孤立的个体。社会信任其实很脆弱。在谎言传播的过程中，无论是鹦鹉学舌还是为了报复，又或者是为了预先阻止上当受骗，都会破坏人与人之间的信任。而信任恰恰是一种需要保护的社会利益，一如我们呼吸的空气和饮用的水源。一旦信任被破坏，整个社会都会遭殃，信任瓦解之时便是社会分崩离析之日。

在我们生活的这个时代里，对信任的伤害有目共睹。人们对政府官员和专家的信心已严重下滑。反过来，这也是那些打着"国家安全"或"对抗制诉讼"等冠冕堂皇的名头行欺骗之举的事件被揭穿后，人们最自然不过的反应。无论是宣称中央情报局没有参与拉美政变，还是宣称新数据显示经济形势已出现好转，想让人们重建对美国政府的信心，都非一朝一夕之事。此种让民众失去信任的所作所为，不仅来自人们耳熟能详的官员，也来自政府内外无数或身居要职、或寂寂无闻的人士，而且每一次似乎都有极重要的理由。

举个例子。有名政府官员希望国会通过一项至关重要的反贫困立法，但他觉得有一名国会议员不理解此项法案的重要性和紧迫性，且此人的影响力足以阻止该法案通过。为此，这名政府官员是否该对那名国会议员撒谎？他是否应该骗他说，除非此项法案通过，否则政府将推行更大范围的措施？

在回答这个问题时，我们不妨把目光从孤立的案例本身放宽到相关的一系列事件中。这种欺骗行为会对知道内情的同僚和下属产生什么样的影响？当国会议员们或多或少地看穿了谎言时，会做何反应？当选民们了解到这些或类似的做法时，又会受到什么影响？考虑过这些问题，然后再回过头来，想想这名为法案能否通过而忧心、希望借助小小的欺骗行为左右关键一票的官员该怎么做。

《启示录》中的这段话（22.15）看似古怪，却正体现了对谎言造成的伤害的担忧：

> 其他此类必被挡在［天国之城］外：犬类、下药者、淫乱者、杀人者、拜偶像者和所有行骗说谎者。[8]

此话表达出了强烈的群体忧虑，恰与马基雅维利从个体角度出发的那段充满自信的陈述形成鲜明的对照：

> 人们是如此单纯，且随时准备服从眼前的需要，以至于骗子总能找到自愿上钩的目标。

有差异的角度

上述两种角度的差异解释了我们大多数人何以对谎言抱着模棱两可的态度。我们知道说谎的风险，希望别人不行欺骗之事，但同时也认为，如果自己能够说谎而不受惩罚，那么谎言有时不仅是有用的，甚至是必要的。然而这两种角度均是片面的，都带有道德判断的偏见和肤浅。即便是从受骗者的角度出发，也有可能导向对其不信任之人的毫无理由的、带有歧视的怀疑。

我们要学会在两种视角间切换，甚至同时从两方面着眼，就如同努力看到视觉幻象的两面那样。在伦理学上，这样的双重关照指向了黄金法则：不仅要从行为主体和施动者的角度去体验某人的行为，也要从接受者、甚至受害者的角度去体会。虽然将自己置于某种从未体验过的命运之中、设身处地站在他人的角度上往往并非易事，但在说谎这个问题去换位思考却不难。我们都知道说谎是怎么回事，都曾受欺骗，都曾被怀疑（无论是否确有其事）。从理论而言，我们都能很容易地体会两种角度。因此，重要的在于，当我们萌生了说谎的念头时，要努力从两个角度去判断。也正是在抉择关头，遵循黄金法则才显得最为困难。穆斯林神秘主义者阿尔－加扎利（Al-Ghazali）给角度转换提供了如下建议：

> 如果你想认识到说谎有多么不道德，那就想想其他人的谎言，想想你自己是如何力图避开，想想你对撒谎者有多么鄙视，觉得与之交谈乃污浊之事。用同样的方法去考察你自身的所有恶行，因为你无法从自己身上意识到恶行之恶，而只能借助他人。[9]

就上述两个角度而言，欺骗与暴力间的相似性再次令人震惊。暴力和欺骗都不仅意味着非正义的胁迫，也可以作为自卫和生存的手段。从受欺骗和被攻击者的立场看，这两种手段皆令人担忧，因此受到法律和习俗的制约。宗教和伦理领域也同样禁止欺骗或暴力，并给出了应对胁迫的建议。

然而，站在施动者，也就是说谎者和施暴者的立场，暴力和欺骗却被称颂了千年。英雄利用诡计生存、获胜。若从这个角度考察，则暴力和欺骗都是值得鼓吹的。这种观点不仅为尼采和马基雅维利所赞同，也在史诗中俯首皆是。例如，《奥德赛》里，雅典娜就微笑着对奥德修斯说：

> 能应付你的人必得如蛇一般犀利、狡诈；
>
> 即便是神明也得遮遮掩掩向你鞠躬。
>
> 你！你是变色龙！
>
> 诡计多端！在你自己的国家里
>
> 也不暂且放下谋略
>
> 或停止盘算吗？
>
> 伪装有如你坚韧的皮肤。
>
> 不过，到此为止吧。你我皆然，
>
> 都善于谋划。在世人中
>
> 你最擅长编故事。
>
> 而在诸神中，我也以智慧和诡计著称。[10]

真实原则

受骗者的角度揭示了谎言不受欢迎的若干原因。能够意识到这一点的人，完全有理由担心未被揭穿的谎言会给说谎者和受骗者的选择带来怎样的影响。他们也都很清楚揭穿谎言、提出疑问会对信任和社会合作造成怎样的冲击。他们担忧的不仅是孤立的谎言，更是谎言所构成的一系列行为以及造成的长远后果。

出于上述原因，我认为，我们至少应当首先接受亚里士多德的观点，即谎言是"卑鄙的、罪恶的"，并且除特殊情况外，说真话比撒谎更可取。这个前提让谎言的初始值为负。也就是说，从选择角度而言，我们的价值判断并非中立，说谎需要辩解，而说真话通常无须理由。它为说谎者对自身动机和说谎后果所做的粗略评估提供了一种平衡，且把举证的责任归于持说谎者视角的人身上。

这一反对谎言的预设也可以突出真实性或真实的正面价值。[11] 在接下来的章节中，我想借"真实原则"来探讨我们在权衡说真话与撒谎时的初始不平衡。

该原则未必优于其他原则，甚至也不是最常用的原则之一。鉴于这世上尚有赤裸裸的暴政或自以为坦诚而洋洋自得的施暴者，该原则显然亦非充足。毋宁说，在某种程度上对真实的信任乃是人际关系的基石，若这种信任破裂或消失，社会就会土崩瓦解。*

这样一个原则不因所有谎言初始的负值而一律将其抹杀，甚至也未暗示何种谎言应被禁止。但它至少对谎言设下了一项限制：在

---

　　*　说到信任，真实原则的基础作用是显而易见的。我可以举出各种各样的信任：比如相信你会公平地对待我，相信你会考虑到我的利益，相信你不会伤害我。但如果我不信任你的话，那么还能真正地相信上述三种信任吗？如果我们对他人的真实性没有信心，又如何能评估他们是否公正，如何能对他们提供帮助或施加伤害的意图作出判断？如此一来，我们如何能信任他们呢？信任乃是人类一切意义的存在环境。

任何可以选择的情况下，人们必须首先寻求真实。[12] 如果撒谎和说真话似乎能达到同样的结果，或对于打算撒谎的人而言二者均可接受，就不应该说谎。唯有在别无选择的境地里，才可以进而考虑说谎在道德层面上是否合理。这个规定看似温和，但若能认真遵循，将可消除很多因疏忽、习惯或未经深思的善意而说出的谎言。

当我们试图在这样一个初始前提上走得更远时，首先遇到的就是那些主张应一概摈弃所有谎言的人。这种立场不仅认为谎言先天是负面的，而且认为这一负面影响超过一切，在任何情况下都无法扭转。如果我们赞同此种观点，显然便无须再去为谎言找寻合理的境况。

第三章　永不说谎?

　　但每个说谎者为了行骗都会言不由衷。显而易见，赐予人类言说的能力，不是让人们彼此欺骗，而是为了让他们交流思想。因此，违背言语原本的目的，利用言语行骗，就是罪。有时，说谎的确有可能帮助他人，但我们不应因此认为有些谎言不是罪。

——圣·奥古斯丁，

《教义手册》(*The Encbiridion*)

　　若有人真的告诉他人作恶可以得善，或自己作恶还指望得善报，则此类人将遭天谴。这一点，尤其适用于那些为了行善而说谎的人。由此可见，一切谎言，包括自以为是、信口开河的大话，都是真理之神所憎恶的。因此，古代的神父说"哪怕是为了拯救全世界的灵魂，我也不会故意说谎"，这话听起来或许奇怪，但绝不荒唐。

——约翰·卫斯理 (John Wesley)，《布道》(*Sermon*)

　　说一句谎话，人便抛弃了、毁灭了作为人的尊严。

——伊曼努尔·康德 (Immanuel Kant)，

《德性论》(*Doctrine of Virtue*)

拒绝一切谎言

对撒谎问题最简单的回答——至少从原则上而言——就是拒绝一切谎言。很多神学家选择了这种立场，其中最著名的是圣·奥古斯丁。他干净利落地斩断了前人所持的"有些谎言或为合理"的观点，认为既然上帝禁止一切谎言，说谎行为也就葬送了说谎者自身原本不朽的灵魂。[1]

圣·奥古斯丁对说谎的定义是：心中想着一件事，却抱着欺骗的意图说出另一件事，[2]因而违背了上帝赐予人类言语能力的初衷。他的定义没有给谎言的正当性留下任何余地。他承认自己也因此感到困扰，例如，对病患说谎，为了保护他人免受攻击或侮辱威胁而说谎，这些情况该如何看待？因此，他承认此谎言与彼谎言之间有很大的差异，其可憎恶程度不一。他划分了八个等级，最可恨的是教义中明确列出的谎言，最轻微的则是既不会伤害任何人又能将他人从肉体玷污中拯救出来的谎言。[3]最轻微的这一类依然是罪恶的、不正当的、不应鼓励的，但更容易获得宽恕。他总结说：

> 有些人从不撒谎，除非为了拯救他人免受伤害，不可否认，他们达到了相当高的善良标准。但对于这些人，值得褒奖的是他们的善意，而非欺骗行为。他们的欺骗行为应得到宽恕，而不是被赞美，如此而已。[4]

在此问题上，奥古斯丁的思想影响深远。彼时尚存在不少异见。即便在基督徒看来，《圣经》里似乎也给出了撒谎和掩饰的例子，因此很难对所有谎言一概拒斥。但奥古斯丁认为，可以一方面主张上帝禁止一切谎言，同时按照说谎的意图和造成的危害对其做出划分。这种对谎言的分类在中世纪早期的忏悔者口中再次出现，在中世纪鼎盛时期的系统性著作中获得充分阐述，并在托马斯·阿奎那（Thomas Aquinas）的《神学大全》（Summa Theologica）里得到了最详尽的表述。[5]

在那个时期，奥古斯丁将一切谎言视作罪恶而弃绝的主张已占主导地位。但这样的主张事实上很难践行。人们尝试着放宽尺度，以迂回的方式允许一部分谎言的存在。具体方式有三：允许宽恕部分谎言；将某些带有欺骗性质的陈述不归为谎言，而归于听者的误解；或者干脆声称某些谎言算不上谎言。

第一种方式以奥古斯丁对谎言依轻重程度划分的八个等级为依据。阿奎那在此基础之上建立了一种至今仍被天主教神学家遵循的模式，进一步将谎言分为三类：善意的或有用的谎言；开玩笑时说的戏谑性的谎言；以意图伤害他人的恶意的谎言。阿奎那认为，只有最后一类才是不可饶恕的。他赞同奥古斯丁的观点，即一切谎言皆有罪，但认为善意的谎言和戏谑之辞相对轻微。至此，宽恕的作用变得愈发重要，最终导致教会内部出现了巨大纷争。一个人可以说谎，再将这份罪恶一笔勾销吗？可以一而再、再而三地撒谎，甚至一边盘算着说谎、一边指望着得到宽恕吗？通过何种方式可以得到宽恕？

关于这些问题，分歧尖锐，找到可靠的答案着实不易，更何况错误的观点可能带来死后的惩罚。另外两种方式指出，某些故意为之的虚假陈述可能出于善意，从根本上说并非谎言，并试图以此避开奥古斯丁对谎言的严格禁止，但也同样引发了争议。

其中一种方式称为"内心保留"或"内心限制"。它来自奥古斯丁对谎言的定义，即心中想的是一套，口中说的是另一套，但对说谎者的欺骗意图不做考察。[6]因此这种方式存在以下可商榷之处：如果某人说了能误导他人的话，且在自己的头脑里设置了令这些话成为事实的限定，那么此人就无须为听者的"误解"负责。有人指出，这样的内心保留只有在具备正当理由、且被欺骗者有可能做出正确推断时方可运用。[7]也有人把内心保留的适用范围推而广之，认为聪明人总能以此为借口为自己的谎言开脱。毫无疑问，该观点在天主教内外引发了激烈的争论。对此，帕斯卡（Pascal）在《致外省人信札》（*Provincial Letters*）中嘲讽道：

> "这些例子中最令人尴尬的是如何能避免说谎，尤其是当某人有心误导他人时。含糊其词的做法恰可很好地满足这一目的，正如桑切斯所言，这种做法'允许使用模棱两可的表述，诱导人们从不同于我们本意的另一层含义上去理解事物'。"
>
> "我知道，父亲"，我说。
>
> "我们对这种做法早就习以为常，每个人都心知肚明"，他继续说，"但倘若找不到模棱两可的表述，你知道该怎么办吗？"
>
> "不知道，父亲。"
>
> "我考虑到了。"他说，"有个新办法，叫作内心保留。正如桑切斯在同一个场合中也说过：'一个人可以发誓他从未做过某事（哪怕他的确做了），而内心里真正的意思是，他没有

在某一天，或者出生前做过那件事，诸如此类。他说出来的话与他真正的意思不一样。这种做法在很多场合都非常有用，比如为了健康、荣誉或行善的需要。'"

"可是，父亲，那不就是撒谎、吹牛皮吗？"[8]

内心保留的做法其实由来已久，尤其是在法庭诉讼中。由于法庭宣誓最初以上帝之名进行，人们自然担心上帝会惩罚那些借衪的名字举不实之言的人[9]，因此有人认为，利用沉默的内心保留，让上帝听见而法庭听不见，或可避免厄运。于是，通奸的女人会发誓说自己并没有对丈夫不忠，同时在心里默默地补充，至少这周没有这么做，或者没有在家里这么做，这样，既能逃避丈夫的怒火和死刑，又不觉得是在上帝的眼皮子底下发了虚假誓言。

在宗教迫害盛行的年代，以内心保留和其他内在免责方式应对周遭世界乃是生死所迫。例如，在 16 世纪，所谓的尼哥德慕派（Nicodemites，这些人后来改信路德宗 [Lutheranism] 或加尔文宗 [Calvinism]）曾试图通过隐瞒宗教观点、参加弥撒的方式逃避迫害。他们以宗教理由为自己辩护，但加尔文（Calvin）用最严厉的措辞谴责了这种行为，并建议他们离开天主教地区，而不是参加"罗马天主教仪式"。[10]

内心保留的做法如今并没有过气。在涉及公民身份和公职事务的官方誓言中，人们仍然会有所保留地宣誓。甚至还有些观点建议人们这么做。一本著名的天主教教科书[11]就建议医生和护士在适当的场合下用这种方式欺骗病人。例如，如果发烧的病人询问自己的体温，该书建议医生回答说"你今天的体温正常"，同时用内心保

留的方式将回答限定为，对于这名病人的身体状况而言这样的体温
是正常的。

　　绕开奥古斯丁弃绝谎言要求的最后一种方法是从道德角度出
发，辩称并非一切有意为之的不实之词均应被视作谎言。格劳秀斯
对此给出了强有力的阐释。[12] 他指出，从严格意义而言，只有当不
实之词造成了言说者与听取者的权利冲突时，才可视之为谎言。例
如，盗贼无权得到他想打听的信息，因此对盗贼说假话从严格意义
上讲不能视为撒谎。这里所说的权利指的是所有言谈均会涉及的判
断自由，但这种权利有可能丧失（若听者怀有恶意），有可能尚未获
得（若当事人是儿童），也有可能因当事双方允许相互欺骗而被自
动放弃。格劳秀斯是律师，他的观点令很多人相信，如果谎言并不
违法，那么在道德上就是可以接受的，不会为说谎者招来指责。[13]
这个推论过分简化了格劳秀斯的思想，但格劳秀斯的确把关于谎言
的讨论带回到了几乎被圣·奥古斯丁抹杀的古老认识中，即：不实
之词有时是合理的。

　　康德曾从伦理学的角度与他的学生们讨论过这些问题。1775—
1781 年，早在他出版自己的道德哲学著作之前，康德每年都会在哥
尼斯堡大学讲授伦理学课程，使用的指定教科书里就分析了阿奎那
和格劳秀斯的异同。[14]20 世纪，有人编辑了当时学生们的笔记，并
从中判断康德在讲授中运用案例进行了生动的阐释。[15]

　　更令人惊讶的是，当康德最终出版自己的道德哲学著作时，他
对待谎言的态度却没有丝毫含糊 [16]，而是为驳斥一切谎言提供了最
有力的论述。

　　康德首先驳斥了善良的动机可成为撒谎理由的观点，同时也不

认为生命受到威胁的情况可以为谎言开脱。他指出：

> 陈述必须真实，无论这会对陈述者本人或其他人造成多么严重的不利影响，这是任何人皆不可推卸的个体责任。[17]

这是个绝对主义的立场，禁止一切谎言，即便是出于最良善的目的或为了避免最可怕的命运。在持此立场的人看来，被当成说谎者乃是致命的侮辱，甚至有可能引发诉讼或决斗，而一旦说谎者的名头坐实，则意味着羞辱地自我放逐。

若按照康德的观点，则无须再对谎言做细分，因为无论何种均应一概拒斥。他将说真话视为"无条件的、适用于任何情况的"义务[18]；而谎言，即便没有给任何特定的个体带来损失，也从整体层面危害着全人类，"因为它动摇了法律的根基"。此外，谎言也伤害了说谎者自身，毁了为人的尊严，令他变得一文不值。[19]

康德还否定了为绕开奥古斯丁之禁而辩称某些不实之词并非谎言的观点。他将谎言定义为"对他人有意图的不实陈述"，抛弃了应该仅对有权得知真相的对象说出事实的主张。[20] 在他看来，说真话才是在任何情况下都不可推卸的义务。康德的这一立场且不论是否正确，至少既清晰又简洁。当其他人还在为何时可以撒谎争论不休时，他给出了一言蔽之的果断回答。

义务的冲突

那么，我们是否该赞成康德的观点呢？他的立场未免笼统，甚至在有些读者看来过于绝对化。保持真实固然是无可置疑的重要义务，但大多数人认为仍可留有变通余地，毕竟，它有可能与其他义务——比如避免伤害无辜——相冲突。但康德指出，"义务和责任的冲突是不可想象的"，[21]也就是说，如果某人尽到了自己的义务，就不可能陷入责任的冲突。正是由于否认义务的冲突，康德方能持此绝对立场。

大多数人则持相反的观点，认为说真话有时会造成或导致巨大的伤害，在此情况下，说谎显然是合理的。例如，当生命受到威胁时，一句谎言有可能让你转危为安。康德本人便讨论过一则反对绝对立场的经典例子：若一名有行凶企图的人向你打听"他打算谋杀的人——也就是我们的朋友——是否躲在我们家"[22]，被询问者是该为了救朋友而撒谎，还是该说实话？

这是个经典案例，早在《圣经》时代就被经院哲学家们反复提起，也在大部分涉及欺骗问题的论述中出现。当然，该案例的前提是假定预谋行凶者不允许被询问者保持沉默或回避问题。倘若如此仍不能动摇你拒斥一切谎言的决心，那恐怕也很难找到更有说服力的例子了。

19世纪，面对违背道德、不讲诚信的指控，英格兰枢机主教纽曼（Cardinal Newman）再次用这个例子为自己和天主教学者们辩护。他认为，正直之士，无论怀着怎样的信仰，都有可能在极端情况下诉诸谎言。他引用塞缪尔·约翰逊（Samuel Johnson）的话说：

永不违背真相是一般性规则，但也有例外。比方说，当凶手向你打听某人的去向时。

尽管如此，纽曼主教补充说，若约翰逊面对下述考验，可能会做出截然不同的选择：

> 至于约翰逊举的那个例子，也就是凶手询问某人的去向，我觉得，若是他本人遇到这样的难题，第一反应或是将凶手击倒在地，然后叫警察。退之，若他在打斗中落败，也决不会对那恶棍透露信息。我猜，他宁可自己先遭遇不测。[23]

纽曼主教的猜测可能会令约翰逊大吃一惊。视凶手的体格而论，用武力抵抗来代替说谎或许根本不可行。然而康德甚至显然连这种变通都不考虑。面对考验，他依旧选择在极端情况下坚定地反对谎言。

其他人大多认为，由于无辜的生命面临危险，因此即便真的说了谎，在道德上是合理的。康德认为谎言是对人类尊严的毁灭；而在其他人看来，诚实地回答凶手并因此背叛朋友，这一行为本身就有损于尊严。他们指出，在这样一个孤立案例里，说谎的代价很小，而说真相的代价则是灾难性的。

与此类似，若载着一船逃亡者离开纳粹德国的船长遇到巡逻队，被盘问船上是否有犹太人，与康德持相反立场的人们会合理地给出否定答案。在他们评估中，船长对逃亡者的义务与说真话的义务产生冲突，并以大得多的权重胜出。当此危急关头，像康德那样坚决反对撒谎的人无疑是将无辜者置于作恶者的手中。[24]

此外，人们认为，当生命受到不当威胁时，可以合理地诉诸武力。如果用武力自卫或保护处于谋杀威胁之下的他人乃是正当之举，那么出于自卫而撒谎何以就不可取呢？倘若允许使用武力，说谎就同样应被许可，甚至更为可取。正如我在第二章所言，语言和武力均可在强制下被迫用于改变某些行为。尽管我们需要最强有力的保护来对抗这种强迫，但有时却不得不允许它发生。康德不顾一切地坚持真实性高于一切，不允许用撒谎的手段自保。但真实原则真的能承受得起这副担子吗？

这副担子显然会令很多人愧疚，让他们为没有对杀人犯说谎，而是眼睁睁看着同胞被杀而后悔。康德试图通过以下说辞来减轻这份负罪感：如果一个人秉持真相，严格说来，就无须为他人的谋杀行为负责。杀人者应为自己的行为承担全部责任。对杀人者说实话是无可指责的。康德还指出，相反，如果某人说谎，就得为所有可能降临在受害者和其他人身上的恶果负责。[25]比方说，某个人可能给凶手指了个方向，自以为是将凶手引入歧途，结果却惊恐地发现，那正是受害者躲藏的地方。

一个人做了错事或存在争议的事情，就要为自己的行为后果负责，这样的主张有道理。但这是一种狭隘的责任观，推卸了在一场本可轻易避免的灾难中应承担的部分责任——虽然其他人也应对此负责。倘若在我们生活的这个世界里，即便面对追杀无辜受害者的凶手也不能撒谎，又有多少人能感到安全呢。

甚至，在一些并非生死攸关的场景中，卫斯理、康德和其他持极端立场的人的观点也是可质疑的。关于这一观点，还有一个奇特之处：执此立场的人常常在给出最惊人的强硬言论前，加上诸如

"无论这听起来有多么奇怪" [26] 之类的表述。这说明，他们知道自己的立场严重违背直觉判断，但却迫于某种压力。

宗教禁忌

对奥古斯丁或卫斯理等严格的道德主义者而言，信仰比直觉或常识更有力。他们坚信，无可辩驳的证据表明，必须无条件地弃绝谎言。这一证据往往带有宗教色彩，有可能是基于天启，来自对《圣经》的阐释，也有可能出自某些权威文献。保罗将谎言视为对纯正教义的背离：

> 　　因此，律法的对象不是义人，而是那些无法无天、亵渎神灵之人，是罪恶、不洁之人，是杀父弑母者、凶徒、嫖客、不配为人者、窃贼、骗子、做伪证者和其余一切背叛了正统教义的人。 [27]

奥古斯丁也引用《诗篇》(Psalms) 5-7 说：

> 　　凡作孽的，都是祢所恨恶的；说谎言的，祢必灭绝。

在但丁 (Dante) 的《地狱》(Inferno) 中，骗子在第八层地狱受尽折磨，仅比叛徒的处境略好。为何他们会受到如此残酷的对待？那是因为：

　　　　在引发天国之怒的一切恶行中，最可憎的便是不公正。无论是强迫还是欺骗，不公正都会令他人痛苦。但因为欺骗乃是人类独有的罪恶，更令上帝不悦，因此行骗者要被打入更深的地狱，遭受更痛苦的折磨。[28]

　　即便是声称道德原则与宗教信仰全然不涉的康德，在从道德原则中推导出人类问题之结论的时候，也未能摆脱自身信仰的深刻影响。*康德成长在一个虔诚的家庭中，对个人行为的态度向来严肃，在诸如自杀等问题上的立场与宗教经文宣扬的一致。他承认，按照他的道德观念，若缺少了上帝存在这一前提，世上就不可能有"至善"。[29]他对谎言的强烈拒斥与其宗教背景是相符的。

　　在不惜一切代价拒斥一切谎言的神圣教诲之下，还有另一层信念，即违背此教诲的人将受到严厉的惩罚。奥古斯丁对此给出了明确阐述：死亡毁灭的只是肉体，谎言则令灵魂不得永生。因此，为救他人性命而撒谎，无疑是桩愚蠢的交易。

　　　　所以，若有人说，一个人应为着他人的肉体存活而让自己的灵魂死去，那不是荒谬至极吗？……既然永恒的生命因撒谎而丧失，就绝不能为了保全另一个短暂的性命而撒谎。[30]

---

　　*　康德的观点有时与宗教观点几乎完全一致，只是用"自然的目的性"代替了神意。例如，我们可以将本章开头引用的奥古斯丁的论述与康德在《德性论》（*Doctrine of Virtue*）中的论述对比一下："用言辞向他人传达自己的想法，并故意在话语中包含与真实想法相反意思的人，乃是意在直接反对思想交流的自然目的性，因此也就公然放弃了他之为人的本性，成为一副徒有欺骗外表的皮囊。"（p. 93）

这一推论显然超出了道德范畴，完全囿于信仰。就此而言，若一个人相信灵魂不朽，且相信灵魂会因撒谎而"死亡"，那么拒斥谎言——哪怕撒谎可以挽救另一条生命——也就合情合理了。*即便无辜生命面临威胁时仍一概拒绝撒谎，如此决绝的态度，必得以某种信仰为依托方显合理，也就是说，执此观念者必得认定撒谎带来的命运"比死亡更糟"。

然而，分歧并不仅仅存在于相信神圣报应和不信报应的人之间，不少相信天谴的人同样不认为所有说谎者都会受惩罚。有些人认为，有的谎言可以宽恕；另一些人认为，上帝从来没有规定不能撒谎；还有一些人认为，事实上，我们认定的谎言并不都是谎言。

甚至在无神论者中，对于是否应该禁止撒谎也不乏争论。诚然，这部分人群中主张弃绝一切谎言的人相对较少。但你可以想象得到，有些恐惧能让谎言显得"比死亡更可怕"。比方说，某个权威人物宣布撒谎是违法行为，且似乎对一切违法行为洞若观火，人们出于对此人的畏惧而绝不撒谎；或者，抱着某种崇高的态度，认为谎言有损正直品格，且认为由此对无辜者造成的伤害远远超出坦率直言可能带来的伤害。

总而言之，拒斥谎言的背后通常有两种信念：一是上帝不允许任何谎言，二是上帝将惩罚说谎者。这些信念无从证明也无从证伪。很多人，包括不少基督徒，对上述信念持否定看法。另一些宗

---

* 然而，这依旧很难解释本章开头引用的卫斯理的观点：哪怕是"为了拯救全世界的灵魂"也不能故意撒谎。为何不能允许某个人以自己的灵魂做赌注，去拯救其他所有人的灵魂呢？

教教义虽谴责说谎行为，但极少一概而论。每日念诵五戒是佛教徒最常规的修行，五戒中的第四戒就是戒说谎。但某些谎言通常并不被视为罪恶，因此不会违背戒律。[31] 同样，虽然犹太经典禁止说谎，但有些谎言，尤其是为了维护家族和睦的谎言却可以破例。[32] 由此可见，上述所有传统都在一概反对说谎的禁令之下留出了余地。

我赞同这样的态度。出于恐惧而说谎的情况超出了第二章对说谎的前设。除此之外，我也不得不承认，至少在某些情况下说谎是有必要的，尤其是当无辜的生命处于险境、且唯有说谎才能化险为夷时。

但是，在采取这种立场的时候，绝不应忽视绝对主义神学家和哲学家提出的深切担忧，应意识到谎言会对信任和自身造成影响，更不用说带来的直接伤害了。这些思想家指出，我们必须考虑到谎言对人类社会的长期影响，即便说谎者没有这样的先见之明——抑或者尤其是在这种情况下——也应承担谎言带来的风险。忏悔室一次又一次召唤着说过谎话的人去悔过——禁言、禁食、祈祷。而若对他人造成了伤害，说谎者就要经受最严厉的惩罚。但无论是何种情况，关键在于只要说谎就必须悔过，哪怕谎言并没有造成直接伤害。

康德也同样强调谎言对人类的伤害，并戏剧化地将谎言描述为罪魁祸首："一句谎言，就让一个人抛弃了、毁灭了他作为人的尊严。"把这句话随便套用在某个微不足道的谎言上似乎言过其实，但如果把它看作是对说谎行为的警告、对失之偏颇的权衡算计的批评、对说谎者性格的否定，则更为贴切。因为说谎者往往在说谎的同时贬低了自己，他失去的正是自身的尊严和正直。

于是，我们遇到了更困难的问题：如何界定。为了审慎地确定什么样的谎言可以说，我们必须分析对比谎言的形式以及说谎的理由。对此，我首先想到的方法是权衡不实之词的后果。在哲学领域，功利主义传统与这种方法的关系最为密切。

第四章　权衡后果

倘若一个人出于善意、为了基督教会，说了一个美丽的弥天大谎，会有什么害处呢……一个出于必要的、有用的、有益的谎言，这样的谎言不会违背上帝，会得到祂的接受。

——马丁·路德（Martin Luther），由其秘书在

马克斯·伦茨（Max Lenz）编著的

《致菲利普·德·格罗斯穆提根·冯·亨森总督书，卷一》

（ *Briefwechsel Landgraf Phillips des Grossmuthigen von Henssen mit*

Bucer, vol. I ）的一封信件中引述

根据功利原则，撇开客观环境和客观环境造成的影响，不实之词本身根本无法构成任何犯罪。而若结合了环境因素，则几乎可以造成一切恶果。

——边沁，《道德与立法的原则》（ *The Principle of Morals*

and Legislation ）

如果我用行动或言语误导你去相信不实之事，未必会给你造成任何伤害，甚至有可能对你有益，比方说，安慰或恭维

你。尽管如此……我们应该抵制依赖谎言的自然倾向，这么做的重要性是显而易见的。

——G. J. 沃诺克（G. J. Warnock）

《道德的对象》(*The Object of Morality*)

后果

深谙狂热者心理的伊拉斯莫斯（Erasmus）意识到，对所有不实之言一概而论地予以谴责是行不通的。他写道，并非所有不实之词都是谎言，很多神学家提出的观点——即哪怕是无害的谎言、哪怕是为了拯救全人类的生命和灵魂，也绝不能说——有悖常理。[1]

依据常理作为道德标准的这部分人主要是功利主义哲学家及其先驱。他们不接受上帝禁止一切谎言的前提。他们指出，行为准则未必是预言家、统治者或牧师规定的，而是单纯由善与恶的最佳平衡决定的。这一观点给人们带来了极大的自由。在功利主义者看来，行为的正当性取决于其结果的好坏。他们权衡道德选择的方式与我们大多数人在实际生活中处理各种道德冲突的方式非常相似，也就是说，采用的是常识判断。

基于这种方式，西奇威克（Sidgwick）指出，某些谎言是必要的，比如为对方利益着想而对病人或孩子撒谎。他给出的理由是一种结果主义的解释，比较了在特定情况下说谎与不说谎造成的不同后果：

但如果我们承认善意的欺骗在任何情况下都是合法的，那么除了左右权衡，我不知道还有什么方法可以帮助我们决定何时可以欺骗，以及如何把握程度。也就是说，要在某个特定的欺骗行为所带来的益处，与因损害真相、造成信任破裂之恶果间比较。[2]

与上一章讨论的理论不同，功利主义没有在如何界定谎言的问题上引发争议。这一理论并不要求为了将某些欺骗合理化而特别诉诸心理保留，也无须将某些不实之言划在谎言范围之外，或为某些不真实的陈述免责。功利主义不在乎行为是否具有欺骗性，只要求对其过程进行评估。另一方面，对于那些声称所有谎言都是绝对错误的人来说，精确定义谎言则显然至关重要。

功利主义者也不同于康德（尽管如我们所见，与奥古斯丁并无不同），他们强调此谎言与彼谎言的严重程度存在差异。因此，他们的观点更接近于我们在不少两难情况下的实际道德思虑。为了在说谎与否间做出选择，我们的确会权衡利与弊、幸与不幸。我们对为掩盖贪污罪行而撒谎和为掩饰小小的会计错误而撒谎有着不同的判断，而以上两种谎言在我们看来，又与为了避免伤害孩子感情的善意谎言不同。谎言可能造成抑或避免伤害、增加抑或减少幸福，结果的轻重缓急精确对应着我们的判断差异。

然而，一旦遇到更复杂的情况，功利主义的观点便不尽如人意了。首先，行为越复杂，就越难以对说谎与坦白的后果做出令人信服的比较。鉴于不同的选择会带来不同的后果，评估一个人的行为效用已非易事，要对若干人的行为效用做出评估则几乎是不可能的，除非是在极端情况下。如此一来，且不论说谎，单是那些最棘手的问题，比如自杀或死刑，在功利主义者中引发的争论也丝毫不亚于其他人群。

我们要对看似简单的功利主义方式持谨慎态度的第二个原因在于，它往往暗示着，撇开结果的利与弊，谎言本身是中性的。这似乎相当于说，带来同样效用的谎言和真实陈述是等同的。这样的推论与我在第二章提到的真实原则岂非矛盾？真实原则指出，在我们衡量某个谎言的好坏之前，谎言本身就已是负面的，这种负面影响虽然有可能反转，但却自始存在。回到本章开头引用的边沁关于不实之词的陈述，是否必然要把这句话理解为否认谎言自始具有负面权重的预设？并非如此。因为在日常生活中，正如边沁主张的那样，不实之词无法"自己"发挥作用。从说谎者、受骗者、所有相关者以及社会信任的角度而言，大部分谎言的确具有负面影响。[3]说谎者在评估种种影响时，很可能带有偏见，做出错误的评估。因此，即便是不折不扣的功利主义者或许也会同意，我们在进行道德选择时应可给谎言赋一个为负的初值。[4]我们没有必要把这个初始值看作某种神秘或抽象的东西，也无须说谎言"本身"是恶的。功利主义者可以把负值看作是一种经过验证的修正，用于修正说谎者做出的不准确且带偏见的后果估算。

因此，在功利主义的范畴下，谎言可以通过说谎者确定的风险－收益尺度来进行评估的常规假设可以暂时搁置。此处的风险有别于边沁设想的道德真空里被忽视的风险。说谎者有无尽的机会悄悄将说谎行为合理化。若接受这种由只为自身利益考虑、不顾他人风险的人做出的轻率算计，长远后果将相当严重。[5]

这块绊脚石虽然不是功利主义传统的基础，却深深影响了实用功利主义对欺骗的分析。关于说谎的问题是道德哲学的讨论热点，但在功利主义的作品里却仅以案例的形式出现。先举个简单的例子，接着快速计算利弊，对谎言不做任何初始赋值。[6]结果往往迅速得出一个直观结论。

著名的荒岛问题就是这样一个快速评估谎言和失信结果的例子。如果说谎或违背诺言的行为可以带来巨大的好处，且不会伤害任何人、也永远不会被披露，我们会怎么做？

> 我曾在荒岛上向一个濒死之人发誓，把他的黄金交给南澳大利亚赛马会。后来只有我一人获救。我回来后，把那笔黄金给了阿德莱德皇家医院，那家医院急需一台新的 X 光机。若有人认为我做得不对，想必会被人们指责为冷酷无情。（别忘了，那个誓言只有我知道，因此在这种情况下，我的行为不会减弱公众对社会承诺的信心。）[7]

这种教科书式的例子旨在衡量人们对说谎和失信行为本身的抗拒程度，无涉对那个濒死之人或社会的伤害，因为这二者并不知情。此类例子有助于我们清晰地思考违背承诺或说谎的行为是否应该受到谴责，也用生动的例子展示了人们在此问题上存在的分歧。被要求对此案例做出判断的人群中，选择是或否的均大有人在。

但认为这个例子没有造成任何伤害的人，其实忽略了说谎者自身承受的不安与诚信受损，以及有可能——哪怕这个可能性很小——不得不为了圆第一个谎言而再次说谎的风险。此外，说谎者对谎言的抗拒程度也可能减弱，甚至希望将来继续为之。因此，无论对荒岛案例做出怎样的判断，都不应假定选择不会产生任何有害的后果。

由此可见，说谎和讲真话之间的抉择，体现了用功利主义来解决道德冲突时容易陷入的困境。不过，我们到目前为止提到的问题，原则上说都有可能用功利主义化解。运用功利主义解决道德问题时，不必拒斥全面衡量各种因素的一般努力。事实上，一旦把反对大部分谎言的有力理由纳入考量，评估人际效用的难度甚至有可能比我们想象的小。在对特定案例结果做出评估之前就赋予谎言初始负值的做法未尝不可，此外，还有一些方式也可以减少说谎者评估选择时的偏见。

体系

功利主义者或许认为，影响深远的结果主义体系可以解决所有异议。而坚持其他伦理体系的人则声称，需要另一些原则对效用原则进行代替或补充。他们提出的原则有可能源自某些权威，比如上帝的意志或神圣的经典，也有可能通过某些方法得到，比如康德的定言命令（Categorical Imperative）："仅按照你同时愿它成为普遍法则的那个准则去行动。"

曾有不少人尝试去建立一套体系，希望可以找到一种判断道德选择的方法，或某种可以作为判断依据的单一原则，抑或是在诸原则间建立某种层次关系，以便化解冲突。于是，各种方法、原理和优先法则如雨后春笋般涌现，形成了错综复杂、争辩激烈的结构。

这些结构往往构思高尚、实践优雅。它们精炼了我们的道德感知，解释了道德选择的复杂性，为我们最不可或缺的道德判断奠定了坚实的基础，能帮助我们理解人际关系，比较不同的诚信度，阐明了指导生活或管理社会的最佳模式。

但当我们不得不面对困难的实际道德选择时，它们却往往毫无助益。这倒不是批评。有不少人主张，道德哲学体系并不适用于处理日常事务。[8]然而，当我们在一种原则和另一种原则间进退维谷、陷入道德困惑时，很自然地会试着向这些体系求助。

不幸的是，无论我们多么渴望得到明确的结论，却没有证据可以表明那些系统、效用原则或诸原理间的优先法则能够引领我们。[9]（在此我必须强调，我所说的是有让良心的人感到左右为难的具体冲突。毫无疑问，在任何道德或宗教体系以及常识运用中都有相对容易做出的选择，比如是否应谴责酷刑。[10]）

引发社会分歧的道德难题的每一个面向都有各种道德体系的信徒，康德主义者、功利主义者，相信上帝意志或自然法则的人。[11]在自杀、堕胎、革命、战争等问题上，每一套参与竞争的体系都会遭遇严谨的反对立场。[12]关于是否说谎的选择也同样艰难。

在这种情况下，一套道德哲学体系就好像是魔术师的帽子——从里面几乎可以掏出任何东西，还能浮在半空、飞来飞去。没有人能够确定那些东西原先根本不在帽子里。哲学家往往到头来成了自己表演的这场魔术里最目瞪口呆的观众。他可能不知道自己是如何让戏法成真的，但鸽子的确在飞，丝巾的确在手！

不确定与不确切性困扰着道德难题。干预调节的手段愈多，我们愈发意识到，一件事可以用另一种方式去解释、或由另一件事衍生，于是便给偏见、自我欺骗、甚至耍花招留下了更多空当。此外，对于希望解决实际问题的人而言，很多道德体系提供的方法往往显得粗浅，依初始的价值判断不同而有可能得出各种答案。*

倘若体系可以提供的帮助如此微不足道，我们还能有什么途径、什么方式来探究说真话与说谎的难题呢？我认为，无论什么方式，若要有所助益，就应从人们的实际选择出发。它应该审视对自身和他人给出的实际理由、用以得出原则的论据，以及评估他人论据时采用的方法。按照这种途径，就需要在工作生涯、家庭关系和政治实践中搜集实例、范例和相关描述。

已经有很多人采用这种途径来探究人类问题。在每一种宗教和法律传统中，都有人曾努力尝试解决良知上的困难冲突。罗马的斯多葛派（Stoics）就是此类应用伦理学的最伟大的实践者，他们对自杀、奴隶制、甚至礼貌等细节问题都进行了深刻思考。犹太法典学者和早期基督教思想家则将关于良知问题的讨论推向极致。[13]

有关良知的实例不能放在道德的真空里去检验。传统上，它们总是被置于特定的宗教、道德或法律框架下讨论。宗教和法律途径均有重要作用，在探究欺骗问题时不可忽视。但它们往往受到一些与伦理学不相干的因素影响，比如宗教信仰，法律的适用性和可行性。因此，我对此问题的探究将以道德哲学为背景。尽管我不会从

---

* 这种方法上的缺陷可能部分是由语义混乱造成的。"方法"这个词有两个含义：其一源于希腊文 meta 和 hodos，意思是追随、道路、探究手段。就这层意义而言，我们显然需要道德哲学的方法。但另一个含义来自拉丁文，由 16 世纪的逻辑学家提出："系统的安排和秩序。"有些思想家错误地认为，只要完善理论的系统安排，就自然获得了第一层意义上的方法，但其实他们只给出了第二种意义上的方法。

道德体系中得出结论，但对种种谎言合理性的拷问最终还将放在利
与弊的角度上考量，去询问：为什么要说谎？它对个体和群体会造
成怎样的影响？

　　通过这样一种途径，我希望得到比仅仅凭借直觉或停留在抽象
体系层面更多的认识。但某些棘手的困境依旧会存在。有时，无论
两种选择有多么大的差异，当我们进行比较时，都会以近乎平衡的
状态呈现。也有时，在我们有限的能力范围内，甚至可能存在同等
的替代选项。还有些时候，关于这些道德选项的不确定性太大，让
我们难以选择。无论是上述何种情况，问题均不在于正确的选择是
什么，而在于该由谁来选择，以及选择的适当程序是什么。

　　白色谎言这个大类是个不错的起点。它既证明了试图弃绝一切
谎言的徒劳，也揭示了直觉功利主义方式（这种方式认为白色谎言
是无害的，因此可以接受）的肤浅。

第五章　白色谎言

我从未为着自己的利益说谎，但我常常因羞愧或为了避免无谓的尴尬而说谎……当我不得不设法让讨论继续时，缓慢的思维、枯燥的言辞迫使我求助于虚构的东西，只为找点话题。

——让－雅克·卢梭（Jean-Jacques Rousseau），

《孤独者的遐想》（*Reveries of a Solitary*）

当一个人宣称他"很乐意接受"某个恼人的邀请，或对某个在他眼中不如自己的人自称"忠实的仆人"时，他的话多半不可信。如果他们不这么做，常识就会谴责他们太多虑、不遵照传统。但倘若世风尚淳朴，仍然有人拿客套话当真，按常识行事就会令人困惑：比如，对一个不受欢迎的乡下来访者说某人"不在家"。

——亨利·西奇威克（Henry Sidgwick），

《伦理学方法》（*Methods of Ethics*）

无害的谎言

与面临严重危机时说谎不同，白色谎言是各类欺骗行为中的一个极端，通常是最常见、最微不足道的一类，且正因司空见惯，往往难以辨识。与更具威胁性的谎言相比，它们显得如此琐碎，以至于让谴责都显得不必要、甚至荒唐。有些人认为，所有初衷良好的谎言，无论大小，都可称为白色谎言。在本书里，我要坚持使用这个词的狭义用法，即：白色谎言是指无意伤害任何人、且不具有道德意义的不实之词。我想看看是否确有这样的谎言；如果有，它们累积下来的后果是否仍然无害；以及，不少并不被视为"白色"的谎言，其自身是否的确有害。

很多小花招可能根本无意误导他人，就此而言，它们只不过是最小意义上的"白色谎言"。例如"很高兴见到你！"或"谨上"等社交辞令。成百上千个诸如此类的礼貌用语都是我们习以为常的，若是有人以恪守诚实的名义拒绝使用，很有可能给他人留下不近人情的印象。我们完全可以继续使用此类被广泛接受的表达方式，因为除了不熟悉该语言的人之外，这样的用语并不能欺骗任何人。

相比之下，另一种行为具有更明显的欺骗性，即编造一个虚假的理由，把不想做说成"不能"做，以便在拒绝邀请或请求时不伤害他人的感情。在此，虚假的理由或可防止不合理的推论，避免对方产生更大的误解。此外，仅仅说某人不能做某事，并不比一则精妙的小故事更具欺骗性。

有一些白色谎言是为了奉承讨好，为了给令人沮丧的境况制造一个正面的解释，或是对并不喜欢的礼物表达谢意。在很多人看来，这样的白色谎言不仅没有害处，还提供了必要的支持和快乐，有助于排遣忧郁和无聊。它们维系着社会关系中的平衡与人性，只要不过分，通常可以接受。此外，不少人认为，此类欺骗颇为有益，有时甚至很有必要，反对说谎的一般性要求应为之破例。培根指出：

> 若从人们心中去除了自负的观念、虚幻的期望、不切实际的估计和想象，如此种种，则很多人的思维里就只剩贫乏空洞，满脑子都是忧郁不安，自怜自艾，不是吗？[1]

还有一种谎言可能会得到人们的支持，因为它能带来实质性的益处，或避免真正的伤害，而说谎者似乎也完全没有恶意。向无数普通病患提供安慰剂，在就业和晋升推荐时夸大成绩等常见做法，都属于此列。

很多谎言并没有上述的可取之处，但因小到不值一提而同样被归入白色谎言。它们往往是在冲动之间未经深思脱口而出，或是为了摆脱尴尬，或单纯为了打发时间。这些谎言有可能言过其实、有吹嘘之嫌，也有可能恰恰相反，避重就轻、大打折扣。[2]此类谎言不少是道听途说的八卦。卢梭说谎则仅仅是"为找话题"。有人因原本的事实过于平淡而添油加醋，也有人用简短的一句谎话代替冗长的解释，以免白白浪费时间。

在功利主义者看来，白色谎言这种欺骗形式恰恰体现了常识与明辨的益处。他们认为，白色谎言是微不足道的，要么完全无害，要么危害极小，以至于辨识和评估其危害所需的成本远大于危害本身。此外，白色谎言事实上多半是有益的，这就进一步反转了效用天平。功利主义者或许会问，在一个麻烦重重的世界里，何苦要花时间去权衡细微利弊，计较是否该夸赞一个令人厌恶的家伙的领带，或者告诉客人打碎的那只花瓶并不值钱？为何要费心去修正无关紧要的失误，或者小题大做地去寻找合理性？

　　是否微不足道当然会影响道德考察的必要性。但若我们对使用安慰剂等具体做法深究一步，就会发现被定义为"白色"的谎言并不那么理所当然。第一，在谎言的无害性这个问题上存在很大争议。说谎者认为无害、甚至有益的东西，站在受骗者角度却未必如此。第二，说谎者往往只想到自身的孤立事件而没有通盘考虑，因而看不见欺骗行为的扩大和伤害的累积效应。那些以白色谎言开头的人，日后或许不得不更频繁地说谎，且说谎的性质越来越严重。有的人可能说了寥寥数语，有的人可能说得更多。由于界限难以划定，不加节制地使用此类谎言就可能引发其他类型的欺诈。因此，大量微不足道的伤害累积起来，最终的后果，无论是说谎者、受骗者，还是诚实守信的公众，都无法承受。

　　如果说先前那些生死攸关的例子表明康德主义的分析过于死板，白色谎言的例子则显示了随意的功利主义考量的不足。但对功利主义的这种批评并没有动摇其根基，因为它并没有否定权衡后果的重要性。此番批评仅仅是指出，功利主义者在迅速得出白色谎言无害的结论时通常没有考虑全面。他们往往没有看清欺骗的实际过程，以及诸行为间相互呼应、演变的方式，且倾向于站在说谎者的角度去关注个案。

经历了水门事件后，已没有人会觉得担心欺骗行为的长期综合影响是杞人忧天。但在政治生活之外，谎言，凭借其独特而诱人的特性依然极易传播。令人不悦的事实裹上了一层糖衣，悲伤的消息变得不再那么触目惊心，甚至干脆被完全掩埋。人们不再反对对孩童、对无法接受事实真相的人说谎，在处理出生、收养、离婚、死亡等令人不安的事件时，说谎成了主流做法；欺骗性的宣传和误导人的广告随处可见。所有这些往往一概被视作无害的、无关痛痒的白色谎言而获得原谅。

我们应该仔细审视那些稀松平常、微不足道的谎言。如此，我们可以更清楚地意识到，无论是对于个体还是对于社会，单个谎言的琐碎与整个行为的成本有着天壤之别。安慰剂疗法就是个很好的例子。

安慰剂

给不知情的病人开安慰剂是相当常见的做法，却体现出小骗局中的两种失算：忽视了可能由此造成的伤害；没有意识到本以为微不足道的举动会累积成令人不悦的行为。[3]安慰剂与医学相伴而生，可以是糖丸，也可以是注射用盐水。事实上，这个概念包括了任何对病情没有特殊影响，但能产生强大的心理暗示从而减轻疼痛或抑郁等症状的医学处置。

安慰剂的使用频率极高，但具体数字不详，因为医生们通常不会公开谈论。有时，连医生也会产生这种自我欺骗的心理，毫无根据地相信某些并没有实际药效的东西。像推销一样，药物治疗常常包含给他人的一些不合理建议。过去的大多数疗法都是如此，无论是医学专家还是病人均不清楚药物的效用，如果真有什么益处的话，那也只是起到安慰作用。

"安慰剂"一词源自拉丁文，意为"我要愉悦"。这层意味赋予它一种温柔的色彩，让安慰剂超越了道德批判，令人联想起疑难病症患者在医生的巧妙处方和善意糖丸的帮助下药到病除的情景。医生在开具此类处方时常常会幽默地暗示，以便帮助自己摆脱严肃的伦理问题。一名权威人士在药理学杂志上指出，应该给安慰剂起一个病人没听说过的名字，最好是长长的拉丁文，并补充道：

> 在开处方时最好能确保并强调该药物的心理疗效。这两名老医生各自有偏爱的安慰剂处方，一个选择康杜蓝戈酊剂，另一个选择黑升麻流浸膏。[4]

在医学专家看来，安慰剂的危险毕竟比某些真正的药物少，而且相比于不用任何药物，用安慰剂更有可能产生疗效。有读者在给《柳叶刀》（*The Lancet*）的信中表达了这种观点：

> 如果只需要一毫升的生理盐水就能缓解疼痛，为什么要注射阿片制剂呢？如果淀粉胶囊就能减轻焦虑或不适，还有必要用巴比妥、西泮或丙氧吩吗？[5]

这种过于简化的观点掩盖了因使用安慰剂而令个体和医疗实践付出的真正代价。首先，使用安慰剂有可能妨碍对尚未得到诊断的隐藏疾病的治疗。即便安慰剂"见效"了，效果往往也是短暂的。先前的症状可能复发，或以其他形式出现。还有不少时候，病患抱怨的症状会自行消失，或在医疗人员诊查后消失，在这种情况下，使用安慰剂毫无必要，只会增加对非必要药物或治疗的依赖。

总体而言，安慰剂的使用成本高昂。数百万美元浪费在药物、检验检查和安慰性质的心理治疗上，甚至一部分手术也属于此类。有些子宫切除手术的施行并非病情需要，而是病人主动要求，甚至不惜辗转求医，或是因为病人惧怕癌症，而手术可以缓解其担忧。

即便不考虑经济和情感成本以及资源的浪费，使用安慰剂也是对信任的伤害，而信任恰恰是医患关系中极为重要的东西。对于发现自己受骗的病人而言，这种损失有时是无法挽回的。他们可能会对医生、甚至对未来需要的药物失去信心，可能会自行获取一些危害更大的药物，或将希望寄托在极端治疗手段上。

以下这个案例[6]描述了常见的安慰剂疗法：

一名17岁的女孩去看儿科医生，她从孩提时起就一直在这名医生那里就医。母亲已通过电话帮她预约，她独自进了医生办公室。女孩告诉医生，自己身体健康，但有些情绪问题，晚上睡不好，白天的大部分时间也很紧张。她说自己已经高三了，很多科目相当吃力，她担心明年该怎么办。她有点超重，而且觉得这也是个问题。她说，她对异性没什么吸引力，没法"引起男生的兴趣"，只有几个女性朋友。

她的家庭生活一团糟，压力很大。她经常和14岁的弟弟以及父母争吵。她说父母总是"挑我的毛病",说妈妈非常固执,爸爸很严厉,是个老古板。

她和儿科医生总共谈了约二十分钟。她说,她觉得自己真正需要的是镇静剂,这正是她来的目的。她觉得这一年太难熬了,如果有什么东西可以安抚神经,帮她度过眼前的危机,一切就都会好起来。

儿科医生告诉她,这个年龄的女孩子不应该服用镇静剂,否则可能养成坏习惯。但她坚持称,就算他不给,自己也会"想办法弄到"。最终,他同意打电话给药房,帮她预订一些治疗神经紧张的药。她同意了。他建议她几天后打电话来,以便他了解治疗进展。他还打电话给她的父母,说自己和女孩谈过了,给她开了一些药,或可帮助她缓解情绪。

五天之后,女孩打电话给儿科医生,说药片效果很好。她说自己平静多了,同父母相处也比以前融洽,还有了新的人生观。他建议她继续每天服用两次,坚持到学年结束。她同意了。

一个月后,女孩的药片吃完了,打电话给儿科医生要求续药。不巧,医生外出度假。无药可吃,她觉得心烦意乱,于是联系了在邻市当外科医生的叔叔。叔叔致电药房,经过与药剂师的交谈,发现原先那些药片是维生素。他告诉女孩,药片只不过是维生素而已,可以自己去柜台买,无须医生处方。女孩愤怒极了,觉得儿科医生欺骗、背叛了她。而她的父母听说后,认为这名儿科医生"非常聪明"。

　　没有察觉受骗的病人相信安慰治疗起了作用，可能会造成不当依赖。这一点在抗生素的使用上尤其明显。抗生素有时会被作为安慰剂，也有时用作特殊用途。很多家长认为，孩子感冒发烧时必须使用抗生素，而不少医生也会满足家长的要求，结果使得这些家庭长期依赖不必要的医疗服务，削弱了应对健康问题的能力。最糟糕的是，那些对抗生素不耐受的孩子可能因此产生严重的、有时甚至是致命的药物反应。[7]

　　此类欺骗行为，因其特殊性质，往往能逃避常规的问责机制，因而比其他谎言更容易传播。很多时候，看似无害的做法演变成了大规模的、危险得多的行为。尽管不要"开先河"的警告多半是修辞意义上的，但有时也体现出合理的谨慎，尤其是顶着巨大的压力、沿着不被看好的道路独自前行时，或当保障措施不充分时。

　　从这个角度而言，反对使用安慰剂不无道理。针对这种做法的保护措施要么屈指可数，要么根本不存在，个中原因既是因为这种事本就秘而不宣，也因为得到了纵容，且很少有人在医学文献中认真讨论。[8]制药公司、渴望治愈的病患、忙忙碌碌的医生，都想用更多药物，无论是否真的需要。鉴于安全措施的缺乏和上述重重压力，安慰剂便以各种方式大行其道。

　　最明显的危险在于从药理学上的惰性安慰剂逐渐转向更强效的安慰剂。完全区分惰性药物与活性药物并非易事。而对于活性药物来说，从几乎没有影响的低剂量到会产生一定影响的剂量，其界限也很难把握。医生并不一定能清楚地知道，病人需要的是惰性安慰剂还是更强效的药物，因而有可能会抱着试试看的心理选择活性药物。此外，使用已知"真实"有效的药物也更容易蒙蔽病人。最近的一本医学教科书甚至指出，鉴于医患双方的信心对于治疗的重要性，提倡放弃惰性药物，而使用小剂量的活性混合物作为安慰剂。如今，此类滥用更常见，因为医生未必完全了解活性药物的危险性和副作用，而且往往不以为然。

与此同时，随着寻医问药的人越来越多，接受安慰剂治疗的患者数量也在增加。药品广告的刺激，加之对科学进步的期望，人们愈发希望能立竿见影、迅速减轻症状。儿童使用安慰剂的情况也有所上升，一旦突破了这道防线，操纵真相的诱惑就不那么容易抗拒了。

安慰剂骗局也可能从治疗和诊断扩展到实验。很多安慰剂实验是诚实的，并获得了受试者的同意，尤其是针对此类实验的严格监管规则出台之后。但是，安慰剂试验也有可能被严重滥用，服用者可能毫不知情，满心以为自己服用的是有效药物。例如，1971年，一些墨西哥裔美籍女性向计划生育诊所申领避孕药。她们中一部分人得到的是口服避孕药，另一些拿到的则是安慰剂或仿制药。这些女性在并不完全知情的情况下参与了一项旨在评估各类避孕药副作用的试验。其中一些服用安慰剂的人遇到了可以预见的副作用——怀孕了。研究人员既没有为这些婴儿承担经济责任，也没有因绕过对人类进行伦理实验时必需的"知情同意"而表现出任何不安。其中一名研究人员表示，只要法律允许，他就会帮那些怀孕女性流产，并觉得如此就可问心无愧。

此案例中的研究人员忽视了道德层面的考量，至少部分原因在于人们太经常地把使用安慰剂当作无害的白色谎言。从治疗到实验，从无害到有害，转变常常在不经意间发生，或多或少是由于被视为白色谎言的安慰剂实在微不足道。而当实验对象不太可能反抗或保护自己时，比如穷人、缺乏自理能力的人和儿童，最易出现类似的缺乏远见和关怀的滥用。

鉴于安慰剂滥用的形式多种多样，孤立地去考察每起事例是不够的，无论此事例具体而言显得多么善良。在权衡代价和益处的同时，不仅要考虑单个行为的后果，还要考虑累积影响。欺骗行为迟早会曝光，在健康受威胁时难免的焦虑则进一步加剧了猜忌。于是，连不曾误导病患的医务人员也因此受到牵连。尽管缺乏诚信的做法在某些个案中可能无害，但却对整个医疗体系构成了威胁。

这并不是说在任何情况下一概不能使用安慰剂，而只是说不应该以无害为由为其开脱。安慰剂可以使用，但须慎之又慎，且经过仔细诊断，评估过非欺骗性治疗手段的效果。至于用作实验目的，则必须征得受试者的同意。

推荐信

另一种形式的欺骗看似风险不大，但累积代价却相当高，那就是言不符实的评价。对朋友、同僚、学生、亲戚不吝溢美之词不仅似乎无害，往往还是情谊笃深的体现。在激烈的就业和晋升竞争中，做出这样的举动是很自然的。它既帮助了特定对象，又没有伤害到某个具体的第三者，况且其他人也会做出类似的举动。然而，这种行为显然以偶然的、不公平的方式伤害了那些得不到类似帮助的人。两名能力相当的人申请同一份工作，得到的评价可能截然不同，且原因并不取决于他们自身。

现有的一些做法也给相关人员带来许多问题。举个例子。某个院校历来喜欢夸大对学生的评价，比方说，60%的毕业生都会被列为排名前10%的优秀生。若一名教授打算在学生的推荐信里实话实说，坦言该生仅仅排名前60%，那他就有可能严重伤害到该学生获得工作的机会，因为教授的陈述不会被视为实事求是的评价，而会被误解为这名学生实际排名垫底。

或者以美国陆军的军官评估报告为例。评分分为"杰出""卓越""优秀""合格""尚可"和"不胜任"几档。然而，评委们知道，所有评分低于"杰出"（比如"卓越"或"优秀"）的人都会面临不利境况，[9]且有可能被除名。于是，看似无害的词汇与残酷的职位竞争相结合，产生了一套多数人不得不遵从的浮夸标准。

在上述例子中，坦诚可能使无辜者受害。但同时，以公认的态度给出评价仍会给很多人带来困扰。在此情境下，要想不那么直白，含糊语义或许是有效的、甚至必需的做法。

身处此境的评委往往左右为难。有些人觉得不得不说违心话，有些人坚持严守高标准，但也因此伤害了被评估者。

基于夸大的评估做出选择也同样困难，尤其对于大型机构，或因距离阻隔使得阅读评估报告的人无法了解评委是谁、评价标准为何的情况。

因此，整套做法对于被评估者而言是不公平的，也会给做出评价和使用评价信息的人造成困惑。此外，它还令评价失去了本应有的作用，因为没有人能知道某个特定的评级究竟代表什么。由此可见，言过其实的评价在实践中问题重重，欺骗者和被欺骗者都要付出巨大的代价。

有鉴于此，给出评级的人应努力减少不公正，尽可能贴近不受夸大之风影响的原有标准；否则就有责任表明自己的做法，以尽量减少对被评估者的影响。这需要时间、权力和一以贯之的标准。例如，一名在学校里为优秀学生做推荐的辅导员可以明确告诉高校的招生人员，说自己为学生写的每一份推荐信都实实在在。彼此熟识的同事在讨论求职者时也可以如此。但现实中可能遇到匿名评价，评估者只是短期受托，与需要获取学生、员工或军事人员评级的委托方没有任何关系。此外，评估者有时也无能为力，虽明知给出夸大评价的做法有可能损害其自身的信誉，却难凭一己之力抗拒。浮夸之词与通货膨胀一样，需要更普遍的衡量标准。因此，对于那些无法建立起独立的语言"货币"标准的人而言，随波逐流是可以原谅的。

另一方面，机构却有更大的余地。他们或可以尽量降低对此类报告的依赖，或可尝试消除浮夸评价。但这并不容易，尤其对于大型机构而言。美国陆军曾尝试通过公开评估报告的做法来压低评分，并为不同等级给出了参考得分。但在实践中，很少有人能自觉遵循这套参考标准，生怕伤害了被评级的人。结果，参考得分再次变得毫无价值。

不惜一切代价说真话？

上述例子表明，我们不能仅仅因为某些谎言看似无关紧要就采取放任态度。很多时候，即便从单纯的利弊角度来看，它们也不可小觑。在讨论谎言的传播途径时，我们必须敏锐地意识到，大多数被人们当作"白色"的谎言，虽未必惹人厌，却也没有存在的必要。且不论很多谎言并非如说谎者所认为的那样无害，即便那些通常被视为无害的谎言，如果其目的能够通过完全诚实的方式达到，又何必说谎呢？为何要虚情假意地恭维某人的帽子，而不真心诚意地赞美他的花朵？为何要为一件礼物、一桩善行、一个新生儿语焉不详，而不实实在在地给出真实意见？当然，若言者与听者都认为这么做是为了合乎礼节、表达支持，则无须说出全然的真相。*

　　我不认为所有白色谎言都应一概抛弃。被迫给出虚假评价的个体可能没有其他选择。在少数情况下，安慰剂也可能是唯一的合理选择。为了让感情不至于受到不必要的伤害，某些带有欺骗性质但无伤大雅的社会缘由和风俗是不可避免的。

　　但上述是极少数情况。若凭借极少数情况就认为所有白色谎言都可取，无疑是荒谬的。因此，打算说白色谎言的人应该努力寻求其他方式，甚至应该把此类谎言放在更广的现实环境中去考察，去了解该行为的传播途径。如此，真正无害的白色谎言以及万般无奈之下的选择——比方说，为了避免伤害某人的感情——就可以、且仅可以在极其有限的情况下获得接受。

　　毫无疑问，相较于其他形式的欺骗，我们大多数人更常接触到的是白色谎言。只要我们有意识地去认清它们的后果，在言谈中尽量避免，对白色谎言的需要也会随之减少。如果我们能让其他人明

---

　　* 另一方面，如果提问者想知道真实的意见，敷衍的回答就不合适了。在这种情况下，掩饰了真实看法的恭维具有与谎言同样的欺骗性质。为了避免行骗，被问者必须要么拒绝回答，要么如实回答。（参见第十一章关于如何回应侵入性问题的讨论。）

白，我们并不需要从他们那里听到白色谎言，那么很多不必要的枝节就可以避免。

值得注意的是：尽量少说白色谎言，并不等于提倡对所有人说出真相。沉默、谨慎、尊重隐私和他人的感受是我们决定说话内容时必须天然服从的守则。一个人传播的流言蜚语和恶意报道有可能千真万确，但内容真实并不是可得宽恕的理由。以令人受伤害的方式说出真相，或许才是不可原谅的残酷，正如若有一名年轻人问医生自己是否得了癌症，而医生仅仅在他即将离开房间时干巴巴地说声"是"。医生也许并没有撒谎，但也没有尽到尊重病人、关心病人的职业责任。

既然我们已经明确了不该说谎话，那么接着要探讨的问题就是，是否对任何事情都应直言不讳，如果是，应采用何种方式。对于某些人而言，信念——哪怕是错误的信念——可能是他们全部的精神支柱，而一些自诩为破除谎言的做法对他们造成的伤害，或许不亚于最无情的谎言。

第六章 借口

如果有任何谎言像其他罪恶那样悄悄附在我们身上，它们应该寻求的不是获得正当理由，而是获得宽恕。

——圣·奥古斯丁，《论谎言》

[采访 7 岁的洛克]：如果说谎，会有什么后果？——会受惩罚。——如果不会受惩罚呢，你会不会觉得说谎不好？——不会。——我说个故事给你听啊。有两个小孩，每人都打碎了一个杯子。第一个小孩说，杯子不是他打碎的。他妈妈相信了，没有惩罚他。第二个小孩也说杯子不是他打碎的。但他的妈妈不相信，惩罚了他。他们两个说的谎话是不是一样不好？——不是。——哪个更不好？——受惩罚的那个。

——让·皮亚杰（Jean Piaget），

《儿童的道德判断》（*The Moral Judgment of the Child*）

[在塔木德中]关于说真话的规定有三个例外，分别是"论述""床第"和"款待"。"论述"在评注中有所解释，指的是：如果一名学者被问到是否熟悉《塔木德》的某个部分，他可能出于谦逊，假称自己一无所知。如果说谎是为了避免炫耀

学识，是允许的。"床笫"，按照拉什（Rashi）的解释是指，如果一名学者被问及有关婚姻关系的问题，他可以不必说真话……"款待"的意思是，如果一名学者受到了东道主的热情款待，为了避免东道主受其他未得到款待的人的诟病，他决定不说出真相。此外，《塔木德》里还有一条一般性原则：只要是为了维护和平，就可以说谎。

——刘易斯·雅各布斯（Lewis Jacobs），《真理》（"Truth"），
出自《犹太价值观》（*Jewish Values*）

借口的种类

那么，在什么样的条件下可以违背真实性原则，允许谎言的存在呢？假设你的谎言被揭穿陷入尴尬，会找什么样的借口、哪一类借口为自己开脱？

借口的目的在于减轻、甚至完全推卸因犯错而原本会受到的指责。通过借口逃避责任的方式有三种。第一种，辩称某件事看似错误，其实不然。第二种，辩称尽管有过错，但当事人不应为此受责备，因为错不在他。第三种，辩称尽管有过错，且当事人有责任，但不应为此受责备，因为他有充分的理由。

第一类借口可能会声称，被认作谎言的陈述并不是真正的谎言，而只是玩笑，或者可能是一种委婉、夸大、想象之辞。又或者，此类借口会辩称，既然不可能客观地区分真实和谬误，也就无法证实所谓的谎言的确是谎言。

第二类借口认为，尽管可能存在欺骗行径，但当事人无须为此负责，或无须负全责。说谎者可能声称自己从未有意误导，有可能是自己表述不清，或者喝醉了酒，或者在说梦话，或者被迫说谎。*又或者，他可能辩称没有人可以为谎言负责，因为就此方面而言，人们是否具有自由意志尚未成定论。

这两类借口显然都有相当大的适用性，常常被说谎者使用。但我们在本章和第七章要着重讨论的是第三类借口——在评判有意为之的谎言过程中最常见的一类借口。在第三类借口中，说谎者承认说谎，也承认应对此负责，但拿出了自己不应受责备的理由。在人们试图掩饰罪过时，这三类借口常常相伴出现。

（当然，说谎的原因和借口完全不是一回事，也无法发挥借口的作用。"我说谎是为了让你难受"可能是个真实的解释，它不是借口，因为其目的不在于减轻罪过。"我经常说谎，没觉得这么做有什么不对"也不是借口，因为这种情况下根本无须借口。）

第三类借口为谎言提供了道德理由，说明在某些情况下，某个谎言应该得到许可。人们在陷入困境或被捏住短处时往往会求助于道德理由，他们要说服自己或他人：反对说谎的那些常规推定不适用于他们的特例。用来为谎言开脱的理由可以归纳为几种，我将

---

* J. L. 奥斯丁在那篇著名的文章"寻找借口"（A Plea for Excuses）中主要讨论的就是这第二类借口。奥斯丁正确地强调了此类借口与第三类借口——他称为"辩解"——的区别。我倾向于将此三类试图减轻罪过的托词——无论有多么片面、多么蹩脚——都称为"借口"，而把"辩解"这个术语留给第三类中至少（给出理由）以尝试逃避责备的借口。因此，只有第三类中那些更具说服力的借口才是真正的辩解，而辩解努力中也只有少数能成功地说服那些倾听辩解的人（除非辩解是说谎者自己听的，在这种情况下，站在"说谎者的视角"，很多谎言都有了正当性）。

从其各自诉诸的道德原则的角度来分析。这些原则名称各异、形式多样，它们自身并不具有抽象的存在性，而是用来支持和构建我们的选择背后的道德理由的。我将运用四个原则来陈述为谎言辩护时最常用的理由，这四个原则是：避免伤害、产生利益、公平、真实。*

举个例子。假设有名总理否认其政府曾协助颠覆邻国政权。如果此谎言被揭穿，必须做出解释，他会说什么呢？他不能声称自己没有撒谎或原本无意撒谎，也不能说自己是迫于压力。如果他想给出情有可原的理由，恐怕就要诉诸上述四个原则。

总理可能会说，他希望通过谎言来避免某种形式的报复或国际谴责，换言之，避免伤害。或者，他可能会辩解说，撒谎是为了赋予新政权以合法性，而这种合法性可能来自民主地推翻前政府的表象。再或者他可能会宣称，说谎是为了至关重要的利益。他也有可能会诉诸公平，声称既然任何处在这种情况下的人都会撒谎，那么公平起见，他这种顺势而为的做法也应该得到原谅。最后，他还有一种借口，可以辩称自己说谎是为了真实和信任，或者至少是为了表面上的真实和信任，也就是说，他的谎言维持了人们对他自己这个政府的信心，让全世界相信他的国家遵守了禁止干预他国内政的国际法则。

在这四条原则中，前两条，也就是避免伤害和追求利益，是最

---

* 为此，我遵循了 G. J. 沃诺克的做法。他在《道德的对象》(*The Object of Morality*) 一书中强调，人类社会需要这四种"善意的安排，它们往往直接抵消了人类同情心的局限性"。(p. 79)

常被援引的。它们最为直接，但一旦涉及如何分配利害，就会引发不同的意见，进而需要诉诸公平或正义。

此外，要想发挥前三个原则的作用，真实是必不可少的。正如我先前指出，它是人际关系的基石，若这个原则被侵蚀，人们对获得利益、免受伤害和公平的信心也就随之瓦解。

对这四条原则的援引常常令人困惑。有时候援引了一条原则，但其实适用的是另一条，或者四条都不适用。四条原则之间也常常彼此交叉、重叠。因此，在审视为各种谎言找出的大量借口之前，试着把它们弄清楚，或有助益。如此，我们便会发现，只有面对具体选择时，四条原则间才会出现冲突。说真实与公平不可兼得，听者可能莫名其妙；但如果说一名律师遇到了两难选择，因为只有说谎才能令一名无辜的委托人免于牢狱之灾，这就容易理解了。

避免伤害

避害和趋利相辅相成，不过我们不妨分开考虑，如此便可感受到它们在紧要性上的差异。二者适用的法律和道德规则不同。在医学上，医生最常奉行的准则固然是帮助病人，但前提是不伤害病人。

旨在避免造成严重伤害的谎言往往更容易获得谅解，意图伤害他人的谎言则被视为最不可原谅的，而既不是为了避免伤害、也不是为了造成伤害的谎言则居于中间地带。从奥古斯丁以降的几个世纪里，这样的区别始终争议不断，也一直在改进。例如，公元 800

年前后的一本爱尔兰苦行赎罪书中提到，对于不同的谎言，依其造成的伤害不同，应有不同的赎罪苦行：

> 如果有人故意说［这样的］谎话，但没有造成伤害，此人应静默三天，除祷告或诵经外不得说话；否则应被打手 700 下，半禁食或诵读 150 首赞美诗。
>
> 如果有人为了获得好的结果而说谎，比如给敌人虚假的信息，或在争执双方间斡旋，或不惜一切代价拯救人的生命，只要是行上帝认可之事，就不会受重罚。[1]

我们在前文说过，阿奎那将所有善意的谎言——无论是为了避免伤害还是为了带来利益——都归为"信口开河的谎言"，并将其与旨在造成伤害的"恶毒谎言"进行了对比。例如，为了防止病人心脏衰竭而撒的谎就属于这种"信口开河的谎言"。在危急时刻，它可以让我们有时间预先阻止赤裸裸的真相可能带来的危险，并可能提供一种更人道、更易于理解的处理方式。

在那些会造成伤害的谎言中，伤害越大，性质就越恶劣。精心策划的谎言比未经深思熟虑的谎言更为人所不容，一句谎言不像一连串谎话那般可恶。因此，无论说谎者在几次说谎之间显得多么后悔，有计划地持续行骗最为可恶。

很多谎言以自卫——也就是避免让自己受伤害——为借口。因害怕被判刑而在法庭上说谎，因行偷窃、欺骗之事被揭穿而说谎，因受到暴力威胁而说谎，为了摆脱各种麻烦而说谎，为了挽回颜面或保住工作而说谎——所有这些都以某种借口强调了保护自己免受伤害的重要性。在国防层面，自卫也被用作代表整个团体或国家说谎的理由，有时这一概念甚至推动了激进的"国防"计划。

自卫的谎言可以渗透到生活的方方面面，以至于人们"生活在谎言中"。参与集体骗局的专业人士放弃了关于诚实的常规假设，既不相信自己，也不再信任他人。为了避免迫害而被迫成为主流宗教或激进组织成员的个体则失去了他们最宝贵的东西。很多政治信仰或性取向不为社会所接受的人不得不掩藏起自己的核心价值，终其一生表里不一。

产生利益

与为避免伤害而撒谎相比，为产生利益而撒谎通常较难获得原谅。某人说自己出于自卫撒谎是一回事，承认为了向房客多收租金而撒谎则完全是另一回事，这样的谎言根本没有合理的借口。在这两种情况下，人们首先想到的要么是避害，要么是获利，当然，也有很多时候撒谎的原因同时包含上述两种动机。

由于防止伤害的理由听起来更有说服力，因此那些为了替他人或自己获取利益而撒谎的人，在找寻借口时往往会强调这些谎言能防止危害。但对于他们自己而言，其实更看重谎言带来的利益。正因如此，进行欺骗性试验的社会学家可能会在公开场合强调新发现的弊害作用，但私下里念念不忘的则是知识获取和科学进步带来的益处。

有时，人们还会为谎言再添一个借口，把利他主义也放在利害天平上算计。这样一来，如果某个谎言能帮助他人，或避免他人受到伤害，那就比仅为了自身趋利避害的谎言好。然而，对于利他主义可以为谎言增加合理性的主张，我们必须审慎看待。无论是在两大类白色谎言中，还是在生命受到威胁而撒谎的情况下，上述主张都不尽然。面对歹徒，为拯救自己生命而说谎和为了拯救他人而说谎，二者并无高下；而某个白色谎言如果真的微不足道，那么无论是帮了何人也都没有多少区别。

尽管如此，我们在评判有利于他人的谎言时，似乎还是会不自觉地另眼相看。我们不是更容易接受，或者至少是更同情为了他人利益而撒的谎吗？我们不是对那些明显有利于说谎者本人的谎言持有更多保留意见吗？或许站在说谎者的角度来看的确如此。但若从其他角度去看，说谎者宣称的利他主义就没那么了不起了。第一，即便最自私的骗子也会寻找一切机会拿利他主义做幌子；第二，哪怕真正出于善意的谎言也经常无法达到预期效果。因此，我们应该仔细审视说谎者宣称的利他主义，审视声称是为了社会利益和受骗者利益的谎言——即所谓的"家长式谎言"。

> 利他主义的借口往往建立在说谎者对自身良好意愿的信心之上。"我的本意是好的，因此我的谎言是有益的"和"我无意造成伤害，因此我的谎言不会造成伤害"，这两种想法同样常见。且不说曲解好意的可能性很大，即便意图果真是好的，显然也并不一定能得到好结果。

公平

对公平的诉求长久以来一直在哲学中占有特殊地位。这种诉求要求纠正、防止不公，或提供公平的分配，其目的在于给人们应有的对待、回报、惩罚或份额。*所谓"应有的"，既可以基于当事人自身，也可以基于承诺或协议，比如律师保护客户的机密。

以伊阿古为例，他在为自己背叛奥赛罗信任的行为寻找借口时，援引的正是他觉得有失公平正义的两点：[2] 第一，伊阿古认为奥赛罗在选择副手时偏袒卡西奥，罔顾自己资历高、条件好；第二，伊阿古提到了奥赛罗与他妻子私通的流言，他承认自己并不知道事实是否如此，但"仅仅是怀疑就足可促使他采取行动"。[3]

伊阿古用这两点作为他意图报复奥赛罗的理由。显然，与奥赛罗遭受的残酷命运相比，这些借口根本站不住脚，相反，我们可以推断伊阿古作恶的真正动机纯粹是怨恨。但无论是遵从习俗还是源自实际感受，这两个借口的确是在吁求某种公平。

在说谎者看来，某些欺骗性手段之所以情有可原，与其说是因为惩罚了不公正的人，毋宁说是因为夺回或保护了说谎者自以为应得的东西——财产、自由、甚至孩子（比如对绑架者说谎）。还有一些谎言则以一种针锋相对的方式寻求公平："他骗了我，我也有权骗他。"另外一种可以援引公平作为欺骗理由的情况是，在担心

---

　　* 在此，我将"正义"和"公平"作为同义词使用。也就是说，我所说的"正义"不是广义上的（即所有正确或合法的事情），而是亚里士多德在《尼各马可伦理学》（*Nicomachean Ethics*）中辨析过的狭义上的正义，即纠正不合理或错误，公平分配。就此而言，这个概念涉及自主或自由以及平等。如果说谎是为了保护或促进公平正义，那么最大的问题就在于能否建立、恢复或坚持均衡的考量。

使用真名或可带来不公平的优势时使用假名。反过来，若为避免不公平的劣势而使用假名或伪装，同样也是可以原谅的。[4]

另一类与寻求公平相关的理由是保守秘密。[5]一个人可能会为了保护他人的隐私或秘密而不得不对其他人撒谎。牧师受誓言的约束，隐瞒某个教区居民怀孕的事实，不仅回避有关其状况的问题，而且在必要情况下为保守她的秘密而撒谎，这种行为似乎是可以原谅的。他这么做是基于职业义务，按照牧师与教徒间的协议让她得到应有的对待。在此类情况下，秘密得到保护的一方有理由相信，基于某些现有的协议或承诺，他们自身有权得到保护。[6]

最后一类涉及公平的情况是受骗者事先同意参与带欺骗色彩的活动。参与者制定了公平的规则，明了可能出现的情况。只要欺骗行为并未超出规则的允许范围，任何认同该规则的人都不得在受骗上当时抱怨。例如，玩纸牌时，玩家都会接受规矩许可之内的诡计，就像足球比赛中允许一定程度的暴力一样。在医学试验中，只要受试者是自愿参加、完全知情且有行为能力，[7]就不应被视为受到了不公平的对待。

然而，更常出现的情况是，个人、团体或国家非自愿地被卷入了涉及故意欺骗的活动，并被迫在知情后临时计划应对措施。如果他们是这个腐败的社会里唯一拒绝贿赂、谎言或暗箱操作的人，很有可能无法生存。在这种情况下，他们或许会撒谎，但我们不能因此认为他们接受了"游戏规则"，也不能认为他们像玩纸牌的人一样得到了公平对待，因为他们根本无法"退出游戏"。

由于寻求公平要在深层次上涉及何为应得、何为权利的个人观点，因此很容易产生误解和偏见。不公、压榨、权力的悬殊——这些都可以被各种谎言用来充当借口。那些自认为受盘剥的人觉得，这一事实本身就赋予了旨在纠正局势的不诚实行为以合理性；那些占上风的人则往往觉得，为了维持局势而行骗是合理的。

真实

与援引其他原则为说谎行为开脱不同，有些人声称说谎是为了保护真相。为真相而撒谎——这无疑是最矛盾的借口。

然而事实上，这种打着追求真相旗号的谎言比我们想象的多得多。为了消除某个谎言的影响而说谎，为了追求某种更大、更重要的真相而说谎，为了保持对真实性的信心而说谎——以上种种都可以在某种意义上视为对真相的追求。面对此类借口，辨识的关键在于区分"真相"和"真实性"的含义。

假设你犯了个小错误，秘而不宣，如果有人问起就撒个谎。从某方面而言，你是想避免麻烦；但从另一个方面而言，你可能也想让我相信你在其他事情上是诚实的。因此，谎话一旦出了口，可能就得不断重复、掩饰、用一层谎言去包裹另一层谎言。就此意义而言，你撒谎是为了维护他人对你的真诚与善良的合理信任。

这些谎言什么时候开始演变成了各种各式各样你自己明知是假话、但却为了装作诚实或保全体面而说的谎言？无论是说谎者还是受骗者都很难分清，因为在此类情形下，自欺欺人占了很大比例。伪君子多半相信自己编出的故事，*多愁善感给欺骗蒙上了最无害的色彩。对孩子说谎以维护成年人理性且无可指责的表象；用谎言掩盖酗酒的习惯；为了让人们对不稳定的企业或腐败的政府保有信心而说谎——此类谎言已成为人们的第二天性。角色与现实间的实际差距越大，就越需要不断地隐瞒。

　　若说谎者的职业要求其关注真相，一旦谎言被揭穿，落差就尤其令人震惊。当人们发现了法官和科学家的欺诈行为时，会产生强烈的被背叛的感觉。说谎的科学家违背了科学最基本的要求。然而矛盾的是，他的欺骗之举在某种程度上或许正是为了他认定的科学和真理。

　　例如，某个科学家可能笃信某个新发现或新理论，他确信未来的实验早晚将证实自己的判断，但凭借现有的数据不足以定论，于是便伪造数据。从某个层面而言，他说谎是为了支持他认定的真理。有时，这些最初的预感的确正确，但也有很多时候并非如此。若是后一种情况，他可能不得不诉诸更多谎言。

　　另一种说谎动机是消除错误印象，重新宣扬"真相"。电视广告上的冰激凌可能实际上是土豆泥，因为土豆泥不会在强光下融化，所以拍出的广告效果更逼真。市政官员可能会隐瞒竞选献金，因为在他看来，竞选献金会让选民对他的忠诚度产生错误印象。实

---

　　*　"虚伪"这个词本身就颇有深意。它源自古希腊语，本意为"回答"，包括演员在台上的彼此应答，引申含义是在舞台上表演，甚至在舞台之外扮演某个角色。这个词现在的意思是：掩饰真正的性格或意向，诉诸美德或善良的假象。

施此类欺骗行为的人，通常觉得自己对情况的认知比其他人更客观。法庭上的律师、与孩子交谈的家长、面对公民的官员，都有可能发自内心地认为自己操纵事实是为了展示"更真实的画卷"。

为消除某个谎言的影响而诉诸另一个谎言是以欺骗手段换取真相的极端做法。[8] 比方说，有个焦躁不安的年轻人被灌输了错误的信息，误以为自己的虚弱和神经紧张是因为受了辐射。为了安慰他，有人编了个故事，说发射辐射的那伙人已经被抓捕了。这就是用一个谎言去消解另一个谎言，让局势恢复到第一个谎言之前的状态。

或许正是出于这种想法，才会有人借助谎言来说服人们相信某些政治理念或宗教教义。相信教义本身是正确的，且有益于信徒，这似乎为以促使人们皈依为目的的谎言提供了理由。因为这样一来，皈依者将得到更大的真理，或许也能被从错误的信念中拯救出来。[9] 如此，真理和说真话就合二为一了，一个人越坚信自己掌握了真理，就越能以真理之名随心所欲！

为他人指点"迷津"的做法如今体现在家长强制和"教化"子女的一番苦心中。这些家长认为子女被某种宗教派别迷惑，接受了错误的信仰。在他们看来，只要是为了消除危害，欺骗和暴力皆可原谅。

说服力

如此看来，说谎有无数种借口，不仅可以声称所言并非谎话或者无须承担责任，也可以利用情有可原的原则为谎言开脱。当然，这些借口大多没有说服力。但某个借口是否具有说服力，是由哪些因素决定的呢？

或许最重要的在于视角。说谎者在一定程度上相信自己的借口，他人看来却不可思议。要不要说谎的争论，出发点是站在说谎者立场上的。相比于受骗者的理解，说谎者常常援引本章开头列出的前两种借口为自己辩护，给出的解释往往善意得多。

第一，他们更有可能认为，在自身所处的境况下"无法获得真相"，进而得出诚实与虚假并无明显区别的结论，且很有可能认为自己给出的信息只是稍微带有一点欺骗性。

第二，他们更倾向于相信自己的欺骗行为并非故意为之，觉得说谎的那个人"并不是真正的自己"，喜欢声称自己撒谎是为他人或环境所迫。

最后，当我们站在说谎者的角度去考察说谎的理由时，这些理由就会显得更有说服力。与受骗者或局外人相比，说谎者更容易相信谎言是有益的，比方说能防止伤害、促进公平或责任。说谎者更倾向于辩称，当"其他人都在欺骗"时，保持诚实会令他们受伤害，也更倾向于相信给自身带来益处的谎言并不会伤害其他任何人。他们极少担心欺骗行为对自身性格和行为的影响。

然而，那些受骗的人——以及当说谎者觉得自己被骗时——可不太认同上述的"好理由"。事实上，他们几乎不能确定自己听到的谎言是否是善意的。这部分是由于他们往往没办法区分听到的话是真是假；部分则是由于他们从自身的说谎经验里知道，撒谎有多么容易，为谎言找的借口可以显得多么有说服力。

此外，所有这些不同的借口都会依受骗者的预期差异而得到不同的评价。他们原本期望的真实度有多高？他们和说谎者打交道时抱着怎样的态度？交流过程中是否曾对欺骗行为表示过明确的许可？抑或恰恰相反，曾明确反对欺骗行为？在玩纸牌的时候，要诈是意料之中的；而在《奥赛罗》里，人们的惊恐感受则来自奥赛罗对伊阿古的巨大信任以及伊阿古对信任的利用：

> 他越是深信不疑，
>
> 我就越容易达到目的。[10]

大多数欺骗行为的背景境况并不明朗，双方既没有明确的信任，也没有就允许欺骗行为达成一致。即便说谎者声称确实存在允许欺骗的共识，那也往往是出于主观臆断，受骗的一方并没有意识到。例如，对重病患者说谎，在说谎者想来是理所当然的，但受骗者却从未同意这种做法。

影响说服力的另一个相关因素是说谎者与受骗者之间的关系属性。双方是对手、路人还是朋友？他们之间有契约约束吗，比如专业人士和客户、选民代表和公民、父母和孩子？他们彼此间的权力关系如何？这种关系会因谎言而改变吗，抑或不足以产生任何影响？

最后，所有的借口都会受到替代选择的影响。如果说谎者知道可以通过诚实的途径获取利益、避免伤害或守护公平，则根本无须评估说谎的理由是否充分。即便一句谎言可以拯救生命，如果说谎者意识到说实话也能起到同样的作用，那就没有必要说谎。不过话说回来，此间分寸很难把握。这得要求说谎者多么深思熟虑、明察秋毫，拥有多少能力和才智呢？

　　由于所有这些因素都是渐进的，且各种理由本身在实际案例中的表现形式不一，因此人们无法绝对地说某类谎言可以原谅或不可原谅。有些谎言在任何情况下都是可以原谅的，有些则得视具体情况而定。有些谎言是否可得宽恕，大多数人的意见是一致的，而有些谎言则会引发不小的争议。

　　于是我们接下来就要问：我们可以为合理的谎言划定明确界限吗？有没有什么标准可以帮助我们划定界限呢？我们通过探讨谎言是否情有可原，揭示了谎言的复杂性，同样，我也希望能让读者看到，当我们讨论辩解这个话题时，讨论范围缩小了，因为借口纵有千千万，能算得上辩解的却不多。

第七章　辩解

真实性是一切集体事业的先决条件。有趣的是，在民主体制盛行的地方，人们愈发意识到公开的必要性。保密是一种背叛。

——拉尔夫·B. 佩里（Ralph B. Perry），

《道德经济》（*The Moral Economy*）

[辩解] 假定人与人之间或个体内部存在观点冲突，并试图让他人或我们自身接受我们的主张和判断所基于的原则。辩解的目的在于通过推理达到调和，它来自参与讨论的各方所持有的共同观点。

——约翰·罗尔斯（John Rawls），

《正义论》（*A Theory of Justice*）

辩解与公开性

那么，我们怎样才能从说谎者自认为绝对情有可原的种种谎言中找出合理的谎言呢？和之前一样，让我们先假设要分析的都是带有蓄意误导性质的纯然的谎言。我们可以审视摆在说谎者面前的各种选择，以及说谎者给出的借口。哪些借口不仅可以减轻和掩饰恶行，而且能帮说谎者免除道德上的谴责？如果我们接受某些借口，是否仅仅意味着在事后不再就此具体事件谴责说谎者？又或者是否会在特定的条件下，在事前就允许此类谎言的出现？最后，当此特定条件成立时——比如，当无辜的生命受到威胁时——我们是否可以鼓励撒这样的谎？

我们已经知道，说谎者会经常性地陷入一种扭曲视角，在试图辩解时，他的回答往往带有系统性的偏见。他对原则的援引可能是空洞的，他的评估可能毫无依据。于是，依照他在权衡过程中最看重的因素不同，对各种选择和理由得出的结论可能截然相反。

辩解远非此类未经检验的个人论证可以达到。为某事物辩护，就是通过摆出充分理由来证明其是公正的、正确的或适宜的。这意味着要提出某种标准，比如宗教、法律或道德准则。这样的辩解需要一个观众，可以是上帝，也可以是法庭、同僚或自己的良心。但按照伦理标准，最适合的观众不是某个个体，而是一般意义上的"有理性的人"。*

用休谟的话说，试图做出道德辩护的人必须：

---

  *　参见 Virginia Held, "Justification, Legal and Political", *Ethics*, 1975, 1–16。从一个人试图为之辩护的对象——一种行为、一个选择，或整个一生——的角度出发，对法律、伦理学和宗教范畴里的辩解进行比较是很有趣的。继而，我们还可以从它由何而来、为何成立、对象为谁、期望达成怎样的结果（辩白、原谅、获得许可或推卸责任）几个方面，比较这些不同范畴下的辩护。关于保罗因信称义的深刻分析，参见 K. Stendahl, *Paul Among Jews and Gentiles* (Philadelphia: Fortress Press, 1976), pp. 23–40。

抛开私人的、特殊的处境，必须选择与他人相同的视角，必须调动人类的普遍原则，触动那根能让全人类产生共鸣的弦。[1]

因此，道德辩解不能是排他的或隐秘的，必须可以公开。在超越纯粹私人性的同时，还要尽力跳出主观的藩篱。维特根斯坦（Wittgenstein）在谈到辩解的要素时指出，"辩解存在于对独立事物的诉求中"。[2] 很多道德哲学家认为，这种诉求正是道德选择论证的本质所在。约翰·罗尔斯循着康德的路子，借由公开性这个概念将其明确定义为一种对一切值得考虑的道德原则的正式约束。按照这样的约束，道德原则必须能够承受公开陈述和论证。[3] 秘而不宣的道德原则，或者只能向某个派别或组织透露的道德原则，都不满足条件，

我认为，这种公开性对于所有道德选择的合理性都是至关重要的，在为谎言和其他欺骗行为辩护时尤其不可或缺。因为与其他道德原则相比，公开性与真实性的关系更为直接。从伦理学角度而言，缺乏真实性的宣传就是误导，毫无价值。此外，谎言从本质上就具有隐蔽性，因此与公然做出不当行为相比，更需要公开的辩护。公然行不当之举最终可能引发争议，而巧妙的谎言则有可能永不被察觉。

我想把这个公开性概念与伦理学范畴内指向有理性的人的辩解观念结合起来，以便为审视具体道德选择构建一种可行的检验。这种检验将可衡量各种为有争议的选择和谎言而提出的借口。这种检验能对抗说谎者立场里固有的自我欺骗和臆想。它挑战了个体的假

设和草率的估算。它要求在为谎言辩护时采用清晰的、可理解的陈述，否则论证就是不成熟的、不牢靠的。此外，它带来的益处可以累积：每一次对公开性的吁求，从中获得的客观性和转换视角的能力都会累积到后来的实践中。大体而言，正是通过这种诉求和辩论才发展出更和谐的道德感。[4]

公开性的检验想要找出哪个（如果有的话）谎言能够经得住有理性的人对正当理由的诉求。它要求我们寻找对伦理学而言至关重要的、具体而开放的实践：即作为很多宗教和道德传统之基石的黄金法则。[*]我们必须从被我们的选择波及的人们的角度上，扪心自问，如果有人对我撒同样的谎，我会做何反应。因此，我们必须既站在说谎者的立场，也站在受骗者的立场，不仅要考虑特定的个体，还要考虑到所有相关者，把有理性的集体作为潜在的受骗者。我们必须构建为谎言辩护的借口和道德论证，看看它们在有理性的公众审视下能否站得住脚。

但这样一种测试究竟该如何进行呢？是否如惯常的做法，求问于良知即可？至于"公众性"，是仅需小部分人，还是必须很多人？必须是真实的人，还是可以是虚构的概念？这种测试的局限是什么？我将依次讨论这些问题。

---

[*] 黄金法则有一个非常有力的否定形式，如《论语》所言："子贡问曰：'有一言而可以终身行之者乎？'子曰：'其恕乎！己所不欲，勿施于人。'"

又如拉比·希勒尔（Rabbi Hillel）所说，"不要对你的邻居行你所憎根之事，这就是律法的全部，其余都是对此的注解"。（*Babylonian Talmud*, Order Mo'ed, Tractate Sabbath, Section 31a. Translated by Rabbi Isidore Epstein, London: Soncino Press, 1958, p. 140.）另见 *Didache*, Vol. I, p. 309。

辩解的层次

从反思的角度而言，为权衡道德选择而做的最初的、不可或缺的、多少算是"公开的"努力对我们来说并不陌生，那就是求助于自己的良心。我们有时可以把良心看作另一个自我，一个更严厉、更苛求的自我。但求助于良心也往往会引发与内在判断的冲突。这个内在的法官可能是理想化的，甚至是神圣的；但也有时，他只不过喜欢对我们自身的行为和信仰指指点点，要求我们给出合理的解释。塞内卡（Seneca）在给友人露西利（Lucilious）的信里如此描述这个监督者：

> 为自己指派一名监护人，找到一个自己尊敬的人，一个可以为自己的思想做见证的人，这无疑是好事。的确，在一个能永远支持你的好人的监督下，生活会变得高尚得多。不过，只要你在做任何事时都能像有人监督时那样，在我看来也很好，因为独处会让人生出万般恶念。[5]

毫无疑问，即便是最基本的道德选择也需要这种自我反省。这往往也是人们唯一能做的，但它并不能成为满足公开性要求的充足条件。因为良心虽能折磨人，但也有包容性和可塑性。大多数情况下，倘若只需面对自己的良心或假想出来的旁观者，说谎的人会毫不犹豫地为自己的行为辩护。即便是本性善良的人，一旦必须面对复杂、紧张的问题，良心也靠不住。他可能无法很好地论证，可能没有质疑隐含的假设，可能没有检验含混的类比或错误的推理。因此，虽然诉诸良心是必不可少的，但仅此还不够。尤其是对于那些被束缚在说谎者的立场中的人而言，良心不足以对抗臆断。

出于同样的原因，在脑海中想象其他人的观点也会遇到类似的问题，无论这些人在你的心目中有多么明智、多么有代表性。想象自己在公众集会上、在陪审团面前、或面对电视观众为自己的谎言辩护，无疑有助于个体去尝试建立一种行动准则，看看他人是否也能接受、容忍。但只要这个过程是纯粹想象出来的，只要这个构想者既是演员又是观众、既是辩护人又是陪审员、既是立法者又是公民，存在偏见的风险就非常高。*

因此，在任何重大的实际问题上，公开性就要求我们不能仅限于向自己的良心求助，或为了替自己辩解而想象出其他人。在处理欺骗性行为时尤其应如此，比如在政府部门中靠欺骗获取承担着公众信任的职位。以下这个例子或可说明寻求外界意见的必要性：

　　　　一名新近当选的高官聘请一个"猎头"替自己物色人才。这个"猎头"在为某个职位物色到了几名合适的候选人之后，又想出了一个可以测试候选者推荐信之可信度的方法。她想确保这些推荐信不只是逢场作戏的产物。于是，她让候选者的同事们对关于他们的虚假陈述做出回应，并衡量他们的反驳力

---

　　* 康德在《道德形而上学原理》（*The Groundwork of the Metaphysic of Morals*）中给出了一个很有趣的例子，说明该过程是如何包含偏见的。康德提出了一个思维试验，让个体对特定职责做出判断："假设你的行为准则将按照你的意志成为普世法则，并依此去行动。"并进而用这种方法分析了四种特殊情形：自杀、借钱且谎称会偿还、忽视个体的天赋、不帮助他人。

度。她可能会对他们说："我听说某某与同事相处不太融洽"或者"有人告诉我，某某处理事物的能力不足"或者"我感觉某某的创新精神不够"。

这名"猎头"对自己的方式毫不感到愧疚，相反，她因能够获取准确信息颇为得意。她没有受到内心准则的困扰，也不觉得有必要为自己的做法辩解。但如果她征求一下他人的意见，一定会有人指出这个方法中隐含着明显的道德问题。

所以，公开辩解的下一个"层次"就超越了个体的内心思量。向朋友、长辈或同事寻求建议，查找先例，向宗教或伦理领域的专家求教，这些都是人们常用的方式，可以为我们的道德选择提供客观的、有时甚至是充满智慧的视角，避免很多欠妥当的计划。

不幸的是，在一些比较复杂的、利害攸关的情况下，这样的咨询仍然不够"公开"。这种措施无法消除偏见，也没有对咨询与被咨询者共有的假设和错误的推理提出疑问。如果涉及专业圈子或权力圈子，这一弊端就愈发常见，持反对意见的人或许没有发言权，专家或权威则可能支持有问题的计划。例如，否认美国轰炸柬埔寨是集体磋商的决定，对入侵猪湾事件编造故事也经过咨询。对于由理念相似的人构成的协商体系在决定对外政策时的失败，欧文·詹尼斯（Irving Janis）如是说：

某个群体成员对其所属团体的内在道德的坚定信念，以及对对立面的无差别的、刻板的消极印象，使得他们在做决定时会将伦理价值和权宜之计间的冲突最小化，尤其是当他们倾向于诉诸暴力手段时。"我们是一个明智且善意的群体"的共同信念令他们往往在讨论决定时把集体意见作为主要标准，以此判断某个政策的合理性和有效性。他们会认为："既然我们的目标是好的，我们决定使用的任何方法也就必然是好的。"这种共同的假设可以帮助成员在做出有悖自身道德准则的行为时不必感到羞耻或罪过。对敌人的负面印象强化了他们的道德正义感，以及对内的崇高使命感。[6]

面对此类重大问题，需要的不仅仅是与少数同僚磋商。处在受信任的位置上，就应该为事关他人福祉的谎言承担责任。同样，即便某些欺骗行为，比如使用安慰剂或对临终者隐瞒真相，单独看起来无害，但累积效应却不可小觑。为此类选择和做法辩护时，如何才能有效地体现"公开性"呢？

至此，就需要公开辩解的第三个"层次"。在这个层次上，必须征求所有派别的意见，或者至少不应该刻意排除或回避任何派别。就此意义而言，"公开性"要求在听众人选上不得有所挑选。这不再是需要面向多数人还是少数人进行公开辩解的问题，而是所有人都有权知情。当然，决定越是复杂、关键，就越有必要进行磋商。

我们现在很少就道德问题进行公开讨论了。但这种讨论在课堂上、在专业组织中、在政府里都很有必要。这种讨论应该是开放的，不能仅限于特殊利益群体。美国国会于1974年设立的受试者国家保护委员会就是个很好的例子。它审视了非常困难、非常尖锐的道德问题，例如胎儿研究、精神外科手术以及用囚犯做实验的伦理问题。对这些问题的探讨不仅完全公开，让所有的意见都有机会被听取，而且对种种困难的选择得出了结论，有助于指导更广泛的实践。[7]

对于欺骗行为，我们也需要同样的考量。如果有可能，应在实施欺骗计划前进行公开讨论，让欺骗对象有机会表达自己的意见。这是确保被欺骗者立场能得到倾听的唯一方法。

但是，指望用这种方式让将要受骗的人预先得到警告，岂非极不合理？这样做不会使得谎言完全没机会成功，从而让本希望通过谎言获得的利益成为泡影吗？在说谎之前先与欺骗对象商量，有什么用呢？

在此，我们必须再次强调案例与具体实践的区别。在说谎之前先与欺骗对象协商，肯定会适得其反。但事先讨论带有欺骗性的政策，或警告欺骗对象，却未必会弄巧成拙。例如，在带有欺骗性质的游戏中，玩家显然可以选择是否参与。需要事先征得同意的医学实验也是如此。同样，在制定外交政策时，对于欺骗行为的目的和限度进行全国性讨论，有助于为紧急情况下允许的欺骗行为设立标准。曾经因国防需要而实施欺骗行为也可以拿出来辩论，作为将来类似选择的参考依据。

事前需要什么样的咨询？如果仅政府内部协商还不够，可以要求联邦法院或其他机构予以批准吗？事后应该在多大程度上进行披露？需要时隔多久？这些问题可以作为专业人士出于职责需要而说的各类谎话的例子，在媒体、教育机构和公共会议上进行公开讨论。

以使用无标识警车为例。如果某个社会已经公开就此话题进行了辩论，并出于让超速者和其他不法人员放松警惕的目的而允许使用无标识警车，那些依旧选择违章超速的人就可依此做出相应的决定。需要强调的是，虽然并不是每一个欺骗举动都愿意将自己的理由公之于众，但公众绝对有权对任何此类行为进行审查。

　　同样的道理是否也适用于一些更不光彩的警方行为呢，比如为了逮捕嫌犯、给其定罪而进行非法诱捕？关键依旧在于不能回避公开性的要求。只要钓鱼执法中的欺骗性因素尚未被公众意识到，没有与可能的替代方式进行过对比，没有论证过这种做法的必要性，现下这些由种种习俗和规定随意而生的可憎做法就会继续蔓延。我们想要什么样的社会？[8] 有什么不法行为能对社会造成巨大的威胁，以至于必须使用诱捕的手段？一旦这些问题得到解决，将欺骗行为公之于众、事先提醒欺骗对象的做法就不会显得不合逻辑或适得其反了。

　　如此，我们可以对先前提出的、为谎言辩解所要求的公开性问题作如下回答。第一，若要替欺骗行为辩护，"公开"的范围不应仅限于我们的良心，"公开"的对象也应比我们假想出的观众更严格，尽管良心与假想观众也很重要。如果这个选择关乎他人的利害，或者虽然其本身似乎微不足道，但构成了欺骗行为的一部分，那么就应该更审慎地权衡。这句谎言或整件事能否经得起媒体的讨论？能不能在课堂里、研讨会上或公开会议中先行证明自身的合理性？

　　第二，公开的对象可以是多数人，也可以是少数人，但原则上讲，任何人都不应被排除在外，尤其是受欺骗方或相关群体。

　　如果这些问题能得到公开检验，那么打算进入普遍存在欺诈行为的行业的人就有机会在专业学习过程中、在陷入不得不说谎的境地前,考虑该如何应对。他们可以模拟一些未来将会遇到的类似问题,阐述和权衡各种对立选择的理由,讨论各自的优劣。那些按照秘密原则行事的专业人士往往认为自己的谎言当然是必要的,动机是无可指责的,而且作为一个整体,他们有着对人类福祉的共同关注,因此无须受到审查。而公开讨论恰可消除这种自以为是的观念,从而在很大程度上限制专业人士的谎言。

这种公开检验的确存在局限性。它虽然是检验偏见和合理化的有效工具,能帮助我们超越当下的直觉判断,但归根结底也只是检验而已,在没有机会进行反思和讨论、需要立即采取行动的情况下显然毫无用处。此外,鉴于我们的信息、推理能力和预知能力有限,这种审查在面对进退两难的道德困境时也无法发挥作用。

不过,这两个局限可以在一定程度上得到化解:我们可以借助检验,预先思考在没有机会反思和讨论的情况下该怎么做;当由于某些不确定性影响,最明显的选择并不是最好的选择时,这种检验也有助于我们找出响应模式,比方说应由谁来做决定、如何做决定。这样,协商和讨论的过程就可以把一些处在边缘的、原本显得太紧迫、难以理性地思考的道德问题推回去,限定住,让我们看到这样的问题其实并没有想象的那么多。

除此之外,倘若公众达不到"有理性"这个要求,也会影响检验的效力。人们甚至会怀疑,究竟有没有某一群公众能够足够理性。对于我提出的公开检验的设想,这个问题的确至关重要。

想确保对说谎与说真话的选择进行讨论的公众能够绝对不偏不倚,显然是不可能的,更不用说"有理性"这个更高层次的要求了。

"多数人的暴政"屡见不鲜。想象出来的一群有理性的人是一回事，有血有肉的一群公众则是另一回事。我们已经看到，即便是前者也会有偏见、有局限，可想而知，后者岂非有过之而无不及？相比于想象中的公众，这样的一群现实公众肯定更麻烦。

这条反对意见非常重要，但只对某些特定类型的欺骗才有意义，因为对于大众而言，对一般受骗者抱有偏见无异于对自己抱有偏见。因此，若问为了拯救生命而说谎或以谎言回敬谎言的行为是否可以接受，任何人都能站在说谎者和受骗者的两种角度去理解。人世间说谎和被骗的经历是如此普遍，所以无论公众构成如何，只要公之于众通常就足够了。

然而，一旦欺骗对象不再是任何随机的人，而是某些特殊身份人群，那么公众的构成就变得至关重要了。是否可以对不具有完全行为能力的人、对儿童、对大众眼中的异教徒、政治异见者或具有特殊性取向的人说谎，这一类问题会引起带有偏见的回答。愤怒的、感受到威胁的公众可能变得极端不理智。公众越不能理解受骗者的困境，他们就越难转变观点，评判中也就会掺杂进越多的偏见。

在这种情况下我们必须仔细考察公众的构成。在讨论对上述群体说谎——比如对病人或临终者说谎——的章节中，我提出了一些建议。遇到群体身份冲突时，转变视角、去理解对方的困境对于很多人而言并不容易。这需要有意识的想象和强大的制度激励。

除了对上述人群说谎的情况，其他场合下的视角转换相对容易。我们都不会否认自己既说过谎也受过骗，既扮演过施动者的角色，也做过被动者。诚然，当说谎抑或说真话的道德选择面对利害攸关的考验时，这种视角的转变极少发生，但这正是公开性之作用所在。

公开检验并非总是必需的；在需要它的时候未必会奏效；即便奏效了，也并不一定能为道德困境带来解决方案。然而，纵有种种局限，它仍然可以弥合立场的鸿沟，阐明道德论证，促进道德选择。

谨慎与冒险

公开辩解需要采取哪些步骤？当有人为某个谎言找借口时，有理性的人该怎么做？如果要对辩解进行评判，比方说，判断某次诱捕的合理性，有理性的人该如何得出答案？

第一，有理性的人会仔细寻找说谎者可以选择的一切非欺骗性的替代方案，此举的理由我们已经在第二章解释过了。他们假设谎言总是带有负面价值，因此只有在确信没有其他更好的方式后才会考虑可能的借口。

第二，有理性的人会对支持和反对谎言的道德理由进行权衡，进而审视受骗者和受谎言影响者各自的观点。因此，他们往往比漫不经心的说谎者更谨慎，比为谎言辩护的人更看重诚实和责任。

在权衡道德理由、各种借口和援引的原则时，有理性的人不会忘记暴力与欺骗的相似之处。他们认为，在特定约束之下，只要当事方同意，暴力和欺骗手段均未尝不可。但同意必须以信息充分和有选择能力为前提，且当事人必须有脱离暴力或欺骗局面的自由。只要满足了知情和自愿同意，就不存在说谎者与被骗者、施暴者与受害者之间的观点差异。例如，买家和卖家在集市里口若悬河地讨价还价，试图胜过对方，这种做法有理性的人完全可以接受。职业拳击比赛中也是如此。但唯有当事人完全知情、自愿加入，且可以绝对自由地退出，欺骗才是合理的。天真的新手可能并不真正知情，很多人可能并无真正的自由选择，又或者明知某种做法带有欺骗性，但却迫于生存，就像无处不在的黑市交易一样，那么退出的自由也就无从谈起。

此外，如果是出于自卫或拯救生命而运用暴力和欺骗手段，有理性的人更容易接受。最后，这两种手段对他人的影响越小，就越容易得到原谅。

然而，在任何情况下，有理性的人都要非常谨慎，因为欺骗行为容易传播、滥用，并引发更多不良行为。因此，辩论的第三步必须跳出说谎者的个人借口和受骗者的个人反驳，需要强调实践的重要性，要考虑对非当事人造成的伤害。由于对什么是可接受的行为缺乏明确标准，欺骗行为可能增加，从而引发更大的不信任，导致更多的欺骗。最终，说谎者丧失了个人标准，谎话连篇，旁观者看到了谎言带来的回报，纷纷效仿。奥古斯丁这样描述这个过程：

> 一步一步地，一点一滴地，它将慢慢膨胀，直到变成弥天大谎，再也不可能以任何防微杜渐的方式来遏制它。[9]

有理性的人或许特别留意那些手握大权的说谎者，因为相比于常人，这些人对人类生活造成的影响大得多。有理性的人希望建立起尽可能清晰的标准和保障措施，以防此类说谎者由于误解、不慎或滥用权力而造成越来越严重的破坏。

为了遏制欺骗行为的蔓延，有理性的人会选择问责机制，以改变个体对他人施加影响而不必承担责任的现状。相较于个案，他们对待骗局的态度明显更加谨慎。

强调任何一种以牺牲一方为代价的案例或具体实践，都是对一个人洞察力的剥夺，令人们的选择失去了质感和深度。因此，除了站在说谎者和受骗者双方的立场之外，有理性的人也应尽可能对案例和具体实践保持双重考量。他们或许会对某种行为带着预判，拒绝为其辩护，同时却认为另一些行为是可以原谅的。他们在评判过程中必须始终考虑某个谎言是否会引发其他谎言。

我认为，以上就是决定着谎言是否合理的一般原则。在我们评判各种谎言时，首先必须问，是否有不用撒谎就能解决难题的其他方法；第二，为谎言辩解的道德理由是什么，反对理由又有哪些；第三，作为这两步的检验，我们必须问，有理性的公众会如何评价这个谎言。

大多数谎言显然不能满足上述关于合理性的要求。究竟什么样的谎言才能满足这些条件呢？接下来的章节里，我们将举出几类说谎者通常自认为合理的谎言探讨一番。

第八章　危机中的谎言

单单是必要性难道不足以取代寻常的诚信守则吗？假设成吉思汗或某个类似的东方恶魔来到一座城市，威胁说只要发现城里有任何人藏匿敌军，即令屠城。他问一个市民，是否有人曾庇护敌人。如果这个市民说谎，就可以拯救城里数十万人及无辜婴儿的生命，而若告知真相，则会引来血腥屠杀。任何明智之人扪心自问，怎能责备这市民在如此强烈的人性驱动下，违背寻常的诚信守则，抑制诚实的本性呢？

——弗朗西斯·哈奇森，《道德哲学体系》

伍德沃德对"深喉"谎称，他和伯恩斯坦在接下来的一周有料要爆，说霍尔德曼正是控制秘密资金支出的第五个人。

"你们得靠自己了"，深喉说。……由于他没有就霍尔德曼一事警告他们，因此实际上证实了这个说法。

——卡尔·伯恩斯坦（Carl Bernstein），
鲍勃·伍德沃德（Bob Woodward），
《总统班底》（*All the President's Men*）

危急关头

公开检验如何能在众多危机[*]情境中厘定可以使用谎言的情境？让我们先回过头来看看康德和其他许多人讨论过的案例——凶手询问受害者的去向。这是最普通意义上的危急关头，一个有可能决定事态走向的转折点。从这个词的道德意义上讲，它也同样是场危机：转折点提供了一个机会，你可以选择是否干预，以及用何种方式干预。并非所有的危机都有选择的机会。我们很熟悉这样的场景：父母无助地坐在病儿的床边，孩子的病已到了生死攸关的临界点，但处在这个关头的父母却痛苦无力。然而在康德的案例中，选择是明确的，时间无多，似乎没有其他办法阻止恶行，不说谎就可能造成无法挽回的危害。

对于处在这种危急关头的人而言，几乎没有时间去权衡。但我相信，如果他们事先思考过，完全可以为此类谎言找到合理性。首先，他们可以辩解说，由于需要迅速做出决定，因此没有机会考虑其他方式，比如求援或呼救。（另一方面，倘若能提前预见，自然有很多其他方法可以保护受害者。）

第二，如果无辜的生命因此得以挽救，那么在大多数人的心目中，这足以抵消通常对谎言的负面评价。说谎者可以援引非恶意或避免伤害的原则，大多数人都会同意，在这种情况下，它可以优先

---

　　* 希腊词汇"krisis"的意思是"识别""判断""决定""危机"或"审判"。这个概念始终涉及人类对某个正在发生的事件——比如战争、疾病、审判——的认知；但有时也会用来强调在面对风险且有机会干预时伴随认知而来的个人选择的道德因素。这种双重含义对于理解危机可能造成的限制，以及个人选择对危机进程的不同影响非常重要。

于诚实原则。正如为了阻止谋杀可以正当地使用武力，用谎言达到同样的目的也无可厚非。

第三，受威胁的生命本身是无辜的。话说回来，如果被追索者是个绑匪，那么对替他掩饰行踪的谎言就有截然不同的道德判断了。可以想见，在具体案例中，被追索者是否无辜、追索者找到受害者后的暴力或胁迫程度，以及被询问者与被追索者的关系等等因素千差万别，这些差别都会影响我们对该保护性谎言是否值得原谅的判断。

最后，为了保护受害人而撒谎也是非常特别的个例。它既不可能鼓励其他人撒谎，也不太可能令为此撒谎的人日后更轻易、更频繁地行骗。在普通人的生活中，此种紧急关头很少出现，即便偶有遇见，也不可能反复发生。这种情况如此特殊，甚至无法从中归纳出说谎的必要理由。因此，这一类谎言不太可能以任何方式助长欺骗行为的蔓延。

基于上述原因，面对追索无辜者的凶手给出不诚实的回答可以满足公开辩解的检验，为此类行为公开辩护也并不困难。事实上，我们不仅可以为它辩护，而且可以认为该做法比无条件地保持诚实更可取。相反，在需要频繁面对生死考验的时期，那些主张对凶手也完全坦诚相待的人才是危险人物，不能将任何机密信息托付于他。

上述辩解仅适用于为了在极端威胁之下拯救他人而撒谎的情况，还是同样适用于为拯救自己而撒谎的情况？也就是说，在这类案例里，利他主义的谎言是否比利己主义的谎言具有更大的正当性？在危急关头，我并不觉得二者有优劣之分。若事前评估，二者同样值得提倡，在事后看来也同样合理。（当然，若是舍己救人就另当别论了。这种行为事前无法预测[1]，事后想来却值得钦佩。）

有人认为，虽然在极少数情况下撒谎或为合理做法，但事实上，我们大多数人根本遇不到这种情况，因此我们在生活中仍应提倡永不说谎。这是个令人欣慰的想法，也让日常选择变得简单。然而，确实有不少人，他们在生活中遭遇危机的频率和强度超过了我们的想象，他们得不断地在生存与政治或宗教自由间选择，对于这些人上述主张并无安慰作用。此外，即便在不存在上述威胁的社会里，也有一些职业群体在工作中经常面对危机，比如医生或军人。对于他们而言，不能想当然地以为永远不会遇到必须说谎的紧急关头。

对生存的长期威胁

危机可以是突如其来的，例如在拯救生命的案例中，但也可以是长期的。后者同样具备巨大的危险和无法逃避这两个要素，但时间框架完全不同，找不到一个关键的转折点。在此情境下，威胁可能是持续的，得用一个接一个的谎言才能勉强躲过灾难；又或者威胁会反复出现，每次都将欺骗与否的问题摆在眼前。

面对极端且长期的生存威胁，如瘟疫、外敌入侵、宗教或政治迫害，人们的选择极其有限。唯有生存才至关重要，道德考量几乎被完全抹去。人们或许仍然可以顶着肉体和精神的极端压力相互扶持、保护，或许仍会拒绝谎言、彼此分享，但这样的选择早已超越了责任。对很多人而言，道德人格本身已支离破碎，选择的能力不复存在。

休谟在描述这种状况时写道，唯有在适度的匮乏和仁爱下正义才会出现。也就是说，物质条件既没有丰裕到所有人都能得其所需，也不至于匮乏到生存不下去；人们既未达到至善，不能自发地行正义与仁爱之举，也不至于邪恶到无药可救的地步。*

乔治·斯坦纳（George Steiner）则注意到了谎言在极端境况下的"生存价值"：

> 虚构，是那些寻找相同的水坑、同样稀有的猎物或极其难得的性机会的人们的掩饰。提供错误信息、隐藏部分真相，则是为了获得空间或生存的优势。自然选择偏爱造假者。先民关于伪装和误导带来的进化优势的模糊记忆，在民间故事和神话里保留下来。洛基、奥德修斯都是对广为流传的说谎者形象的晚近文学化浓缩，是戴着假面、如火焰如海水般变化莫测的幸存者。[2]

---

* 参见大卫·休谟（David Hume）的《道德原理研究》（*An Enquiry Concerning the Principles of Morals*, Section III, Part I）。虽然我同意休谟关于正义之存在有其最低要求的看法，但我不同意他所说的，当丰裕和仁爱达到最高水平时正义即为多余的观点。第一，我们开始意识到人类的需求可以变得多么有限。第二，我们经历过这样的情况，即便不受制于匮乏，在本意善良的人间也会出现严重的正义和道德选择问题。例如，在医院里，有时明明资源丰富，每个人都想为病人做最好的事，但却出现了激烈的道德分歧。最后，仁爱本身肯定也会有问题。

作为与休谟观点的对照，参看罗尔斯的《正义论》第126—130页及 H. L. A. 哈特（H. L. A. Hart）的《法律的概念》（*The Concept of Law*, Oxford: Clarendon Press, 1961）第189—195页。

　　在这种境况下，选择成了不可得的奢侈，生存再次成为压倒性的理由。它援引着避免伤害原则中最有说服力的一点——对抗个体的灭亡。此时，只要欺骗行为已然发生，就无须再考虑是否会蔓延。社会已经处在崩坏状态，一句谎言并不会令其更混乱、更堕落。因此，关于此类谎言是否合理的公开辩论大体是无关紧要的。

　　对生存的长期威胁与道德准则间的张力尤为强烈。在持续时间短、影响范围小的危机中，比如矿难或沉船，有些人可能会活下来、重返社会，因此常规的期望能发挥更大的作用。这类紧急事件造成了一种并不符合道德规范的特殊境况。幸存者可能会被送上法庭，被迫接受现行标准的审判，例如康拉德的《吉姆老爷》（*Lord Jim*）或著名的美国诉霍尔姆斯案（U.S. v. Holmes）。[3] 在这个案例中，救生艇上的船员为防止沉船，将 14 人推下了救生艇。其中一名生还船员被判非法故意杀人罪。

　　但是，承认对生存的长期威胁与道德准则间存在张力，既不意味着事后看不出人们当时是否坚持了正义原则或诚实原则，显然也不意味着那些强加或容忍厄运落于他人头上的人不必受到审判。对生存的长期威胁与道德准则间的张力只是说明，人类的忍耐力和长期威胁都有一个限度，超过了这个限度，忍受威胁的人就无法再秉持正义，而外人也无从评判他们是否遵守了道德准则。*

---

　　* 参见汉娜·阿伦特（Hannah Arendt）的《极权主义的起源》（*The Origins of Totalitarianism,* New York: Harcourt Brace, 1966）第 452 页。
　　当极权主义的恐怖成功地剥夺了有道德意识者的个体逃避可能性，并让良心的决定显得模糊可疑，它就取得了最可怕的胜利。此时的选择不再是善与恶，而是谋杀与谋杀。在纳粹的威胁下必须选择杀死自己某个孩子的希腊母亲该做何选择？

界定

如此看来，在生命受到威胁的紧急关头，为了拯救无辜者而说谎是合理的；面对生存的长期威胁，出于自卫而撒谎也无可厚非。不过，还有很多并不极端、但在说谎者看来依旧算是危机的困境。他们可能希望从不愉快的长期负担中解脱出来，尽管这种负担绝不会对生命构成威胁。他们的道德理由——比方说声称自己是无辜的，或认为自己受到了威胁——可能不那么强有力。他们受到的威胁或许不容小觑，却未必迫在眉睫，甚至无法肯定是否能靠说谎而消除。此类情况数不胜数，说谎者有可能找出种种借口，我们对此该如何评判呢？

以下这则来自蒲鲁塔克（Plutarch）的故事就是此类棘手情况的好例子，说谎者最终获得了高度赞扬：

> 斯巴达长期陷入无政府的混乱状态，莱克尔加斯（Lycurgus）的父亲在试图平息暴动时被一名屠夫刺死，王位由其长子波吕得克忒斯（Polydectes）继承。但不久，新王也驾崩，继承权顺理成章地落到了莱克尔加斯身上。他正打算登基，却发现王后、也就是自己的嫂嫂怀有身孕。莱克尔加斯于是当即宣布，如果嫂嫂诞下男婴，王国将属于婴儿，自己则以监护人的身份行使法律规定的管辖权。……
>
> 不久，王后向他提议杀死胎儿，条件是他加冕后要娶她为妻。他对这妇人的歹毒深恶痛绝，却没有拒绝提议，而是假装亲近她，送上感谢的回复和甜言蜜语，劝她不要堕胎，

否则会损害健康，甚至危及生命。他保证，孩子一出世就斩草除根。

他用这个手段安抚了妇人，直到生产的那一刻。婴儿出生了，是个男孩。他对周围的人说：

"斯巴达人，我们的王诞生了。"……所有人都被他的正义与高尚精神所感动。[4]

莱克尔加斯有可能说服王后放弃对腹中胎儿、未来的国王的邪恶计划，但也有可能失败。此外还有一种可能性，莱克尔加斯不说谎，而是将王后的计划公之于众，并尝试监视她不伤害胎儿。但这么做的代价是王后的名誉甚至生命，倘若失败，他自己以及胎儿都会处于危险之中。他的谎言未必能确保完全消除对胎儿及他本人生命的威胁，而且一旦开了头，便不得不为了维护最初的谎言做出更多欺骗之举。

有时，危险不只来自个体，而是来自整个不公正的机构。我们该如何应对一部法律、一个程序、一整张腐败甚至压迫之网？试想，若某人要面对一个毫无诚实可言的市政府，一个采用高压手段的精神病院，或一个犯罪集团，他是否该仅仅为了生存或完成工作而妥协，还是应该反抗？是该公开进行还是秘密行事？要冒什么样的风险？

在某些情况下，出于自卫目的的谎言显然是合理的。例如，某个被不公正地拘禁在精神病院里的人或许根本没有机会获得自由。如果谎言可以帮助他与律师取得联系，从而提起诉讼，或令当局对外界公开他的困境，那么这个谎言就完全经得住公开检验。案例中的受害者孤立无援，没有令人满意的选择。他面临的危险不仅巨大，且有可能影响一生。[5] 而这种欺骗行为的传播风险却微不足道。虽然生命本身并没有受到威胁，但我认为，被不公正地剥夺自由可以作为一个强有力的理由成立。

再比如，当某人要被迫接受绝育手术，或受到某种无端侵犯其躯体完整性的威胁时，虽然对生命或自由威胁较小，但更为紧迫。在此类情况下，我同样认为，若无其他反抗手段，应该允许使用欺骗方式进行自卫。

还有一个较为轻松的案例，发生在我认识的一名年轻女性身上。她受大学资助，去探访一个曾经的猎头人村落。村里人热情接待了她，并呈上该部落的特殊美食：活老鼠仔。吃法是抓住尾巴，蘸进融化的黄油，然后生吞。她考虑片刻，遗憾地声称"虽然很想尝尝老鼠的滋味，但这么做会违背她的宗教信仰"。

也有一些常见情形，人们对其危险程度和相应的义务看法不一。比如有些年轻人，觉得谎称身体或精神有恙以逃避服兵役是合理的。对此，不妨把该谎言放在和平时期、第二次世界大战时期以及越战时期分别考察。或者，让我们来看看以下这个案例：

马萨诸塞州海德公园市有名 7 岁白人男孩，自幼在一名儿科医生处就诊。受孩子母亲之托，医生近来一直在治疗孩子的尿床毛病，并偶尔为孩子及其父母提供咨询，因为这孩子有轻微的情绪问题，症状包括有攻击性行为、睡眠障碍和情绪不稳定。1975 年夏天，孩子的父母收到通知，称 1975 年 9 月起，孩子要乘校车去罗克斯伯里入学。反对强制乘坐校车的父母对此非常不满。据说，男孩变得愈发烦躁，开始更频繁地尿床，他的父母也说他经常做噩梦。

8月下旬，孩子的父母请儿科医生出具一份证明，要求允许孩子因"医学原因"就近上学。医生考虑了这个请求。他认为，该男孩可能是因面临转学而产生了应激反应，本身并没有什么异常，且他并不认为应激反应可以作为男孩不搭乘校车的"医学原因"。但另一方面，他与这一家人关系融洽，而他们又迫切希望他填写这份证明。医生觉得维持与这家人的关系很重要，且他们此刻的确要依靠他来解决他们认知中的重大生活危机。况且，该儿科医生原本就反对强制学生乘校车。

医生决定填写证明，声明为了让该男孩的情绪保持稳定，很有必要避免搭乘校车。在表格中，他描述了听闻到的男孩在当年夏季的恶化状况。[6]

对于这个男孩和其他孩子的父母们而言，面对他们认为不公正的要求，其实还可以选择诚实地回应：拒绝通知要求，并承担相应的后果。很多人都曾有类似经历，不得不考虑是该顺从具有威胁性且不公正的命令，还是通过撒谎来逃避，又或者公开抵制。我们在权衡各种选择时，必须客观地评估该要求的不公正程度、可选择的方式、公开抵制的后果和撒谎造成的影响，尤其是对说谎者本身的影响。

设想一对夫妇想要离婚，但在其所处的那个社会只有发生了通奸行为才能获准离婚。为了达到目的，他们有两种选择：实际通奸，或撒谎说已有通奸行为。第二项选择还有一个衍生形式，即安排一出骗局，让夫妻间的一方陷入负罪的境地。如果夫妻双方都对通奸和说谎深恶痛绝，但婚姻本身又无以为继，他们该何去何从？在无法自由离婚的社会里，有些人选择合法分居，但对于不少人而言，这样的选择意味着牺牲了解除婚约束缚和再婚的自由，相比之下，一句谎言的代价似乎算不了什么。

如果把这个案例拿出来公开辩论，或许会有一部分人认为，在此情况下说谎是可以原谅的，因为这一选择是制度造成的，这个制度有损人格，需要改变。与被惩罚老实人的离婚制度困住的那对夫妇相比，立法者或制度设计者并没有陷入两难，他们有很多选择。加剧不诚实行为蔓延的显然不是个体的危机应对手段，而是制度本身。因此，相比个体的欺骗行为，制度更不可原谅。但另一部分人则会持相反的观点，认为面对不公正的法律，应该用合法的手段去改变，而不是偷偷摸摸地违法。

以上只是人类社会众多困境的冰山一角，身处其中的人可能找不到能获得一致认可的解决方案，说谎似乎成了应对危机的唯一出路。在具体案例中，影响选择的因素各不相同。有些情况下可能只需一两句谎言，有些情况，尤其是必须设法在体制内生存下去时，则可能要不断地说谎。于是，人们不得不选择是"活在谎言中"，还是以某种方式——比如公然无视现行规范，或逃离——挣脱困境。

此外，各具体案例间还有诸多区别，如，实际参与欺骗的人数比例不同，自愿参与程度依后果而变，说谎行为在危机过后的公众认可度不同。

虽然在具体案例中说谎的合理性不尽相同，但有两点共性。其一，说谎者往往会高估迫使其说谎的力量；其二，在事态发展过程中都会出现一个转折点，此时参与者要么顺从，要么设法逃离，要么被击垮。

那么，这个转折点在哪里？英雄主义的极限是什么？在何种情况下，自身的无力感、外部的威胁和主流做法会共同作用，使得堕落成为常态，而诚实成为例外？

在此类困境中，一概而论地拒斥谎言是行不通的。我们也不应简单地认为，既然大多数人不会遇到唯有说谎方能度过危机的情况，因而虽然理论上或有个别可接受的谎言，在实践中仍应无一例外地奉行绝对主义。这种看法在寻常时期听起来或许合理，但对于很多在危机笼罩下艰难求生、唯有说谎才是唯一出路的人而言并不适用。

一旦讨论的情境不再是生死关头，判断可否说谎，以及谎言是否具有道德合理性就变得棘手。第一个问题取决于有没有真实可行的其他选择，如果各种选择及其可能带来或避免的结果尚不确定，这个问题就很难回答。第二个问题问的是可以用什么道德理由支持或反对说谎，面对这个问题，人们可能会给出各种所谓非恶意的借口，且对危机的强烈程度、直接程度、可挽回性和持续时间持不同看法。这些分歧有时来自人们对是否有必要维持造成说谎行为的实践——比如离婚法、公车规章、法律草案等——的不同态度。

因此，对这一类谎言的公开检验不仅要针对某个谎言本身，也要针对其所处的社会环境。它要求人们去寻找社会和个体两方面的替代选择，重点关注参与欺骗行为的内在原因，以及这种境况进一步蔓延、给社会造成危害的可能性。

欺骗行为滥用的危险

这种境况的蔓延在什么时候危害最大？当然是在欺骗机会陡增，以及人们在知情后产生不信任、模仿和采取欺骗性对策的时候。正是出于对谎言蔓延的忧虑，人们才不问个别案例的具体情形，对职业欺骗一概持不宽容态度。然而对于不少职业而言，危急情况不是偶发个例，而是经常会发生。例如，医生、律师、记者、特工和军事人员可能常常发现，唯有通过欺骗举动才能避免引发严重后果。他们选择的工作令他们时常暴露在危机之中，他们的职业也鼓励竞争和不寻常的成就。投机取巧或许是取得成功的方法之一，如果这些行业中普遍存在欺骗行为，且很少受到处罚，则更有可能引发效仿。如此一来，那些被默许的做法可能会变本加厉，滥用和错用的情形越来越普遍，最终对行为者本人、对其行业、客户和社会造成伤害。

这些做法里总是交织着利己主义和利他主义的动机。通过投机取巧的方式获利，不仅可以为自己带来巨大好处，而且似乎并未给他人造成过分伤害。然而其中的利己主义动机并没有得到辨析。事实上，在那些专业领域中，关于种种潜规则很少有明确的职业标准或公开的讨论。

本章开头引述的《总统班底》就是个极好的例子。诚然，当时的情况是，国家危机愈演愈烈，调查记者离水门事件的真相越来越近。而且可以肯定的是，第一个披露真相的人一定背负着巨大的压力，职业发展和一举成名的愿望也在其中扮演了重要角色。在调查过程中，两名记者不只是说了只言片语的假话，而是编造了一整套骗局。他们对接受采访的人谎称，其他人已经提供了某些信息。其中一名记者试图在电话里假冒唐纳德·塞格雷蒂（Donald Segretti），另一名记者诱骗深喉，以获取他不敢披露的证据。报社则对刊登没有充分证据的消息习以为常。

除了围绕调查进行的必要保密活动外，我们不知道是否还有必要采取其他欺骗性手段。记者对水门事件中不法行为的揭露显然值得肯定。我们当然可以辩解说，为了揭露真相，使用欺骗手段是必要的。然而相比于谎言本身，更令人不安的是，我们从书里看不出丝毫道德上的两难。似乎没有人停下来想一想使用欺骗手段是否正当，没有人去权衡正反两方面的理由。没有报道显示曾有人试图寻找诚实的替代做法，或区分不同类型、不同程度的欺骗，或考虑该手段在不同情境下的合理性。

缺乏这样的反思有可能导致无数年轻记者不假思索地诉诸上述手段。而那些在国家危急时刻成功使用了这些手段的人，也有可能在不那么棘手的情况下故技重施。读者由此得出印象，以为这种做法于记者而言是理所当然的。因此，无论是从相关人员的个人职业标准、公众对该职业的认知角度，还是对很多身处该行业或打算进入该行业的人而言，此类欺骗行为都会造成严重后果。

其他行业也面临着同样的风险。在医疗和临终护理行业里，在司法实践中，在需要灵活应变、且有大量机会运用欺骗手段获取高回报的销售和宣传活动中，养成欺骗习惯的危险远胜于其他行业。于是，"危机"这个词就获得了足够的弹性，可以适用于各种说谎场合。所以，我们需要更审慎地考察这些行业中的特殊情况。

　　接下来的几章，我将从大量案例中选择一小部分进行讨论。我希望这个讨论能起到抛砖引玉的作用，让更多的案例有机会得到检验。

第九章　对骗子说谎

人们应以友待友，以礼报礼，应以笑脸迎笑脸，以谎言对背叛。

——《诗体埃达》(*The Poetic Edda*)

我的爱人诅咒发誓，说她所言字字真实，
我信了，纵然明知她在撒谎，
让她以为我是懵懂青年，
不谙世间的虚伪勾当。
于是我妄想她以为我尚年轻，
尽管她深知我不再年富力强，
我欣赏她的巧舌如簧，
双方的真相便能隐藏。
但为何她不承认在说谎？
为何我不承认已衰老？
哦，恋爱总要装作信任，
恋人的年龄不能当真。
　　于是我欺骗她，她也欺骗我，
　　我们在谎言里卿卿我我。

——莎士比亚，《十四行诗》第 138 首

为拆穿骗子而说谎

公元 385 年，基督教会首次处决"异教徒"，阿维拉主教普里西利安（Priscillian）被控有伤风化和行巫术，被处以死刑。他信奉严格的禁欲主义，提倡以放弃婚姻和大部分肉体享受的方式寻求救赎。他认为，一切物质，尤其是人的肉体——包括基督耶稣的肉体——都是魔鬼创造的。

普里西利安死后，他的追随者很自然地或销声匿迹，或掩饰自己的信仰。他们假称信奉主流教义，同时秘密继续原本的宗教活动。康塞提乌斯（Consentius）想混入这些信徒的圈子揭发他们，但又担心此举带有欺骗性质，便致信奥古斯丁寻求建议。他问，鉴于这些异端分子已然在自身的信仰问题上说了谎，是否就可以理所当然地对他们撒谎呢？

在这个案例中，真实性对于双方而言均至关重要。双方都意识到真实性在宗教问题上的重要意义，深知它承载着信仰的见证。"殉道者"（martyr）一词在希腊语中的意思是"见证"，基督教徒用这个词来指代那些坚持为基督教信仰做见证、至死不渝的人。在漫长而血腥的宗教迫害历史中，无论是迫害方还是受害方，都曾出现激烈的争辩：迫害者争论是否应使用欺骗手段渗入其希望压制或改变的异教徒群体中；受害者争论可否隐瞒自己的信仰。[1] 同样的辩论亦可见于政治迫害，但在宗教斗争里有着特殊的张力，因为一方面，在信仰问题上说谎是最严重的罪孽；另一方面，让无信仰或持异端信仰的人皈依乃是重中之重。

对于康塞提乌斯的问题，奥古斯丁回答说，尽管他很欣赏这种

"强烈反对潜在异端分子"的热情，但认为用谎言引他们现身的做法不妥。他写道，用谎言对付谎言，就好比用抢劫对抗抢劫，用亵渎应对亵渎，用奸淫回应奸淫。最重要的是，若以恪守真实为豪的基督徒对在他们眼中惯于弄虚作假的异教徒撒谎，无疑是抹去了二者间最主要的区别。[2]

以其人之道还治其人之身，通过模仿错误、幼稚或不当的行为来做出回应，显然是自降身段。将这种做法推到极致，就如同被幼儿弄得心烦意乱的母亲试问："我该不该反咬我的宝贝一口？"[3]然而在不少人看来，用谎言对付谎言确实有一定的道理——或许不适用于孩子，而是适用于很多对自己的所作所为有清醒意识的人。

以眼还眼

上述观点可以追溯到以眼还眼、以牙还牙式的正义，其第一诉求在于公平。对骗子说谎，就是依其游戏规则给予他应得的对待，从而恢复被他打破的平衡。以礼还礼、以款待报答款待、以打击对抗打击也是出于同样的道理。[4]

这种相互性意识在一定程度上使得人们倾向于接受对敌人撒谎的做法。正因如此，当尼克松总统授权使用欺骗、偷窃的方式从丹尼尔·埃尔斯伯格（Daniel Ellsberg）的心理医生处获取其档案时，他认为这是对其过去背叛行为的应有回应。[*]难道埃尔斯伯

---

[*]　丹尼尔·埃尔斯伯格 20 世纪 60 年代曾受聘于五角大楼，1971 年向媒体披露了五角大楼的机密文件，令美国政府在越战问题上的谎言曝光，引发轩然大波，史称"五角大楼事件"。时任总统尼克松对埃尔斯伯格的背叛恼羞成怒，授权下属从埃尔斯伯格的心理医生处窃取病历，以便破坏其名誉。——译者注

格还有权要求得到诚实的对待吗？用欺骗手段对付他，不正是他
"应得的"吗？

很多人都会觉得，对不诚实的人说谎似乎更容易，似乎不再
有道德屏障。至于奥古斯丁所言，以谎言对付谎言无异于以亵渎应
对亵渎，他们会回答说：这是两回事，不可同日而语。并可能拿说
谎与使用武力做类比，反问：如果在某些情况下可以用武力对抗武
力，为何就不能用谎言回应谎言呢？他们可能会指出，正如一个人
使用武力威胁其他人时便丧失了不受他人干涉的权利，同样，一个
说谎者也丧失了被真诚对待的权利。

这个观点混淆了两个不同的道德问题。第一，说谎者是否与诚
实的人一样有获知真相的权利。第二，对说谎者说谎，是否比对其
他人说谎更合理。

第一个问题谈的是，如果说谎者被以其人之道还治其人之身，
他是否有理由抱怨。毫无疑问，对于这个问题的回答是：通常情况
下，说谎者没有理由抱怨。如果他自身违反了规则，却抱怨其他人
没有遵守规则，未免过于伪善。因此，很多人认为以欺骗手段反制
说谎者是公平的。

但是，这个结论绕开了第二个问题：其他人是否应该反过来对
说谎者说谎呢？这样做合理吗？因为其他人的选择不仅仅取决于说
谎者的说法或他的可信度，而是必须如一切谎言那样经受审慎的检
验，并考虑各种可能的影响。

为了清晰地理解个中区别，我们不妨来考虑一个既常见又无害
的病态说谎者的例子，比方说，某个喜欢吹嘘自己年轻时的运动成
绩的人。我们显然没有理由因为他的夸夸其谈而经常对他说谎。因

为在权衡如何对待此人时，不能仅依据他的个人品质，而必须考虑谎言对其本人、对他人和公众信任的伤害。否则，我们在以谎言对抗谎言的实践中就会完全依赖于他人的性格缺陷，屈从于各当事方的最低标准。

此外，即便以眼还眼的做法无可厚非，我们也往往很难知道别人何时在说谎。那些因自身受骗而想要回敬骗子的人也难免犯错。如果疑心某人不诚实就随意地对其说谎，那么很可能因报复心理而导致实际欺骗行为大量增加、谎言的性质步步升级。所以，这样的观念经不住公开检验。

总之，对待说谎者，人们无疑在心理上降低了真实性的标准。例如，一个人对待可信赖的合作伙伴和对待狡猾、急功近利的推销员定然持有不同的态度。但标准的降低仅仅解释了行为上的差异，并不能作为对不诚实的人说谎的理由。以谎言对待说谎者，或可回敬其造成的伤害，但此举给他人、给公众信任、给寻求报复的原受害人带来的风险只会越积越多、越滚越大。唯当我们有更令人信服的独立理由时，对说谎者说谎才具有合理性。

那么，什么样的理由才更有说服力呢？其中之一是打算说的谎话完全无害。就此而言，真正的白色谎言或许满足条件，但若对象为说谎者则未必如此。第二种理由是，说谎者已然引发了我们在上一章里谈到的危机。但在这种情况下，对说谎者说谎同样不具有特别的合理性。

第三个经常使用的理由与相互意识——即觉得对骗子说谎似乎比对诚实的人说谎更理所当然——密切相关，那就是：希望给说谎者一个教训，用戏剧化的方式让他尝尝受骗的滋味。*主张该理由的人宣称，这样一报还一报的做法具有某种益处。他们认为，说谎者不仅丧失了被信任的权利，而且也伤害了信任。如果能让他认识到自己的行为、切身感受到其后果，换言之，如果能迫使他站在受骗者的角度上，则对他本人、对他人都是有益的。

然而，这样的说法显然不足以令以眼还眼的做法更合理。因为如果真的想给说谎者一个教训，还有很多诚实的方式可行。用说谎的手段教训人绝不是唯一的选择，也未必能达到其所宣称的目的。说谎者或许并不能理解该做法，或许根本没有察觉，甚至或许由此认为周遭的人都在撒谎，从而愈发认定自身的道德标准。因此，以教训为目的说谎不仅是错误的，而且对那些并不能全面理解诚实概念的人而言只会适得其反。对于孩子、考虑不周的人、糊涂人和有臆想症的人，反面教训并无助益，他们只有通过感受其他人的诚实才能建立起诚实的概念。

不过，康塞提乌斯在谈到打算用欺骗手段揭露异教徒时还提出了第四个理由。他并不满足于相互对等或给个教训。他诉诸谎言也是为了服务于心目中至高的真理。他打算通过两种方式来实现这一目的。其一主要是揭开普里西利安派信徒的虚假宗教信仰和为求自保而说的谎，与此同时，也希望弘扬他心目中真正的信仰，削弱或消除敌对信仰。

对这个理由，奥古斯丁给予了最强烈的驳斥：

---

*　这个理由往往带有兼具报复和教育双重色彩的"给某人点教训"的意味。

你难道看不出，这个观点恰恰支持了那些我们试图用谎言来抓捕的人吗？正如你自己所言，这是普里西利安派的观点。他们从《圣经》里炮制证据，鼓励信徒们效仿族长、先知、使徒、天使的榜样去说谎，甚至不惜拿我主基督为例。他们知道，除非断言真理乃是虚谬，否则便无法证明他们的假话真实可信。对这种观点，必须予以批驳，而不是效仿。[5]

正如奥古斯丁所言，以追求真实为理由说谎经不起推敲。这个理由并不比寻求公平——无论是报应还是对等——或善行更充分。但有一种情况的确能使得谎言更可接受，即说谎者和受骗者均同意以彼此欺骗的关系相处。

相互欺骗

本章开头引用的莎士比亚的十四行诗描述了一种既常见又辛辣的人际关系，即两个人相互欺骗且彼此知情，宁愿欺骗继续下去而不想揭穿假象。每个人都假装相信对方的虚伪恭维和诚意：

> 于是我欺骗她，她也欺骗我，
> 我们在谎言里卿卿我我。[6]

大多数友谊和亲情都依靠类似的相互关系维持着幻想，压抑着一些过于痛苦、无法面对的记忆，并在对方需要时给予支持。有时，这种关系的维系是自愿的；但大多数则是在苦苦支撑，无法重新开始。

此类欺骗可能类似于一场游戏，双方均知晓规则，按规则行事。就此层面而言，它代表了一种约定，每个人对可以做什么、可以得到什么都有清晰的理解。扑克游戏便是如此，杂糅着信任与猜疑、交易和赌博。相互欺骗可以是暂时的，一如玩扑克，也可以持续下去。赌注可小到不足挂齿，也可代价高昂。最妙的是，这种做法是自愿、公开的，可以随时终止。因此，反对欺骗行为的理由大多对这样的欺骗不适用。*

但是，相互欺骗鲜有能表现为上述的理想契约形式，有些甚至根本算不得契约，尽管说谎双方往往如此声称、也如此认为。例如，很多人在对临终者或长期患病者说谎时，会以"他知道我知道他快死了"的想法为谎言开脱，回避真话。这于双方而言都是困局，但对病人尤其如此，因为他们往往太脆弱，无法获得真实信息。另一方面，如果是病人自己要求回避坏消息，那么这样一种得到各方认可的协议则是可行的。最困难的情况莫过于，知情者虽然觉得病人不想知道真相，却不敢求证，生怕无意中触到了禁忌。

在有些需要讨价还价的场合，人们也会扮演此类相互欺骗的角色，比如买方和卖方，辩护方和起诉方，甚至有时是夫妻之间。在集市里假意试探是惯常做法，一开始就坦陈自己的意向未免疯狂。如果买卖双方对这种惯例心知肚明，且自愿讨价还价，则不应将他

---

* 在此，我们不妨看一看欺骗与暴力行为的异同。拳击比赛通常是自愿参加，并根据明确规则结束。决斗可能是自愿参与，但至少对其中一方而言，往往受到了社会压力的驱使，且一旦进入决斗便很难脱身。攻击行为的受害者既非自愿参与，也无法脱身，除非采用强制性手段予以回应。

们夸大其词、虚假开价、或假装不感兴趣的做法视为误导，因为双方都认可这种游戏规则。

但若一方或双方并非出于自愿，或双方在允许欺骗的程度上未能达成共识，那么讨价还价中就会出现较大问题。说谎者很容易拿自愿的讨价还价做借口，为更具争议性的行为开脱。例如，工厂老板可能假称，若工会在即将到来的代表选举中获胜，工厂将不得不关闭。这种欺骗不能以双方同意讨价还价为由寻求开脱，因为员工显然无法了解雇主玩的"游戏规则"。此外，他们几乎无法以欺骗手段反制雇主，因此处在非常不利的地位。即便他们知道雇主在说谎，如果没有其他同等的工作机会，或许依旧不能从这场讨价还价中脱身。

工厂老板假称，工会一旦成立，就会坚持要求将工资增加10%，自己便不得不关闭工厂。出现这样的说法，往往是因为双方都怀疑在谈判中可能出现欺骗。工会或许会在谈判桌上假意威胁，以图报复。在此境况下，尽管双方都了解游戏规则，但既不愿遵守，也不愿放弃或改变。

从这些例子可以看出，讨价还价和买卖中的欺骗极少像游戏中的欺骗那样能够得到双方的自由接受。即便的确为双方认可，或许仍有必要想一想，这样的做法是否会越界、误导他人，以及是否会影响当事双方，尽管他们并未受到伤害。这里，我们不妨再次用允许耍诈的游戏做类比。此类游戏大多有明确的规则，玩家知道自己何时在玩游戏、对象是谁、适用什么规则。某些讨价还价的情形也有如此明晰的界限，但多数却没有。于是，何时应该或不应该说谎、对方是否自愿参与，以及"规则"允许在何种程度上说谎，就变得难以界定。

　　对于那些经常参与欺骗性讨价还价的人而言，难度就更大了。他们可能会部分丧失区分不同种类、不同程度欺骗的能力。除非允许欺骗和不允许欺骗的场景泾渭分明，否则他们或将欺骗策略运用到其他关系中去。此外，即便基于相互理解的讨价还价原本似乎无害，但参与者有可能并不具备相应的判断力和可靠性。

　　讨价还价和推销技巧有着无数灰色地带和界限，你可以表明立场，也可以顺应潜规则。这是很多人会面对的考验个人标准的日常语境。近期的一项研究表明，商人们越来越担心他们的工作与自身标准相抵牾，因为商业行为往往可通过欺骗获利。[7]他们发现，"数字操纵"、虚假广告以及对高层管理人员、客户和政府提供真实信息均是异常棘手的问题。

　　综上所述，某人自身是个骗子的事实并不能成为他人对其行骗的借口，无害的谎言、存在危机、在清晰界定的情况下自愿相互欺骗等情形同样也不能为欺骗获得更多的合理性。我们仍然要权衡其他选择，考虑道德要求，对其进行公开的检验。但如果骗子最终给他人造成了伤害，则权衡的天平会发生变化，这倒不是因为他的骗子身份，而是因为他所构成的威胁。我们已经看到，为了避免严重伤害而撒谎或诉诸武力是合理的。接下去，我想进一步探讨对那些有可能给你造成伤害的人——比如对手或有威胁性的人——撒谎的问题。在康塞提乌斯和尼克松看来，对敌人说谎是正确之举，这既不是出于对等原则或令说谎者向善，也不是为了支持他们所信仰的真理，而是由于他们感受到了威胁。

第十章　对敌人说谎

当一个人把另一个人称为敌人、竞争者、对头、对手时，显然是站在以自我为中心的角度，表达的是其自身独特的、由特定环境和处境所形成的看法。但当他用带有恶毒、可憎、诋毁色彩的词汇称呼他人时，则希望所有听者都能认同他的看法。因此，在这种情况下，他必须跳出私人的、特定的处境，必须选择一个自身与他人共有的视角，必须动用一些人类的普适原则，触动可以引发全人类共鸣的那根弦。

——大卫·休谟，《道德原则研究》

（*Enquiry Concerning the Principles of Morals*）

相比小谎言，民众……更容易落入大圈套。

——阿道夫·希特勒，

《我的奋斗》（*Mein Kampf*）

我一开始便发现，追求真理绝不能对对手施以暴力，必须用耐心和同情令他远离错误。

——甘地，《对煽动叛乱之指控的辩护》

（*Defense Against Charge of Sedition*）

给敌人应有的报应

认为某人是敌人，就是认为他怀有敌意，能通过暴力、威胁或欺骗手段实施胁迫。偷逃税款的人、劫持人质者、侵略别国者都是社会的敌人，但个体的对手，比如生意场上的竞争者、情敌、政敌也同样可以视为敌人。在上述这些关系中，"敌人"和"骗子"的概念时常出现交集。敌人往往——虽然未必一定——会用谎言来击败你，反过来，对你撒谎的人也往往被你当作敌人。

对敌人说谎可以达到两个目的。第一，可以转移他们的目标。如果谎言能成功地让敌人认为某人过于强大、无法击败，或微不足道、不值得一击，或有可能令他们按兵不动。第二，说谎有助于从策略上击败敌人。例如，在第二次世界大战中，盟军不仅对进攻诺曼底的计划严格保密，还精心设计了一个骗局，让德国人以为他们会在另一时间、地点发动进攻。

对敌人说谎与我们在前几章讨论的为了生存和面临重大危机时撒谎有密切关联，但往往既没有迫在眉睫的危险，也不涉及紧迫的生存问题。尽管如此，对敌人说谎历来伴随着一种特殊的、不言自明的正义感。首先，这种谎言通过报复手段寻求公平。敌人得到了应有的对待、应有的报应。此外，在任何敌我关系中都可以为了免受伤害而进行防御。甚至连发动侵略战争的国家也会竭力以自卫做借口，或退而求其次，打着保卫他国的旗号。有了报应和自卫这两个理由，进一步的检验便被抛在了脑后。敌意令敌对双方对各自的事业更加忠诚，对自身所代表的公义更深信不疑。为了打消疑虑，各方都试图让自己相信，上帝或命运站在自己一边。

这种公义多半是被迫的，但亦有合理的情形。在本章中，我想深入考察对敌人说谎时调用的两个主要原则：公平和避免伤害。

为了说明对敌人撒谎的合理性，人们提出的第一个理由是：敌人本该得到如此对待。依照最古老、也是迄今为止最普遍的直觉道德判断，所谓公平，就是要善待朋友、恶待敌人。人们应该得到与其行为相称的待遇。敌人，由于他们自身不公义、有侵略行径或意图，已丧失了得到公平对待的基本权利。那种别人打了你左脸还要把右脸也凑过去的想法与直觉的道德观格格不入。

不过，能像马基雅维利那样公开主张对敌人撒谎的正当性、或将"敌对关系"的范畴任意扩大的却鲜有人在。他既是狐狸也是狮子，是综合运用欺骗与暴力策略的大师。他奉劝君主，既然人性"本恶"，必要时就应背信弃义：

> 您一定知道，战斗有两种方式，一是以律法，一是以蛮力：前者是人的手段，后者是兽的行为。但单凭第一种方式往往不够，必须借助第二种。……
>
> 君主应深知如何以兽的方式战斗，必得既学狐狸也学狮子，因为狮子无法避开陷阱，而狐狸无力反抗豺狼。唯有做狐狸才能识破陷阱，做狮子才能击败豺狼。一心只想当狮子的人不明白这个道理。因此，当约束条件不再成立时，明君不应为了信守诺言而违背自身的利益。若世人皆善，这个规劝固然不好；但既然世人皆恶，不会对您信守诺言，您也无须对他们信守诺言。……
>
> 不过，能巧妙地掩饰这种性格是非常必要的，要成为一

名出色的伪装者。世人的头脑如此简单，如此盲目地服从于眼前的需要，行骗者总能找到甘愿上当的人。[1]

在上一章中，我们已经分析了他人不诚实的情况，认为这一理由本身并不能让以报复为目的的说谎行为变得合理。

那么现在的问题是：除了在危急关头出于自卫而撒谎外，"人本恶"的事实是否也能增加谎言的合理性？马基雅维利以"人本恶"作为说谎的正当理由又是何意？

首先，该说法表达了这样一种观念：人有可能做坏事，可能对他人构成威胁，因此可以用谎言来回应。有些人得出这样的判断，乃是出于经历引发的担忧；另一些人则从阶级、种族或宗教的固化思维中得出结论，认为某些群体的成员具有威胁性，必须以卑劣的方式对待之。其次，有些人因上述原因被认定为坏人，从而自动被视为不可信任之人，既然不可信，何来坦诚相待？反过来，那些打算用欺骗、伤害的手段诋毁对手从中受益的人，或许更是禽兽不如，故而也丧失了得到善待的权利。同样，交战中的国家往往不惜使用荒唐的宣传贬低对手，甚至宣称对方毫无人性，因此不值得报以诚意和敬意。

第三，基于前两个原因，那些异己、化外之人往往被视为游离于人类或任何一种社会的"社会契约"之外。他们从社会中受益，却不服从社会对他们的安排，不维护或不能维护现有的规则，因此不配得到基本的保护。詹姆斯·马蒂诺（James Martineauin）在1875年生动地阐述了这一看法：

在每个人类社会、形形色色的人群中，总有这么一些人，他们身处某个社会，却又不属于那个社会，他们不服务、只掠取，钻规则的空子，用权利为错误编造机会。刺客、强盗、执武器的敌人、出格的疯子……没有某种道德共识，就无法构建、无法实现真理的共同体。[2]

在马蒂诺看来，很显然，那些威胁社会的人脱离于道德约束之外，故而对他们无须像对其他人那样以诚相待。带着这样的想法，考虑对敌行动的人就会将常规的道德探究抛至九霄云外。他们认为没有理由去寻找除说谎之外的替代方案，也极少质疑自身的动机，或反思将敌人当作敌人、排除在社会契约之外的过程。然而，当统治者或革命者、情敌或生意对手试图证明其欺骗敌人之举的合理性时，言辞却如此空洞，尤其在我们这些疑窦丛生的有理性的人看来。因为若有人竟能以欺骗可耻为由为自己的谎言正名，所有因肆意撒谎和权力腐败而造成的危险就会激增。

最重要的是，那些假正义之名说谎的人并没有意识到谎言对其自身、对他人以及对公众信任的影响。欺骗或许能满足报复的要求，但绝非合理。我们对以此为目的的谎言实应格外警惕。

鉴于敌对性质认定的随意性，对敌人说谎所造成的危害特别容易蔓延。对敌人和有害个体实施强制手段的理由需要有清晰且公开的证据支持。然而很多人恰恰相反，根本不做任何审视。有时，他们被偏执的想象挟裹着，甚至于认为要对抗的阴谋正来自公众。马基雅维利对说谎的认同，不仅是出于报复的理由，也是基于先发制人的考虑。既然人们"不会对您信守诺言"，相应地，你也就无须"对他们信守诺言"。在此，压根儿无须证明对方的敌意，仅仅猜测对方未来有可能失信即可。

在认定"敌方"并决定如何应对的过程中，偏执心态并不罕见。更糟的是，某个个体或某个团体越是偏激——即确信存在针对他们自身的阴谋、确信自己的事业高于一切——就越会自以为是地认为理应用谎言回敬敌人的罪恶。偏执和自大的扭曲心态，说谎者可有，受骗者亦可有。双方都会风声鹤唳、草木皆兵，以为处处充满欺诈和胁迫。扭曲的心态蒙住了他们的双眼，每一次可疑的越界都会引发更多的报复和新的防范。

在理性的审视下，对敌人说谎的理由大多站不住脚。相比于对中立者说谎或出于善意说谎，这种情况更有可能带着偏见。断言越武断、对敌方的印象越刻板，说谎的借口就越不易为公正的旁观者接受。正如将恶意归咎于整个敌对群体的做法毫无说服力，谎言对所有受骗者、对说谎者自身的伤害，以及对其他人造成的威胁显而易见。

当然，也有些时候，对方的敌意如此公然、表现出的威胁如此明显，几乎不可能造成误判。此时，固然不能以报复为由对他们说谎，但鉴于其身份，对他们说谎是否更合理呢？为了回答这个问题，必须先考虑以下几点：我们已经认可了在危急关头说谎的做法，现在是否可以更进一步，将说谎的正当理由推而广之？若危机来自敌人的强迫，是否会让以谎言应对的做法更合理？面对敌人，是否唯有能降低危机之严重性、急迫性的谎言才是合理的？若敌方的威胁较小、且不算紧迫，甚至比不上自然灾害或朋友的无心之过，是否还可以对敌人说谎？

掂量危害

我们已经讨论过，在自卫和反击不公平胁迫时使用欺骗手段是合理的。敌意则可令出现危险的机会和程度成倍增加。封锁、入侵、间谍、酷刑等等[3]，无不交织着欺骗与反欺骗。交锋一旦开始，很难要求个体在任何节点上不诉诸欺骗手段作为应对。因此，通过各种可能的策略来误导施暴者，显然能够满足公开辩解的检验。为了保护其他人的生命，除了放弃诚信，受害者别无选择。施暴者既然首先采用卑劣手段，便无权要求得到诚实的回答。由于受害者是在受胁迫的情况下说谎，因此这种做法不太可能被滥用。况且，受害者也无从考虑谎言对自身或社会信任的伤害。[4]

如果说在这种境况下说谎是合理的，那么，为了防止这样的境况出现，是否也可以说谎呢？我们可否为缩短一场不公正的战争而实施一系列欺骗？或者用不光彩的手段先发制人、阻止进攻？在此情况下，谎言不正是自卫的延伸吗？比方说，难道会有人认为，第二次世界大战期间盟军在诺曼底登陆的时间和地点上欺骗德国人是不对的吗？

从原则上讲，很多人都主张自卫说谎的正当应用范畴可以扩展。在此背景下，威胁是真实且普遍的，有可能并不存在替代方案，由于持续的敌意，双方必然会诉诸欺骗手段，尤其是在已然公开使用武力的情况下。此时，自卫及各种欺骗手段的效用远远超过谎言本身可能带来的风险。因此，尽管寻求报复和公平不能作为对敌人说谎的借口，自卫和避免伤害却可以成为说谎的理由。若欺骗可以阻止或避免敌方的威胁，就不必顾虑诚实与否。

然而在现实中，对敌人说谎的做法却有巨大的弊端。第一，如前所述，人们在认定敌方时极有可能出现错误和误判，因此必须慎之又慎。第二，这种做法带有特殊的反噬危险。很多时候，给对手设下的圈套也会伤及朋友，且一旦曝光，代价高昂。比如 U-2 事件 *，谎言原本是编造给敌方的，是为了掩盖飞行员的侦察任务，孰料却令美国民众对本国领导人的信任度急转直下。

即便在面对武力胁迫时或出于自卫撒谎合情合理，对这种自我防卫方式的使用也应非常谨慎，因为欺骗并不像其他很多暴力手段那样可以始终仅针对他人。欺骗计划越大，就越有可能反噬自身。

政府固然可在敌对环境中建立起庞大的、自我延续的欺骗机制，一旦欺骗行为曝光，结果常常弄巧成拙。这有点类似于汉娜·阿伦特所说的洗脑效果：

> 人们往往会发现，洗脑造成的长远结果恰恰是一种特殊的愤世嫉俗，一概拒绝相信任何事物的真相，无论证据多么充分。换言之，持续地、彻头彻尾地以谎言代替真相，到头来并不能把谎言粉饰成真相、把真相诋毁成谎言，而是模糊了真相与谬误的范畴，并进而毁掉我们在现实世界中的立足之本。[5]

即便民众觉得当局并非满口谎话，而只是随机的、局部的、或

---

* 1960 年 5 月，美国一架 U-2 侦察机在苏联上空被击落。美方最初对事件予以否认，直至苏方展示了被俘的飞行员和飞机残骸，美方才被迫承认用 U-2 从事间谍活动。——译者注

在某些重要事项上撒谎，也可能产生愤世嫉俗的心态。因此，形式各异的外交骗局，在政府看来不过是"游戏的一部分"，却难免既失了国际信任又失了民心。

越来越多的证据表明，各国政府宣传所针对的受众正渐渐变得多疑，愈发强烈地感到被操纵，对本国或别国政府的信任度不断下降。结果，各国公民对于民众意愿是否仍能影响政府行为不再有信心。[6]

对政府失去信任，在一定程度上有利于个体。若有人能够因此挺身抵抗官僚机构的压力，听信政府之言投身无意义战争的人就会少一些。但由此带来的主要影响仍是负面的。但凡涉及需要达成共识的问题，比如裁军、能源或人口，若政府的信息不可靠，就会造成严重后果。大规模欺骗的曝光将令民众产生无力感，变得愤世嫉俗，为共同利益而付出的真诚努力也会因此大打折扣。

如此看来，仅仅因为对方的敌人身份就对他们撒谎，有时虽情有可原，却难免有偏见、滥用和破坏信任的危险，结果害人害己。若以为这种借口无可厚非，让众多谎言不受质疑地大行其道，最终只会加剧本可避免的胁迫和危机。敌我关系中的欺骗行径在多重力量的推动下愈演愈烈。我们永远不可能将它们完全消除，但必须尽一切努力压制这种做法。

那么，对敌人说谎的做法是否存在可原谅的特殊情况？公开检验能否帮助我们剔除所有虚假的或有偏见的借口，排除所有可能对自身或公众信任造成伤害的谎言，而同时保留某些可以合理地欺骗敌人的条件？倘若回答是肯定的，这些特殊情况具有哪些特征呢？

游戏规则

第一，公开检验要求我们寻找替代方案。无论对方有多大的敌意或多么危险，真诚相待总是比欺骗更可取。第二，在有明显危急因素存在的情况下，必须允许使用欺骗手段应对敌人，但需谨慎。只要是允许使用暴力抵抗攻击或威胁的场合，就应允许欺骗。但如何认定敌方，标准必须公开、合理。如此，欺骗绑匪和商场上的尔虞我诈便不至于混为一谈。[7]

最后，除了危机情境，在一些合法、公开的敌对行动中也可以破例使用欺骗手段，例如针对逃税者或造假者，或在公开交战各方之间。这种公开的敌对，只要经得起质疑和问责，就可降低误判或纯粹出于私人恩怨的可能性。不过，它并不能降低某个群体或社会成员共同歧视的可能性，因而只有在公民权利得到强有力的保护时方能发挥作用。有了公民权利保护，就可以更公开、更清晰地确定敌人——比如犯罪分子，认定敌意的标准也更合理。如此，在不能以诚相待的情况下，选择对敌人说谎也就更可理解。

如果能像宣战那样公开确认敌友，则各方都有可能采取欺骗行为。在此情况下，虽不能说各方赞同欺骗，但至少是知晓且默许的。然而，世界上所有的秘密警察系统都证明，对待敌人的手段和目标越是隐蔽，整个体系就越容易滋生腐败。谁是敌人、可以对敌人采取哪些行动，根本没有公开标准可言。于是，"敌人"的范畴越来越广，对待他们的方式也越来越不人道。

但即便标准公开，公开宣传本身也会带来特殊的问题。谁是公众？其合理性和客观性如何保证？随着全球军事化进程愈演愈烈，冷酷的国内治安权力也在不断膨胀。[8]军政府或独裁者公开宣布某个团体为国家公敌，显然并不能满足公开检验的要求。即便社会中的大多数人被煽动起了狂热的敌对情绪，也不符合本书所谈的"公开"概念。

原则上说，面对敌人进行自卫时，欺骗和暴力手段在一定限度内都具有合理性。然而在实践中，二者皆难以被控制在限度之内，往往不断增长、滋生，形成恶性循环，与增加安全感的初衷背道而驰。因此，我们需要不断地加以约束，限定其使用范围。

本章开头引述的休谟的那段话指出，充满敌意和竞争性的语言是一种私人的表达，不适用于道德探究。如果我们想为说谎找借口，则借口应能说服有理性的人，而非仅仅对某一特定群体抱定敌视态度的特定公众。从某种意义而言，进入敌对状态就是放弃了转换视角的能力。但即便是在敌对时期，即便放弃了道德语言，转而使用策略性语言，我们也应该记住马克·吐温的话："举棋不定时，不妨说真话。这可令敌人困惑，令朋友惊讶。"

第十一章　为保护同行和客户撒谎

> ……这显然是对合法秘密最有效的保护，应得到普遍接受，对那些过问无权过问之事的人，应该以谎言相告。
>
> ——H. 西奇威克，《伦理学方法》

> 只有愤世嫉俗的人才会声称要在任何时候、任何场合、对任何人都一视同仁地"说真话"，但事实上，这种人塑造的只不过是个呆板的真相。他披着真相信徒的狂热外衣，不能容忍人类的弱点，其实是在破坏人与人之间活生生的真相。他伤害了羞愧、亵渎了秘密、破坏了信心、背叛了他所生活的社会。
>
> ——迪特里希·朋霍费尔，《何谓"说真话"？》
>
> （ *What is Meant by "Telling the Truth"?* ）

> 我不明白为何我们不应该大大方方直截了当地承认，律师的职责之一就是为委托人撒谎。我想我已经说过了，我相信在极少数情况下事实就是如此。
>
> ——查尔斯·柯蒂斯（Charles Curtis），
>
> 《辩护的伦理》（ *The Ethics of Advocacy* ）

保密

　　　　这是桩酝酿之中但尚未完成的罪行，的确，它没有恶意，但却是故意的，且出于最卑劣、最肮脏的动机。潜在的受害者大多是沉浸在爱情中的纯洁少女，而本该带给她幸福的男人却要对她做出令人难以启齿的恶行。……只要一句话……就能把她从那可怕的命运中解救出来，但医生却因刻板的规定束手束脚，他的舌头僵住了，无法动一动手指、吐露只言片语来阻止这场灾难。

　　这是一名医生在 1904 年写下的文字。当时，一名梅毒患者向他宣布了结婚计划，却没有将自己的病况告知未婚妻。[1] 在那个年代，性病几无治愈的可能，且是个不能对未婚妻提起的敏感话题。许多医生因此面临着两难选择：是该坚持履行替病人保密的义务，还是帮助无辜的潜在受害者，这不仅关系到是否会毁掉一名年轻女性的健康，也关系到她的孩子是否可能天生畸形或智障。如今，医生们依旧要面对类似的矛盾：是否该对病人未来的配偶透露病人的病情，比如反复发作的精神疾病、严重的性问题、会逐渐丧失行动能力的遗传疾病？一名医生不久前曾撰文说，他见过很多"不可能的婚姻"，但却因自己不能违背保守病人隐私的职业誓言而无力阻止。[2] 为病人保守隐私是医学界最古老的职责要求。律师和听告解的神父也有同样的义务。

　　沉默通常足以维护这一义务。但有时，保持沉默也会泄露秘密。如果年轻女子的父母起了疑心，问医生女儿与那年轻男子之间有无不可结婚的隐情呢？若医生只是以不能泄露隐私为由闪烁其词，便恰恰坐实了女子父母的怀疑。说谎是保守秘密的最简单方法，尽管有些人在被问及职业秘密问题时另有巧妙的回避方式，比方说："我对此一无所知。"（同时借用内心保留补充"与他人交流时"的限定语）[3]

所有需承诺为客户、病人或忏悔者保守秘密的人都会遇到困难的选择。[4]面对恼怒的父亲询问女儿是否怀孕、怀了谁的孩子，该如何回答？若有雇主询问某名员工的精神状况，该如何回答？当媒体质询某名国会议员候选人的健康状况时，又该如何回答？这样的困境如今愈发常见。披露信息的要求是否恰当，因不同的社会、不同的时代而异，但无论如何，负责保守秘密的人必须决定该如何尽力守护它们。

类似的忠诚也可以保护同事。政客、医生或律师都不愿泄露同事的不称职或不诚实行为。若沉默可能令秘密不胫而走，谎言就再次成了人们的选择。有些人即便知道无辜者可能因此受到伤害——比如因失败的手术致残，或无端卷入诉讼——仍会选择说谎。

这种保密义务有限度吗？它是否天然要求为之撒谎？它从何而来，为何具有如此的约束力，竟能保护那些将无能、疾病、恶意强加给无辜受害者的人？

这关系到忠诚，关系到维系那些出于信赖而吐露实情者的信心。对客户与同事的忠诚根植于最原始的部落情感：忠诚于自我、亲属、族人、同行，将非亲非故、外人、蛮族等不相干的人排斥在外。捍卫本方利益是远比正义更古老的规则，它先于法律和道德本身，与自我保护的动力一起，确保本方成员能在危机四伏的环境中生存。泄露朋友的实情可能说明彼此间的友情靠不住。对亲属和族人"真心相待"则意味着代表他们，用自己所掌握的一切武器——包括各种形式的欺骗手段——对抗整个世界。[5]

这种保护自己、亲人、朋友和伙伴的动力即使在有道德规则和法律的地方也依旧存在，但对欺诈和攻击手段的使用受到了限制。不过，当遇到强烈的个体联系和职业纽带时，限制便不再可靠。于是，保护机密的谎言与不可伤害无辜的约束发生了冲突。各种实际做法或合法、或卑劣，借机密之名生生不绝。

为了对这些做法加以辨别，我们必须问：机密性本身是否合理？它基于什么原则？这些原则是否可以、何时可以成为为保守机密而撒谎的理由？

支持保守机密的人提出了三种不同主张。首先，我们有权保护自己和身边的人免受泄密可能带来的伤害；其次，我们应该尊重隐私；第三，对于一个人已经承诺保密的事情，应给予格外尊重。

第一种主张援引了避免伤害原则。为朋友、客户、同事掩饰的谎言或能令他们的生活、甚至自由免遭伤害。披露某个飞行员的心脏状况可能令其失去工作；染上梅毒的未婚夫可能会遭抛弃；受渎职指控的医生则可能会被定罪。然而，以这样的方式援引避害原则显然有局限性。为了让飞行员或未婚夫免受伤害而撒谎，却可能给乘客或即将结婚的年轻女子带来更大的、不应有的伤害。在此情况下，职业圈内的视角难免片面，保密要求的约束可能令他们无法认识到施加给外界的伤害。当受伤害对象不确定时尤其如此，比方说，某外科医生因沉迷毒品，造成十分之一的患者在手术过程中死亡。

第二种主张援引了隐私权。很多索取信息的要求不仅毫无道理，而且从根本上说有违公正。在此情况下，以沉默或拒绝来应对等于不再提供超出合理限度的信息。然而，有不少人却因害怕或不知所措而诉诸谎言。朋霍费尔提到了这样一个案例：

> ……有名教师当着全班同学的面问一个孩子，他父亲是否经常醉醺醺地回家。实际情况的确如此，但那孩子却矢口否认。[6]

关于政治信仰、性经验或宗教信仰的非法盘问也属于这一类。在迫害盛行时期，如实回答此类盘问会令人们失去自由、工作和社群的尊重。此时，拒绝提供有可能令朋友进入黑名单的信息是合理之举，若难以拒绝或形势危急，也可以谎言应对。人们有权保护自己和他人免受非法质询，无论这种质询是来自入侵者、高压政府抑或宗教法庭。每个人生活中都有很大一部分只属于他自己，可以按照自己的意愿秘而不宣。这属于隐私的范畴，是不容干涉的个人事务和自由。

当代社会，关于隐私范畴的界定相当混乱。例如，避孕或堕胎的选择权是否应受到保护？雇主可否对求职者进行谎言测试？如何确保隐私不受非法侵犯？年复一年，学校、精神科医生、雇主、缓刑监督官，以及庞大的政府机构和保险行业电脑系统里存储着越来越多的资料。调查员收集各种负面材料（或在某个时期被视为负面的材料），继而又被潜在的雇主、政府、做研究的学者和媒体获取。个人隐私的空间不断受到挤压，合法与非法质询之间的界限需要谨慎守护。

但是，年轻未婚夫的梅毒病况是否只属于他个人的隐私呢？知情与否显然也关系到其未婚妻的利益。同样，医生吸毒或酗酒不仅事关其自身，律师替委托人做伪证亦超出了单纯的隐私问题。

为保密辩护的第三种主张允许为防止伤害和保护隐私而披露秘密，除非已承诺绝不泄露相关信息。该主张认为，哪怕从其他角度看来既不公平也毫无益处，承诺本身仍可以成为保守秘密的理由。普通的诺言或可打破，专业人士对客户、病人、忏悔者的承诺却庄严不可侵犯。告解神父在保守秘密时可能会做出平日里断不愿为的事情。这种承诺的力量如此之大，不仅凌驾于诚实原则之上，也超越了避免伤害的意愿。

究竟是什么让承诺具有如此的力量？首先，在做出承诺时，我设定了期望，制造出一种平衡。如果我违背承诺就打破了平衡，辜负了期望。鉴于我过去的承诺和如今的亏欠，我是不义的。其次，我没能兑现*我的承诺，失信于人。如果我明知会违背却仍做出承诺，那就是在撒谎。第三，对客户的职业承诺尤其不可侵犯，只有这样，最需要帮助的人才能放心地去寻求帮助。守护此类秘密的做法得不到公认政策的支持，恐怕再不会有人对律师或神职人员吐露实情。如此一来，很多人就无法通过合法渠道获得帮助。

但即便是从承诺的神圣性着眼，这种主张也肯定难免局限。我

---

　　*　不少哲学家认为，信守诺言就是揭示其所承诺的真相。这使得承诺成了某种形式的诚实。另一些人，比如罗斯（Ross），则认为诚实是守信的一种形式，是"说真话的一般承诺"。无论如何，这两种观点都认为诚实与信守诺言密切相关。

们只能承诺能够给予的东西、可以做到的事情。本身错误的事情，承诺并不能增加其合理性。面对以保密之名所做的欺骗之举，我们必须追问，究竟什么才是对客户和同行的正确承诺。因此，当我们审视对客户和同行的具体职业承诺时，必须将上述三种保密主张分开考虑。若不能清晰地辨识，我们就无法看清它们的狭隘，从而让忠诚论调占了上风，让本不该受到保护的事物得以躲藏在机密的荫庇之下。又或者反过来，让隐私的空间被无端的质询挤压。

忠于同事

对于将无辜者置于危险境地的同事，比如瘾君子、因事故或疾病而无法胜任工作的人，我们是否该用谎言替他们遮掩？那些与矿井操作员、飞行员、外科医生、军事指挥官共事的人，可能有时不得不在谎言与真相、沉默与发声间做出抉择。

保护同事是很自然的举动，一起工作的人彼此关系可能非常密切，甚至情同手足。职业守则里常常鼓励同事间以兄弟相待。（希波克拉底誓言要求医生发誓"侍导师如双亲……待其家人如手足"。世界卫生组织（WHO）在 1948 年重新编定誓词时也仅是调整为"我的同事犹如我的兄弟"。）

亲情意识缔结成了特殊的纽带。兄弟情的理念将原本属于血缘兄弟之间的平等观念进一步延展、深化。兄弟，就要同甘共苦、相互扶持、相互照应。这种纽带关系在医学界由来已久，医生们免费为彼此的家人治疗，避免公开争夺病人，在必要时互相保护、共同应对外界的责难。在学医过程中缔结的友谊变成了整个行业的人情债。但这笔债究竟要背到何时？发现某个同事将无辜生命置于险境中时，他们会拿多大的社会代价来掩盖同事的不称职表现？在什么情况下，他们有责任停止遮掩，向最应知情的人们披露风险？

现行的道德规范对医生提出了一些原则上的要求。美国医学协会（American Medical Association）医学伦理原则第四部分指出：

> 医学界应保护公众和自身免受道德品质或专业能力不足的医生的影响。医生应遵守所有法律，维护职业尊严和荣誉，严格自律。对于同行的违法或不道德行为应毫不犹豫地揭发。[7]

然而在实践中，揭发实为罕见。据估计，美国有 3%～5%，即大约一万名医生因疾病、药物上瘾或缺乏培训等原因无法胜任工作，[8] 然而每年被吊销执照的医生却不到百人。当患者提起渎职诉讼时，涉事医生的同行们往往迫于"保密约定"，不愿做出不利于医方的证言。此外，如果站在患方立场作证，医生可能会被取消医疗事故保险，如此巨大的风险也令压力陡增。[9] 故此，不仅是被曝光的案例极少，就连有可能引发外界质疑的信息都被一并隐瞒。

对于西里尔（Cyril）和斯图尔特·马库斯（Stewart Marcus）的同事而言，此类欺骗引发的矛盾一定曾让他们颇为头痛。这两名声望卓著、才华横溢的妇科医生一度在纽约拥有耀眼的学术生涯和职业成就，后因巴比妥类药物滥用于 1975 年离世。在那之前，他们的身体状况已开始恶化，却依旧保有这份受人尊敬、回报丰厚的工作。他们渐渐失去了理智，无法为病人施行手术。他们面容憔悴，举止反常。有一次，其中一人代替另一人做手术，事先却既没有告诉病人也没有通知助手。同事们一直为如何处理他们给医院招来的麻烦而苦恼。直到去世前两周，他们才被所在医院解除手术资格，但仍可不受限制地接诊。

让我们再来看看下面这个案例里涉事者必须面对的选择：

> 加利福尼亚萨克拉门托的一名整形医生因渎职被判罚百万美元，他在发誓后承认，自己对病人实施了毫无必要的高风险脊柱手术，此外，还有多起针对他导致病患残废或瘫痪的指控。有报道证实，他的同事为他撒谎遮掩，甚至直接介入以免他手术失败，有时还要进行后续手术以挽救他造成的损害，但却没有任何人采取任何行动取消他的手术资格。最终，当他的同事投票限制他在医院的特权时也秘而不宣，令他得以轻松地在同一个城市换一家医院继续工作。[10]

为了保护这种将病人置于危险境地的人撒谎根本毫无理由。将一个不称职的、危险的外科医生悄无声息地赶出医院，令他得以在另一家医院继续"工作"，只能说明他的同事对圈外人的痛苦视而不见。

此类极端情况里不存在复杂的道德困境。防止严重伤害的责任显然重于职业忠诚。只要问问任何有理性的人对此类谎言的看法，就足可看出它是多么荒谬。在这个案例里，我们需要解决的是实际操作问题：如何才能在酿成巨大伤害前打破掩饰？有什么方法可以既避免伤害病人，又能帮助同事？能否在患病的同事接受帮助和治疗期间安排其从事无风险的工作？

　　道德困境更多出现在大量非典型情况中。如果医生并非不称职，而只是医术平庸，该怎么办？如果曾犯了严重的错误，但再次犯错的概率微小，怎么办？[11] 如果因整个医院总体缺乏训练或设备，使得在此就医的病人要承受更大的风险，又该怎么办？病人是否该知道，在某个医生或某家医院就诊，康复机会可能只有正常水平的一半？如果他们询问，是否该得到诚实的答复？

　　没人想当泄密者，毁掉别人的名声或事业，更何况误会难免。人们无法始终对自己的猜测有十足把握，为了得到明确的证据，可能得借助大多数人不愿采取的手段。如果医护人员彼此监视、相互举报的做法蔚然成风，其长远影响，即便站在病人的角度来看也未必可取。哪怕证据在手，人们也往往因同情而犹豫不决，担心背叛了朋友，希望假以时日便能有所改善或恢复正常。人们也会设身处地想象，如果自己遇到类似的困境，同样需要同事的支持和保护。此外，他们还会担心因揭发同事而遭到严厉报复，担心可能会卷入危机重重的诉讼，担心因背叛集体而在各方面受阻。

　　病人遇到的问题同样严重。酗酒及相关问题对从事各种职业的人固然都会有影响，但若发生在医生身上则尤其危险。各行各业的人都有可能在工作中犯错，从长远而言，后果虽然严重，但鲜有如误诊、开错药、手术失败那样给无辜受害者造成灾难性的危害。

　　当前，医务工作者和公众应该正视不称职行为对特定行业构成的威胁，以及由此产生的职业忠诚与责任之间的冲突。若医患不能携手合作，则对伤害的恐惧将引发更多诉讼，并反过来促使医护人员采取更多的自我保护措施，医患间的信任度也将如过去几十年间那样不断下降。

我们必须制定措施，一方面要赢得信任，同时绝不无谓地毁掉专业人员的职业生涯，不造成同行间的关系紧张。首先，必须给予现有专业机构足够的资金、人员和支持，以便其履行保护公众的职责。其次，必须设法将不能胜任某些危险工作的人安排至其他岗位，使其既不会造成伤害，又能得到专业工作者应有的支持。第三，对于日常工作状态直接关乎他人生命安全的专业人员，如航空公司的飞行员，应建立定期测试制度。

而那些每天接触高危工作者的人，上述措施则可减轻他们的压力，令其不至于时时处在忠于同事和关心他人之间的两难境地。但若确实需要选择，必须认清说谎掩饰的本质，必须承担相应的恶果。说到底，这样的谎言甚至不符合你试图为之掩饰者的长远利益。如果因为谎言而令需要帮助的同事越陷越深，令他的良心遭受更大的痛苦，实在算不得真正的兄弟情谊或帮助。

忠于客户

> 律师与当事人的关系非常亲密。你会为了妻子撒谎，会为了孩子撒谎。还有一些人，与你非常密切，以至于你即便不为自己也会为他们撒谎。要到什么份上你才不会再为他们撒谎呢？我不知道，你也不知道。

这番话出自查尔斯·柯蒂斯，波士顿著名的律师。它引发了热议，也招来了指责。[12] 真的有这么一些人，可以让你在不会为自己撒谎的情况下却为了他们而撒谎吗？是什么使得他们如此特殊？同样的疑问也适用于保守信徒或病人秘密的神职人员和医生。在此，我们要讨论的不再是同行相隐，而是保护客户提供给专业人员的机密信息。在不少人看来，后者更加合情合理。

大多数人都会赞同柯蒂斯的看法，认为专业人士与客户间的关系就像夫妻一样，有一些需要保守的秘密。但鲜有人会宣称这种特殊的关系可以进而成为说谎的理由。柯蒂斯本人也在法庭上对此给出了清晰的界限。然而不久前，霍夫斯特拉法学院院长、某本著名法律伦理学著作的作者门罗·弗里德曼（Monroe Freedman）却主张即便在法庭上也可以采取某种形式的欺骗：

> ……然而，无论在个人道德取向上如何不情愿，作为对抗制诉讼模式的辩方，刑事辩护律师应本着职业责任，按照常规方式询问做伪证的当事人，并将被告提供的证词作为案件证据提交给陪审团。[13]

也就是说，弗里德曼教授认为，如果一名律师的委托人对法庭撒谎、做伪证，从职业角度出发，这名律师有责任提出一些不会动摇证词可信度的问题，甚至利用这些虚假的证词在法庭和陪审团面前争取对委托人最有利的情况。毫无疑问，这种做法涉及说谎，而且在实际操作中并不罕见。但传统上，做伪证比其他说谎行为更为人所憎。既然如此，为何会有人——尽管只是少数——为此辩护呢？为何会有人声称，这种做法有时不仅是一种可以原谅的无奈之举，而且是某种职业责任？

原因之一仍旧是避免伤害自身及自身所在群体的古老的伦理要

求。但除此之外还有一个原因，即：只要客户提供了机密信息，就应将保密要求放在绝对优先的地位。在律师们眼中，保密特权显然不同于旧时代的隐性特权（比如带有封建色彩的性别特权、被滥用的"行政特权"），因此无须理由。

然而，如果我们想辨析是否因此可以在法庭上说谎，就必须问：这种保密特权凭什么如此特殊？律师们提出了三个论点。首先，即便是最顽固的罪犯也有权得到建议、帮助和专业的辩护，尤其是有权得到一个能忠于他利益的人。为公平起见，固然可以要求对他进行审讯，但只有当他确信自己不会遭背叛时才能坦然面对困境。

我们可以接受这个论点，但从中并不能得出说谎的合理性。如此运用保密特权，与禁止做伪证的古老传统背道而驰。在犹太教和基督教传统中，虚假证词和伪证是恶劣的欺骗形式，会招致最严厉的惩罚，当代律师遇到的困境早已在其中详细列举。例如，9 世纪的《卡梅安赎罪书》（*Penitential of Cummean*）如是说：

> 8. 发假誓者应忏悔四年。
>
> 9. 但诱使他人在无意中做伪证者，应忏悔七年。
>
> 10. 在不知情中被诱导做伪证、事后察觉者，忏悔一年。
>
> 11. 怀疑自己被诱导做伪证，但仍同意发誓做证者，应忏悔两年。[14]

关于保密的第二个论点超越了作为个体的客户权利。它认为，不仅我们所有人都应该能够指望律师审慎地保守秘密，而且整个社会体制也将因此受益。否则，当事人可能不敢向律师透露自己的秘密，律师则无法充分地陈述案情。即便个别案件中有律师成功地在法庭上隐瞒了委托人的不法行为，造成不公正的结果，但如果委托人相信律师能保守其秘密，总体的公正水平仍将提高。这个论点再次回到了在法庭上说谎的问题，而且同样没有进一步说明何以要扩大该原则的使用。[15]

第三个论点援引真实原则来增加说服力。很多人认为，如果一方能够全力以赴驳倒另一方，即可促进真实性本身。在"对抗制司法体系"中，如果被告能够"在法律许可范围内"得到充分的控告和辩护，真相就更有可能在对立双方的较量中水落石出。[16] 对抗制司法体系常常被人们拿来与"审问制司法体系"相比较，后者由国家对所有事实进行调查并提起诉讼。[17] 从某种意义上说，主张可以在法庭上做伪证的人可以此宣称谎言能够成为挖掘真相的手段。然而据我所知，该观点从未得到实际证实。我们完全可以用实验来检验，比方说通过模拟法庭。话说回来，认为允许在法庭上做伪证就可以推动真相，这听起来似乎自相矛盾。

该如何评价这些主张呢？谈到这个问题，对抗制司法体系里律师的压力便凸显出来——保密原则与必须"在法律许可范围内"的要求发生了冲突。

评价上述主张绝非易事，因为如今这些主张很少在法学界内部得到真正的探究，在法律界以外则更少有人关注。有关职业责任的课程和教科书在谈到如今律师的出庭责任时，既没有提及道德哲学和神学中的相关争论，也没有向学生和从业人员介绍法学界对此颇有见地的作者，比如格劳秀斯和普芬道夫（Pufendorf）。[18] 不过，这个现象或许不足为奇，毕竟在过去的几个世纪里哲学家自身就极少关注此类问题。

然而，历史和专业上的割裂是危险的，它会使人贫乏，导致真正分析的真空。正因如此，近期的一本关于律师职业责任的教科书仅仅指出：

> 例如，若律师明知委托人说谎，律师对法庭负有什么样的责任，对于这个问题并无共识。在此类情况下，律师只能对所涉及的问题保持敏感、谨慎，尽可能负责地解决这些棘手的案件。[19]

这简直就是举手投降。把选择权留给敏感的、负责任的人，却不给出相应的选择标准，无异于把选择权交给不敏感、不负责任的人。[20] 依赖责任和敏感，不过是为了替代分析和广泛调查。

与其他许多带有欺骗性的专业实践一样，此处的问题在于把显然与公众福祉息息相关的议题交给专业人员自行裁决。因此，我们很有必要就这些议题进行更广泛的辩论和分析。保密特权在什么情况下会越过法律许可的界限？保密行为所基于的承诺本身是否合法？我们是否希望律师可以用做伪证和说谎的方式暗中保护委托人的秘密？这些问题不仅需要讨论，而且要超出美国律师协会和法学院职业责任课程的范围。

若公众能参与这样的讨论，就更有可能进而引发对本书核心问题的关注：即，对某种专业实践的后果以及从事该实践的人、他们的同行、司法体系和整个社会的关注，对这种实践的传播方式以及附加的制度损害的关注。

这些问题相当棘手。如果允许某些以保密为由在法庭上撒谎的做法，为什么不允许其他的呢？如果只有律师能够判断何种谎言情有可原，他会采用什么样的标准？他难道不会假借保护当事人秘密而掩饰其他谎言吗？如果律师对于某些谎言习以为常，则在其他方面的诚信是否会受影响？

就这些问题展开公开讨论，毫无疑问将加深人们对司法界带有欺骗性质的专业实践的认识。可以说，所有参与审判的人，尤其是法官和陪审团，都应具备这种认知。既然如此，是否应该提醒陪审团注意，有不少律师认为他们有权以伪证为基础展开辩护？

很显然，即便是那些主张保密特权的律师，也不希望陪审团得到类似的提醒。但若追问原因，他们可能会从另一个角度解释，他们给出的最重要的理由或许是：即便陪审团有此认知，仍然很容易被误导，何况他们对法律专业人士和对法庭程序的信任应该是一体的。此外，一旦得到预先警告，即便最没见识的陪审员也会警惕律师的其他种种形式的欺骗。

我认为，警告陪审团的设想说明，那些打算在法庭上说谎的人，他们的动机哪怕再好也不能暴露在睽睽众目之下。他们想做，却不想让公众知道。

我们是否可以认为，此类谎言如今已然太普遍，以至于成了公认做法，就好比玩游戏或在市集里讨价还价？但倘若是那样，律师们为什么要反对让陪审团得到警告？事实是，律师固然对此种做法心知肚明，公众，尤其是陪审团却并不知晓，也就更谈不上认可了。

因此，我相信，对于为维护做伪证的当事人的利益而在法庭上说谎的做法，若能公开考察其适当性，就可以让人们意识到，律师在法庭上的所作所为有限度，且这种限度并不因律师与当事人的特殊关系而有所不同。律师与当事人的关系以及由此产生的保密特权，本身并不能成为他为当事人说谎的理由。至少应该规定，律师既不得直接做伪证，也不得间接地利用委托人的虚假证词作为辩护基础。律师们或许也会感谢这种经过公开讨论建立的标准。因为如此一来，他们就更容易抵抗委托人的压力，摆脱个人价值与职业原则的矛盾困境，按照自己的判断行事。

想实现这一点，我们需要的依然是转换视角的能力，不仅要看到做伪证和说谎的无奈，也要看到这种做法对受骗者和社会信任的影响。法官马文·E. 弗兰克尔（Marvin E. Frankel）在谈到此种转换时这样说：

在司法机构应该维护的各种价值中，真相的价值被我们的对抗制司法体系严重低估。……当选为初审法官的律师，由于处在了不同的位置上，其观点多多少少都有了重大变化。[21]

第十二章　为公共利益撒谎

"那么，如何才能巧妙地编造出我们刚才所说的那些恰到好处的假话，用一个高尚的谎言去说服统治者，而不影响城邦里其余的人?"我问。

……我们可以说，"虽然你们都是兄弟，但神在创造适合做统治者的人时掺入了黄金，因此他们最高贵，在创造他们的辅臣时掺入了白银和铁，在创造农民和工匠时掺入了黄铜。"

……"你觉得他们会相信这个故事吗?""不，不会"，他说，"但他们的子孙后代以及后来的人们会相信"。"嗯，即使那样也很好，可以让他们更关心城邦、更关心彼此。"我说。

——柏拉图,《理想国》

雨果：你觉得人们会赞成你的计划吗?

贺德雷：我们可以让他们一点一点地接受。

雨果：通过对他们撒谎的方式?

贺德雷：通过偶尔对他们撒谎的方式。

贺德雷：我在必须要说谎的时候说谎，我从来不会瞧不起任何人。谎言不是我发明的。它是阶级社会的产物，我们每个人一出生就学会了撒谎。我们要做的不是拒绝说谎、杜绝谎言，而是利用一切手段来消灭阶级。

——让-保罗·萨特，《肮脏的手》（ *Dirty Hands* ）

高尚的谎言

在前面的章节中，我们说到有三种情况似乎为说谎者的行为提供了最有力的借口：唯有通过欺骗才能避免巨大伤害的危急关头；所说的谎言完全无害或微不足道，以至于没有计较的必要；对特定的个体负有保密义务。我们也通过分析指出，危机之下撒谎的做法有可能被滥用在危害并不明显、事态并不紧迫的场合；白色谎言有可能产生累积效应，最终酿成恶果；为了保护个人秘密而撒的谎也有可能被用来掩饰可疑的目的，损害所有人的利益。

当这三股不断汇集的浊流搅在一起，再加上另一股力量——促进公共利益的愿望——就形成了最危险的欺骗形式。这样的谎言或许并非为化解眼前的危机，也不是为履行对某个个体的责任，更算不得琐碎小事；相反，说谎者往往认为这样的谎言不仅正确，而且必要，因为他们说谎的动机乃是利他主义。在本章和下一章里，我想讨论一下这类由来已久的做法。

当然，此类谎言与我们先前讨论过的几类谎言有诸多相似之处，但它的辩解理由却非常独特：它们可以带来利益，从长远看还可以避免伤害。此类谎言的意图或多呈现家长式作风，比方说，愚弄民众"乃是为了他们着想"，或为了大多数人的利益而欺骗少数人。利他主义的意图中混杂着谬误与自欺欺人，令人难以分辨，相应地，我们在审视此类谎言时要看穿的滤镜也格外厚重、失真。无论如何，我将尽力从此类谎言中辨识出有意识、有目的、旨在造福社会的因素。

政治哲学里有个悠久的传统，对某些造福公众的谎言持认可态度。在本章开头引用的对话中，柏拉图把旨在说服人们接受阶级差异、从而维护社会和谐的故事称为"高尚的谎言"。根据这个编造出来的故事，神在创造统治者、辅助者、农民和工匠时分别掺进了金、银、铁、铜，意在让不同的群体在一个和谐的等级制度中承担各自的分工。

柏拉图在描述这个故事时使用的古希腊词汇体现了当权者所说的谎言的最重要特征。"gennaion"这个形容词意为"高贵的"，兼有"高尚的"和"有教养的"之意。[1] 迪斯雷利（Disraeli）认为绅士知道何时应该、何时不该说出真相，也同样是基于出身高贵、有教养、高人一等的预判。换句话说，那些接受过良好教育的人为了"高尚的"意图而说谎是可以原谅的。

无论是世俗世界的统治者，还是精神世界的统治者，都从这种闪烁着良善之光的社会意图中看到了行骗的机会。他们利用无知者易受骗的特点，宣传、粉饰着荒诞的神话，从民众的共同信仰中寻求稳定。他们自视高尚、有教养——无论是先天因素还是经后天训练——认为自己比欺骗对象更优秀。有些人甚至声称，执政者有说谎的权利。[2] 那些有权有势的说谎者认为，相比于普通人他们更懂得什么才是利害攸关的事；他们往往觉得欺骗对象缺乏判断力，或有可能对真实的信息做出错误的反应。

　　有时，执政者也会认为，某种境况太痛苦、太令人不安，大多数人无法理性地应对。例如，他们可能认为，国家必须准备好应对战争、流行病等长期的重大挑战，或紧缩开支以备未来物资短缺，同时又担心民众的短视。在这种情况下，欺骗似乎是执政者眼中达成必要目标的唯一手段。

　　促成"高尚的"谎言的各个决定因素中，说谎者的观念最为重要。即便说谎者考虑过受骗者的反应，他也必然假定：一旦谎言曝光、且民众看到了由此带来的利益，他们就算不感恩戴德也会毫无怨言。谎言往往被视作公众教育的某个阶段的必要手段。正因如此，伊拉斯莫斯（Erasmus）在评述柏拉图的观点时如是说：

> 　　他为乌合之众讲述了一个虚幻的故事，令民众不至于将怒火指向执政官，也为着那些蠢钝的碌碌之辈自身的利益，编造类似的假话，就像父母欺骗孩子，医生欺骗病人。
>
> 　　……因此，对于蠢钝的民众而言，需要的只是暂时的许诺、人物、寓言、说教……渐渐地，便有可能将他们引向更崇高的事物。[3]

　　面对此类欺骗行为是否符合伦理标准的质疑，一些经验老到的公职人员显得不屑一顾（明显假公济私的行为除外）。他们认为，从国家利益出发，为了达成重要的目标，在遇到强大阻碍时需要一定程度的欺骗。必要的协商最好不要进入公众视野，必要的交易往往无法得到政治幼稚的选民理解。公务员要想有所作为，就必须借助一些假象。因此，为了领导人民，每个政府都要在一定程度上欺骗人民。

在这些官员看来，公众对道德的关注可以理解，但不切实际。在不了解现实迫切需求的情况下提出这种"道德主义"考量，可能会促成一些空泛的标准，结果不仅不能真正改变潜在的问题，还会严重阻碍工作。政府官员感觉受到掣肘，有些可能辞职，其余的则愈发苦于效率低下、无能为力。

但在那些被政府欺骗过的人们看来，上述论点没有说服力。不管说谎的人打算给我们多少好处，我们既不能肯定他们是出于利他主义，也不能信任他们具有良好的判断力。事实是，许多为一己私利行骗的人都打着为公众谋福的旗号。我们知道，即便是出于最无私的动机，欺骗行为也会腐蚀、传播。我们已经尝过为所谓崇高目标而撒谎的苦果。

也有人认为，政府欺骗一直存在、且会永远存在，因此为其设立限制和标准的努力只是无谓地自寻烦恼。这种看法同样没有说服力。诚然，人类的大多数活动中不可能完全没有欺骗。但在不同社会里、在同一个社会的历届政府中、甚至在同一届政府的不同官员间，欺骗的种类和程度都大相径庭。这表明，为了揭开差异的原因、探索提高真实性标准的方法，值得我们去努力。

最后，关于提出道德关切的人对政治现实一无所知的观点，不应该指向对质疑的否定，而应该对现实给出更明确的陈述，以便在此基础之上展开更审慎、更细致的辩论。我们完全有理由认为，比之于公开讨论，拒绝批评、不设标准对政府的伤害更深。如果在某些特殊情况下允许欺骗行为，那么这些特殊情况的标准就应该经过公开辩论和选择。否则，政府领导人就可以自由操纵和歪曲事实，逃避对公众的责任。

质疑政治欺骗的努力不能被草草否定。贬低质疑无异于维护未经被统治者认可的不正当权力。在接下来的篇幅中，我将举几个案例，其中既有明显违背全体公民意愿和信任的行为，也有难以判断、值得商榷的情况。

政治欺骗案例

1964 年 9 月，美国国务院的一名官员写了一份颇能代表当时行政部门相当一部分人共识的建议书，主张在重大事宜上对美国公众掩盖真相。[4] 他概述了应对越南共和国（南越）军事局势恶化的几种可选方案，其中包括加紧参与对南越的"安抚"以及对越南民主共和国（北越）的"密集"军事行动，并由美国亲自实施猛烈轰炸。彼时恰逢美国大选，共和党总统候选人参议员戈德华特（Goldwater）被选民怀疑支持越战升级、试图对共产主义阵营进行核威胁。为配合约翰逊（Johnson）总统的策略，把戈德华特描绘成不负责任的好战鹰派，建议书以一段题为"未来两个月的特别考虑"的内容结尾：

> 在接下来的两个月里，由于大选将至，没有足够的"辩论时间"来澄清有可能造成美国公众误解的特别行动，我们必须格外谨慎——一方面对［南越］释放信号……尽管受制于选战，我们仍在积极采取措施；另一方面向美国公众表明，我们是本着良好的意愿和克制的态度在行动。

随着选战的进行，约翰逊总统渐渐被美化为和平候选人的形象。他只字未提如果自己在大选中获胜，留任的高级行政官员将就对越军事行动升级问题施加更大的压力，也没有暗示当选后自己将面临的艰难选择。[5] 相反，他一遍又一遍地重复说：

> 在这场大选中，你们的第一责任、应该关心的唯一事情，唯一真正的问题是：谁能更好地维持和平？[6]

策略成功了，约翰逊赢得大选。战争随之升级。1965 年初，美国对北越发起名为"滚雷行动"（Operation Rolling Thunder）的大规模轰炸。那些了解行动内情，但在大选期间粉饰和平、压制对相关计划展开真正辩论的政府官员们相信，他们知道怎样做才最有利于国家，认为历史将证明他们的正确。他们意在扑灭共产主义胜利的危险势头，让国家和世界受益。如果还需要某种危机感来增加行动的合理性，那么多米诺骨牌理论可以派上用场：一旦推倒第一张骨牌，政权就会一个接一个被推翻。

不过，倘若他们的目的如此大公无私，为何要诉诸欺骗？为什么不在大选前公开宣扬这些意图？必定是因为政府觉得民众不会支持该计划。首先，所谓危机感和来自北越的威胁远远没有得到普遍认同。直言不讳地谈论战争升级的可能性，有可能令他们失去大量选票，这显然不符合将约翰逊总统打造成和平候选人的竞选策略。其次，政府担心给出的解释会在竞选活动中被"歪曲"，让选民看不到正确信息。第三，政府没有足够的时间让民众理解真正的问题所在。最后，计划并未确定，随时可能改变，且越南局势本身也相当不稳定。基于上述所有原因，似乎最好的办法就是在大选期间保持谈判和克制，让共和党候选人充当美国反战派选民的靶子。

就这样，约翰逊总统剥夺了选民对是否同意升级越战进行表态的机会。美国公民以为自己投票给了主张和平的候选人，却没有想到，短短几个月后就陷入了本国历史上最残酷的战争之一。这种欺骗行为重创了民主政府的根本。它使得当权者得以凌驾在公民权利之上，令人民在关键选举中无法充分知情。在民主制度下，所谓为了人民的利益而欺骗人民是个自相矛盾的概念，除非能证明人民真的同意受骗。因此，约翰逊总统的行为违背了美国政治制度的最基本原则。

如果所有的政府官员都抱着类似的想法，认为只要欺骗是达成某些重要公共议题的必要手段，就可以随心所欲地行骗，结果会怎样？此处存在一大误区：那些权衡利弊的官员总是易受偏见影响，高估了谎言产生利益、避免伤害的可能性，低估了骗局被揭穿的机会，忽略了其结果对公众信任造成的伤害。他们也低估了受骗民众的理解力，以及他们做出合理选择的能力和权利。此外，更重要的是，这种仁慈的自以为是掩盖了很多政治谎言的真正动机，而这些动机往往并不能以道德为借口，比方说，为了掩盖过去的错误，为了报复，为了保有权力。这些自私自利的意图才是无数打着公众利益旗号的谎言的动力所在。

政治领袖渐渐习惯于利用这种借口，对公平和真实越来越麻木。有些人开始相信，只要能说服自己，且从长远看对人民有益，什么谎言都可以说。由此，他们又很容易地得出另一个结论：即便民众不能从某个谎言中直接受益，也将因合适的官员当政而从一揽子行动中受益。一旦公务员因此迷失，水门事件中的种种丑陋伎俩——假电报、抹除录音带、精心掩饰、收买证人、在电视节目中呼吁民众信任——也就应运而生了。

水门事件在政界固然非同寻常，但大多数观察者会同意欺骗已成为政府日常决策的一部分。为了让尴尬的问题不显得太刺目，可以修改统计数据。为了保护重要项目或不得泄露的秘密，行政官员会对国会议员撒谎。国会议员彼此暗中交易，投票给本该反对的提案，对外却矢口否认。认为上级会采取不明智决策的下属可能会释放谣言。又或者，为了保护消息来源，将明明属实的消息斥为假消息。

让我们试想一下，全美各地、各州或联邦层面的竞选活动中可能出现的各种情形：

某个大城市的市长正在谋求竞选连任。他收到一份报告，建议在连任后取消租金管制。他正有此意，但担心若该想法透露出去，将令自己输掉选举。投票之前两天的新闻发布会上，有人问他是否知道那份报告，他予以否认，并重申自己将坚决支持租金管制。

在这名市长看来，自己的连任非常符合公众利益，至于谎言涉及的问题，他认为选民无法正确评估，尤其是在这么短的时间内。在类似情况下，对于由私心（当选、留任、掌权的欲望）而导致的偏见，往往是旁观者清、当局者迷。这种偏见夸大了说谎的理由，例如说谎者的价值、优越性、利他主义精神、其事业之崇高，或认为受骗者得知真相后无法做出"适当的"反应。

如今，此类谎言屡见不鲜，引发了越来越多的疑虑，以至于选民甚至不知能否相信候选人在竞选期间的承诺，社会信任遭到严重破坏。我先前提到，1975 年和 1976 年的民意调查发现，69% 的美国人认为，过去十年里，美国国家领导人一直在对民众撒谎。超过 40% 的受访者认为：

> 大部分政客都差不多，谁当选并无大的区别。[7]

在这样的政治气氛下，不少人拒绝投票。另一些人则试图从外表或个性寻找线索，猜测哪个候选人或许相对诚实。一个政治体制的信任度跌落到这般田地，选举人和被选举人都是输家。当选后的官员会发现，即使在最需要民众合作、共担牺牲的危急关头，他们的警告和呼吁也会遭到怀疑和漠视。诉讼和调查成倍增加。另一方面，民众并不指望胜出的候选人兑现竞选时的承诺，也不会指责他们前后矛盾，如此一来，官员们更变本加厉地歪曲事实，选民的不信任进一步加深。

说谎者往往认为政治谎言不足挂齿，其实不然。既然它们能影响这么多人，能被模仿，能被用来报复，能从少数人传播到多数人，就绝非微不足道。当政治领袖或整个政府擅自赋予自身说谎的权力时，就是从公众手中夺取了人们本不会自愿放弃的权力。

欺骗与许可

对于公共生活中的欺骗行径，我们有充分理由不予信任，但有没有例外情况？是否有可能，公众自身有时真的不介意谎言，或者宁可被欺骗？是否有一些白色谎言的确太微不足道、太显而易见，以至于完全可以忽略？我们可否设想，针对政府的一些重大误导性声明展开公共讨论，令其事先获得有理性的人的许可？

首先，白色谎言在政治和外交事务中与在大多数人的私人生活中同样常见。假装享受大使招待会或政治集会，为一个靠不住的政权或平庸的候选人祝酒，这些都是几乎不会引起误会的客套做法，很难被视为对个体或社会的威胁。然而，与所有的白色谎言一样，真正的问题在于它们易于传播，且难以界定。倘若国务卿宣布自己将访问 A 国，但事实上去了 B 国，这还算是白色谎言吗？或者，总统以偶感风寒为借口返回白宫，其实却是因一场国际危机不得不取消剩余的竞选行程，这算是白色谎言吗？为刚刚被解雇的公务员写一封不吝溢美之词的推荐信，是不是白色谎言？鉴于公众信任的脆弱性，将公共生活中的白色谎言的欺骗性降至最低，减少其转变为欺骗行为的危险，着实比什么都重要。

不少公众人物认为，事关私人生活的谎言不仅无害，而且非常合理。这些信息涉及他们的婚姻、子女、对其他事物的看法，涉及他们的私人计划和个人决定的动机，完全属于个人隐私，可以按照自己的意愿保密。在这种情况下，拒绝提供信息固然无可置疑，但拒绝提供信息的权利不等于就相关信息撒谎的权利。在此类问题上撒谎意味着在其他问题上犯错。*

有一些具欺骗性的做法，可以事先交由被推选出的公众代表进

---

*　因此，一个处在权威地位的有经验的成年人，在涉及私人事务时若明明可以用拒绝回答的方式处理，却选择了说谎，相比于第十一章里朋霍费尔所描述的，学童被盛气凌人的老师吓到不敢站出来或灵机一动想出一个非欺骗性的"出路"，这种做法更不可原谅。

行辩论、批准。使用不明示警徽的警车监察超速司机就是一例；对企业和政府机构的各种突击审计或秘密审计是另一个例子。只要这些做法得到公开监管，就可以受到限制，避免滥用。但是，单单公职人员假定某种做法会得到公众同意是不够的，它们必须事先经过公开讨论，并采取一切必要的预防措施，以防止秘密活动的滥用，防止对隐私和个体权利的侵犯。

有一类欺骗行为无法得到事先同意，它或是因为会随时间而变，或是因为在某个特定时间内给出真实信息将导致巨大损害。例如说，某个政府正在为宣布货币贬值进行周密安排。如果该消息被提早泄露给了少数人，就可能让投机者不公平获利。再例如，政府为了挽救岌岌可危的国内经济，决定对进口商品大幅加收关税。如果事先宣布这个决定，有可能导致囤积居奇，这样的结果恰恰是税收政策想要打击的。因此，政府官员通常会设法避免过早宣布消息，并拒绝对是否贬值或增税问题置评。但有时候，官方发言人会更进一步，谎称政府不会做出相关举动。

这些谎言可能出于良好的初衷，旨在避免有害的投机和囤积。然而，如果对公众释放出虚假声明，且直到货币贬值或新税率出台时才真相大白，就会严重伤害公信力。这就好比告诉病人手术不会有疼痛——越容易证伪，就越容易失去信任。此外，这些谎言有可能被滥用、被误解，造成评判标准下降，带来种种与欺骗行为相伴而生的危险。

基于上述原因，在此情况下，拒绝置评的处理方式比撒谎妥当。当然，可能有反对意见指出，拒绝置评的做法会被新闻界解读为承认货币贬值或税收提高近在眼前。但除非政府以前从未一以贯之地对此类事件不予置评，并在此层面上建立起公共信任，否则上述反对意见并不成立。鉴于此类事件波及甚广，政府应该在事前培养公众信任，从而避免因拒绝透露信息引发货币投机。

当政府认为公众怀有惊恐、敌视、高度不稳定情绪时，也会诉诸欺骗手段。为了不造成恐慌，有关疫病早期迹象的信息会被压制或歪曲；而对寻找替罪羊的暴民撒谎，也与对追寻受害人的杀人犯说谎并无二致。一俟威胁解除，即可澄清事实，公布真相。对于此类案例，人们或许觉得隐瞒信息无可厚非，甚至在少数情况下可以撒谎。但在现实中，类似情形极其罕见，几乎没有实际意义。

政府有充分理由撒谎的情况虽罕见，但的确存在，这个事实造成了一种困境，因为同样的借口也可以用来为其他种种目的服务。在有些政府或公职人员看来，试图隐瞒的信息并不具备必要的确定性，始终没有合适的时机，民众也向来不够冷静。因此，在货币贬值、更改税收或疫情问题上对民众说谎的做法很难事先获得认可，合理性也就无从谈起。

是否存在一些特别危险的情况，以至于危机中的政府有理由出于自保而对民众撒谎呢？我们已经讨论过在危急关头对敌人撒谎的问题。有时，国内公众也会被欺骗——至少是暂时受骗，例如 U-2 事件。只要有威胁——比方说第二次世界大战前来自潜在敌方的威胁，或能源短缺的威胁——就会有以此为借口欺骗民众的强烈诱惑。政府或许的确怀疑选民能否在当下为应对日益加剧的危险做出牺牲。（出于类似的理由，政府的某个部门也有可能对另一个部门缺乏信心，比方说行政部门不信任国会。）公众似乎过于情绪化，披露的时机似乎尚不成熟。这些危机是否果真如此特殊，甚至于可以合理地使用欺骗策略呢？

　　让我们来比较一下，同样是面对民众不愿参战的情况，将越战升级的林登·约翰逊（Lyndon Johnson）总统和动员国民参加第二次世界大战的富兰克林·D. 罗斯福（Franklin D. Roosevelt）总统各自说了什么、没说什么。罗斯福总统在 1940 年谋求竞选连任时宣称：

　　　　我之前说过，但现在要再次重申：你们的儿子不会被送去参加任何外国战争。[8]

　　按照本章设定的标准，约翰逊总统秘密升级战争，且未就在越南不宣而战一事征求选民的意见，显然是不合理的。他绕开了征得同意这一条件。国家未处于任何直接威胁之下，不能以严重危机为由在大选期间欺骗公众。

　　相比之下，第二次世界大战前的危机无疑大得多。当然，这个案例比较复杂，即便有理性的人也可能无法对此达成一致。一方面，威胁空前；另一方面，准备工作和盟友的支持也相当重要。然而在当时，美国公众似乎毫无警觉。这样的危机是否可以成为欺骗的理由呢？

　　我认为，即便允许这样的欺骗，也是开了可怕的先河。难道我们希望生活在一个只要政府官员认为出现了特殊危机就可以诉诸欺骗和操纵手段的社会里吗？与当局使用操纵手段来拯救局势相比，难道我们不希望即便冒着无法应对危机的风险也要政府诚实地做出解释吗？如果我们放弃了选择权，又该靠什么保护自身免受伤害？

在试图回答这些问题时，我们的着眼点不能仅限于政府操纵造成的短期影响。罗斯福总统让美国人民先接受战争的可能性、再接受战争概率的做法，被那些想为约翰逊总统的掩饰行为辩护的人拿来当作例子。而这些行为又被尼克松政府里那些使出种种欺骗手段的人借鉴。至少在一定程度上，秘密和欺骗因有例可循而越滚越大。[9]

过去几十年里，欺诈蔓延、人际疏远、缺乏信任的后果对我们而言再切肤不过了。我们已经举了一个非常生动的例子，说明谎言是如何破坏我们的政治制度的。虽然在事后看来，以罗斯福总统当时面临的境况，他的行为远比后来的政府欺骗行为值得原谅，但同样无法取得我们的事先同意。

凡是惯于对公众撒谎的地方，都应该建立特殊的保障措施，对欺骗行为合理性的公开检验也尤显必要。给予说谎者的信任以及他们掌握的权力越大，检验就应越严格。在政府部门和其他受托岗位任职的人应以最高标准要求自己，因为他们的谎言不会因特定职位变得高尚，而是恰恰相反。有些谎言，尤其是微不足道的白色谎言和情急之下的临时搪塞，或许比其他谎言更容易得到原谅，但在民主制度下，唯有经得住公开讨论且事先得到公众许可的欺骗行为才是合理的。[10]

第十三章　带有欺骗性的社会科学研究

　　欺骗手段的使用已变得越来越多、越来越频繁，成了如今社会心理学实验里常见的特征。欺骗变成了一种游戏，技巧高超，手法精湛。

　　……我有时觉得，我们培养的这一代学生恐怕不知道这个领域里还有其他的研究方法。……我们的研究态度似乎成了：既然能欺骗，何必说真话？

　　　　　　　　　　　——赫伯特·凯尔曼（Herbert Kelman），
　　《人类对人类受试者的利用：社会心理学实验中的欺骗问题》
　　（ *Human Use of Human Subjects: The Problem of Deception in*
　　　　　　　　　　　Social Psychological Experiments ）

　　鼓励借助撒谎手段进行研究和干预……往往会令团队中的个体越来越冷漠，不再自我批评，并渐渐倒向那些摆出一副公然愤世嫉俗的样子操纵他人的客户。

　　　　　　　　　　　——玛格丽特·米德（Margaret Mead），
　　《人类研究：人类学田野调查模型》（ *Research with Human*
　　Beings: A Model Derived from Anthropological Field Practice ）

　　　　行为研究者的研究或可减少暴力、种族主义或性别歧
视。但若研究者因研究涉及欺骗就拒绝研究，那就并没有解决
道德问题，而只是用一种替换另一种。

——罗伯特·罗森塔尔（Robert Rosenthal），

为欺骗问题研究会议撰写的论文（未发表）

社会科学实验

　　1963年，斯坦利·米尔格拉姆（Stanley Milgram）首次在耶鲁
大学开展服从性实验，并以参加记忆研究的名义招募了一批受试
者。随后，这些受试者被告知将在实验中充当"教师"的角色，实
验过程中，每当"学生"犯错，他们就要使用电击进行惩罚，且电
流强度将逐步加大。所谓的"学生"其实是演员，他们将在实验过
程中假装哼哼、尖叫，乞求"教师"让他们脱离实验。研究人员将
观察受试者对于逐步升级的惩罚的反应，看看他们是继续执行还是
提出抗议。结果，虽然"学生们"哭喊着心脏难以承受，仍有相当
一部分受试者按照指令被施加了最高强度的电击惩罚。

　　以下是其中一名受试者的反应：

　　　　实验开始时，他显得很平静，但随着实验的进行，他变
得越来越紧张。施加了150伏电击后，他开始用不安的语调对
研究人员说：

　　　　（150伏电击）"你要我继续下去吗？"

　　　　（165伏电击）"那家伙在呼救。他们有很多人。他的心脏

可能会出问题。你要我继续吗?"

（180伏电击）"他受不了了!我可不想杀了那人!你听见他在叫吗?他在求救。他受不了了。要是他出了意外怎么办?我不能让那个人在那儿出事儿。他在呼叫。你明白我的意思吗?我是说,我拒绝对此负责。他在里面受伤了。他在那儿大叫呢。还剩下很多题呢。天哪,要是他再答错了。剩下的题太多了。我说,要是那位先生出了什么事,谁来承担责任?"

（研究人员表示由他负责）"好吧。"

（195伏电击）"你看,他在呼救。听见没?天哪,该怎么办。"

（研究人员说:"实验要求你继续。"）"我知道,先生,但是我的意思是——嗯——他不知道会摊上这种事。已经195伏了。"

（210伏电击）

（225伏电击）

（240伏电击）"啊?不!你说我得继续加码?不,先生。我可不想杀了那人!我绝对不会加到450伏的!"

（研究人员说:"实验要求你继续。"）"我知道,但那个人在求救呐,先生。"

　　尽管受试者在继续执行的同时多次激烈反对,但仍始终服从研究人员,直到启动发电机的最高电击挡位。他的言与行表现出奇怪的分离。虽然他在口头上已决定不继续实验,但他的行动完全遵照了研究人员的命令。这名受试者并不想电击受害者,且对这项任务极度厌恶,但他无法找到能令自己摆脱权威的响应方式。[1]

结果大大出人意料。连研究人员们也未曾想到，竟能说服这么多受试者给同胞施加巨大的痛苦，完全服从指令的受试者比例高达 62%。

伴随着震惊而来的是深层的不安。人类被愚弄了，暴露了自身绝不愿表现出的一面。他们在未经许可的情况下被利用、被操纵。这种实验方式合法吗？实验结果的价值能否"抵消"其造成的个体感受与认知方面的不适？

起初，这些问题只是在心理学家中引发热议。但到了 1974 年，当普通公众读到米尔格拉姆的书后，辩论升级了。直到那以前，在社会科学领域使用欺骗性手法进行研究尚未受到强烈质疑。相比之下，在医学界，类似的欺骗行为却由来已久，甚至引发了一些悲剧。[2] 正因如此，如今所有的生物医学研究都要遵从严格的规范。[3] 受试者只有在知情同意的情况下方能参加。如果研究过程中需使用带有欺骗性质的方法，比如使用安慰剂，必须事先征得受试者同意。那么问题来了：这样的规定是否适用于针对人类的所有研究呢？

原则上说，美国联邦法规的确适用于所有可能给人类受试者造成风险的研究。然而在实践中，行为研究却另有一套标准——参见 1977 年 1 月正式通过、并新近修订的《心理学家伦理标准》(*Ethical Standards of Psychologists*)。该标准仅建议研究人员获取受试者许可，同时明确"需采用隐瞒或欺骗方式"的研究除外。

　　d. 调查者与参试者之间应本着公开、诚实的基本态度。当某项研究要求采用隐瞒或欺骗的方法时，调查人员应尽早

确保参试者理解该行为的原因，并充分说明采用该程序的合
理性。

g. 伦理调查员应保护参试者免受身体及精神上的不适、
伤害和危险。如果存在引发上述不良后果的风险，调查员应将
这一事实告知参试者，在实验开始前征得同意，并采取一切可
能的措施将痛苦减至最低。如果研究程序可能对参试者造成严
重或持久的伤害，则不得实施。[4]

要求之低令人震惊。只要调查者能说服自己，相信欺骗行为是
为了良好的目的且不会造成伤害，就可以隐瞒、伪装、撒谎。选择
权掌握在他们手中，对什么样的行为会造成伤害或引发不适也由他
们判断。

伦理标准之所以如此宽松，原因之一在于真正的知情同意可能
会对很多研究造成干扰，因为在社会科学领域，尤其是社会学和社
会心理学，大量研究从本质而言都具有欺骗性。先精心设定场景，
再观察、评估人们的反应。如果受试者不知道测试的是什么，甚至
不知道正在进行测试，他们的反应会更自然。

以 20 世纪初的几项欺骗性研究个案为肇始，不折不扣的欺骗
洪流如今已在高校、市场研究机构、私人学术团体和政府中泛滥。
这些研究的结果发表在全球数百种期刊上，向成千上万的学生传
授，甚至登上报刊、电视以博得公众关注。

在其中一项研究中，男性大学生被误导相信男性照片会激起
自己的性欲，随后观察他们对此的反应。另一项研究中，受试者被
偷偷注射了致幻药。此外，还有一些带有敏感问题的调查问卷，名

义上是匿名，实际却通过信封上的隐形代码追踪受访者。在不少带有欺骗性质的研究中，甚至连装模作样地获得受试者同意的环节都没有。社会科学工作者可能会混迹于匿名戒酒会（Alcoholics Anonymous）或宗教团体、政府组织中，可能会训练儿童装作迷路搭讪路人，或者伪造事故或袭击事件，假造受害者、血迹和残骸，观察旁观者的"帮助"行为。

对于这种干涉受试者知情选择自由的行为，研究人员能拿出什么理由？他们援引了两个原则：产生利益和避免伤害。首先，他们希望研究能产生重大利益，不仅促进人类知识的进步，更能带来具体的社会效益，比如改进教学技术或减少暴力。他们认为，能实现这一目标的知识最终需通过欺骗性实验的手段来证明。一名研究人员解释说：

> 一个可信的托词不仅能掩盖研究人员的意图，还能提供一个对参试者有重大影响的环境。[5]

援引第二条原则的人则指出，既然很多实验完全无害，那么强求它们去达到为生物医学实验设置的种种规定无疑是浪费时间和精力。这种无害性可以由两点证明。第一，负责审查实验的委员会有权否决有害的实验。如果某个实验未被否决，则意味着不可能给受试者带来重大风险。第二，研究人员往往会在实验结束后向受试者解释其中的欺骗环节，并对可质疑之处做出辩解。这种解释——通常称为"回顾"——据称可以防止实验被滥用，并消除残留的一切不适和焦虑。于是，研究人员反问：既然有保障，为什么人们要拒绝一个绝对不会对他们造成持久伤害的实验？罔顾我们急需的知识，不进行此类无害的实验，难道不是不道德的吗？

A. 替代选择

如果公众能就这些问题进行讨论，则首先会提出：鉴于所有欺骗行为不仅害人害己，而且还会伤害普遍的社会信任，有没有方法可以替代欺骗性研究手段呢？这个问题对于社会科学研究人员而言相当棘手。与危急关头不得不诉诸谎言不同，实验本身很难被视为万不得已的最后手段，带有欺骗性的实验更是如此。对于通过欺骗受试者而获取知识的方式，有三种替代选择：一是彻底放弃所寻求的知识；二是不开展专门设计的实验，而通过分析记录和其他数据的方式进行研究；三是依旧开展实验，但实验的设计要诚实。[6]

如果对这些替代选择进行公开讨论，结果很可能是，只要是研究人员认为无害的欺骗性研究就被一概准许。然而，每项研究都必须从现有的替代方案出发进行单独评估。如果评估足够严谨，恐怕很多研究将遭淘汰。首先，那些并非为了寻求新知识、而只是通过重复已有的欺骗模式来培训学生的实验会被否决，因为通过诚实的实验和不诚实的实验所达到的效果显然并无区别。

其次，对于那些可以通过诚实的手段获取所需知识的研究，应该要求其使用诚实的手段。为此，研究人员或许要花费更多精力，或许需要更高超的数据记录与处理能力。与使用欺骗手段相比，寻找替代方法可能需要更多的训练和想象力。

最后，实验效果不受事前知情同意影响的欺骗性实验，可以优先于那些若征得知情同意就可能造成研究无效的实验。

要做出这样的区分，就需要研究人员和实验监督委员会改变思路。如今，操纵实验对象的做法早已司空见惯，以至于研究人员往往忽略了其他选择。每一本教科书都在描述一些耳熟能详的欺骗性研究的成功案例，这些实验被全世界一代又一代社会科学研究者不断重复、模仿。与生物医学界的惯例不同，那些旨在为监督实验而设立的委员会往往并不要求社会科学研究人员在进行欺骗性实验之前获得受试者的同意。

但是，这种变化带来了一个难题。如果替代做法不能获得欺骗性研究可能取得的信息该怎么办呢？比方说，旨在深入了解成年人虐待儿童的原因的研究。我们该如何对其合理性进行公开检验？在此类研究中，若不要些手段，很难想象会有人自愿暴露自己的性格特征。至少可以说，我们已有的相关性格特征数据仍远远不足以支撑替代性方式。

B. 危害与益处

为了回答这个问题，我们必须仔细考察此类研究所谓的无害性。正如伦理标准明确指出的，如今大多数人都认为，不应为获取社会科学知识而开展可能对受试者造成持久伤害的研究，例如，绝不允许在军事人员不知情的情况下对其注射致幻剂。因此，若要开展诸如米尔格拉姆服从性等带有欺骗性质的实验，必得声明：一、不会产生持久伤害；二、任何暂时的压力或不适或能自行消失，或可通过实验结束后的"回顾"环节消除。那么，上述两项声明如何能经受住包括潜在受试者在内的公众的公开检验呢？

潜在受试者对此的反应想必是他们可能愿意参加某些此类实验，但不愿参加另一些，还有些人可能不愿参加任何实验。因此，他们可能会同意每个人都应亲自判断某项实验是否无害。在 A 看来毫无痛苦的事，却可能深深伤害到 B；严重侵犯了 C 的隐私生活的行为，对 D 却毫无影响；同样是被迫采取残忍的行动，或在个人性取向方面受到误导，脆弱者会因此产生创伤，其他人则可能安然无恙。

C. 回顾

可是，"回顾"环节难道不能令实验更安全吗？一旦实验结束，残留的压力、焦虑、隐私被侵犯的感觉难道不会随之消除吗？回顾的作用据称有两个方面：一是在研究结束后给出真实的描述，二是研究人员对受试者的心理支持可以帮助其应对压力或获取信息。对于这两个方面的作用，我们应站在"回顾"受益者——也就是在实验中被欺骗的一方——的角度仔细审查。

关于"回顾"的第一方面，从真实性的角度来看非常有趣。这个作用似乎是说，只要诚实地描述了实验过程，谎言造成的伤害就可被真实的信息"清除"，如同解毒药消除了毒药的影响一样，只要谎言带来的伤害不长久地作用于受骗者就不会有影响。一如培根所说：

> 有害的，不是掠过心头的谎言，而是沉淀在心中的谎言。[7]

按照这个观点，事后揭开真相可以消除谎言可能造成的残余危害，尤其是在毫不拖延地揭开真相的情况下。有些研究人员认为，如果研究人员能对受试者坦承自己对欺骗性实验的顾虑，并解释这种做法的合理性，就会令回顾特别有效。受试者或许会对自己如此轻易地相信了"编造出的故事"而感到失望。但如果回顾环节成功，研究人员就有希望消除这种沮丧情绪，赢得受试者的支持，并确保他们不向其他受试者透露即将遭遇的欺骗。

不幸的是，回顾并不总是成功。[8] 受试者的失望情绪可能依旧存在，焦虑或丧失隐私的感觉可能无法克服。实验可能会向受试者揭示一些关于他们自身的、挥之不去的东西。受试者在听到解释后可能变得更疑心重重，无法配合下一阶段的研究。他们也可能会因发现榜样或权威人士采用这种欺诈手段而感到痛苦。

有些研究者认为，除非回顾真正能起到缓解伤害的作用，否则上述可能性足以成为不对受试者坦白的理由。而在另一些人看来，回顾的意义更多地在于第二个方面的作用：即便真实性本身不能充当解毒药，不能消除焦虑、内疚和隐私被暴露的感觉，还可以依靠心理学家和研究人员。《伦理标准》指出，调查员有责任"确保不给参与者带来损害性后果"。[9]

受试者的压力、焦虑、不适反应真能如此容易地消除吗？他们真能学会如何接受对自身的屈辱认知吗？他们对心理学家修复精神创伤的能力有必要的信心吗？即便部分人可以做到，能代表所有人吗？面对隐私丧失、个人空间受侵犯[10]以及难以接受的认知我们每个人的感受不尽相同。倘若想当然地认为这些负面影响总是容易消除或克服，实则是掩盖了人类反应的复杂性。它要求人们对研究人员修复心理创伤能力的信心超过了实验所需。[11]

如此看来，受试者要能够自行判断实验的风险，自行决定对回顾环节是否有信心，这些单凭研究人员的判断是不够的。公众的谨慎既非出于对研究的敌意，也不是想限制学术自由（科学家们常常怀疑，保护受试者人权的新论调正是出于这两个因素）。相反，这种谨慎仅仅针对实验的风险，因为学术自由从来不等于未经他人同意就将他人置于危险境地的自由。

但谨慎也是有限度的。它不能被扩大化，不意味着每一项研究都应经过同意程序。社会科学领域的很多研究，即便用最严格的标准考量，也是完全无害的。测量、观察和非侵入性实验完全可以毫无风险地展开。比方说，让助手横穿马路或在街角自言自语，然后观察路人的反应；又或者记录民众对归来的战争英雄的态度。这一类实验，如果严格要求征得所有参与者的同意，无疑既麻烦又不现实。那么，此实验与彼实验的界线何在？

审查委员会

鉴于现有的各种条例已泛滥成灾，我们没有必要设立新的联邦条例。相反，适用于生物医药研究的现有标准也应该适用于行为研究。这些标准要求，在展开给受试者的生活带来"生理、心理、社会学或其他"风险的研究前，必须征得受试者的同意。[12] 照理说，专业人员自身和现有的众多机构审查委员会最有资格衡量受试者的风险。毕竟，他们的任务就是制定标准和筛选项目，剔除那些危险系数太大、不适合开展的项目（即便受试者同意），以及研究价值过小而不值得开展的项目。

然而，在实践中，负责社会科学研究的委员会未必能起到应有的作用。不少项目，且往往是设计最粗糙、可操作性最差的项目，甚至根本没有提交审查。而提交给委员会的项目中，只要包含了有关风险事宜的问题，就无须另外获得受试者同意——若不信，请看看委员会通过了多少有争议的研究。由于委员会中鲜有非专业人员和潜在受试者的代表，忽视受试者风险的情况愈发不可避免。

因此，为了保障公众利益，必须改革委员会的结构和程序，必须有非专业人士和潜在的受试者代表进入委员会。最重要的是，委员会必须使用适当的标准来判断受试者的风险构成。必须明确规定，所谓的征得受试者同意，意味着要让受试者知晓与其决定相关的所有信息，包括研究目的和可能存在的欺骗。只要实验可能存在风险，委员会就应敏锐地审视是否存在强迫受试者同意的蛛丝马迹。学生们在课程学习或获取学位过程中都有可能被要求参加此类实验。需严肃对待的各种风险中必须包括心理风险，比如因在不知情的情况下被暴露、隐私被侵犯，或认识到自身的一些难以接受的状况时可能给受试者带来的伤害。

不经得同意就研究他人的、个体的甚至私密的行为和情绪，很像偷偷监听电话，或从锁眼里偷窥。以研究为目的并不能降低这种行为的侵入性。对于此类侵犯隐私的行为，同样应该禁止。[13]

如果考虑到心理风险，类似于米尔格拉姆服从性研究的欺骗性实验就唯有获得受试者同意后方可开展。倘若不能获得受试者同意，则不应开展该实验。（事实上，不妨在调查问卷中列出一系列欺骗性研究作为例子，以便了解潜在受试者对哪些行为的接受度较高、对哪些接受度较低。）如果为获取知情同意而泄露了实验的关键因素使得研究无法完成，研究人员有两种替代选择：一是设计一种对受试者无害的、略带欺骗性的实验，从而无须事前获得受试者许可；二是向一组受试者征求一系列实验的知情同意，对他们详细解释相关风险，但请受试者允许研究人员对具体何时、何人、接受哪项实验的细节予以保密。此后，委员会必须审议该程序是否提供了足够的保护。

专业责任问题

欺骗性实验最大的危害或许是对研究人员、接受专业培训的学生和这个专业本身的伤害。毕竟，受试者大多只是短期接触到欺骗性实验，而研究人员则要负责计划、执行、向受试者反复解释和回顾，还要指导学生。对于他们而言，欺骗性实验带来了双重的衍生危害。在个人层面上，谎言会成为一种生活方式、一种习惯。在职业层面上，欺骗做法会变得越来越普遍，参与者也会越来越麻木。

这些做法起初可能令调查人员感到不快；如果被逼无奈，他们也许会渐渐地适应，做出一些平常抗拒的事情，从而在一定程度上失去道德敏感性。很多人自学生时代起就被迫参与，觉得在这样一个群体中很难拒绝借着各种"托词"提出的要求，尤其是倘若见到自己的教授也参与其中，无论是在课堂上还是在教科书里都不鼓励他们明辨道德是非。教科书偶尔会指出欺骗行为的存在，但只补充说明研究有时需要欺骗，并没有探讨其中的道德本质，没有分析对该行为对受骗者和说谎者的伤害，没有指出偶然欺骗、有计划欺骗和反复欺骗的异同，没有区分谎言和其他欺骗行为、常规做法和紧急做法，没有辨析各种理由或不同程度的合理性。

此类常用研究手段缺少道德分析，导致了更大的问题。大学里可以教学生如何做欺骗性研究吗？这种手段能够为学术纪律所容吗？会被其他学科排斥吗？虽然每个领域都有重叠，但大多数学科并不会教授这种方式。因此，那些传授欺骗手段的学科，其教学功能本身就应受到质疑。我们不得不问：倘若教授教给学生的是如何欺骗，倘若学生的成绩和职业前途取决于他们对欺骗手段的接受度和创造性，那将意味着什么？

对学生个人的累积影响定然会进而影响整个学科。而惯用欺骗手段做研究的学科会继而出现另一个问题——每一项用欺骗手段完成的研究都会最终导致信任的坍塌。论及蔓延之广，鲜有其他行为能与欺骗性研究相比。心理学家们想必感受得到，从学术用途到各种商业用途，公众对参与研究的抵触情绪越来越强。民调人员常常受到怀疑，甚至被敌视。调查问卷无人作答。由于学生——目前最容易获得的受试群体——渐渐地熟悉了研究过程，那些以受试者的无知为前提的实验，其最终的有效性着实可疑。针对社会科学领域层出不穷的欺骗性实验，有评论指出：

> 这些伎俩让人们愈发坚信，不能相信不认识的人。就算你躲过了劫匪的袭击，没有被信用调查员监视，也没有听信推销员的花言巧语，到头来还是躲不过社会科学家的愚弄。[14]

因此，即便在不确定是否会对受试者造成直接伤害的情况下，也要坚决反对未经同意的欺骗手段和其他卑劣方式，保护自己的名声和研究结果的准确性；要避免传授这些方式，与学生和同行共同探讨科学研究的道德层面，这事关社会科学工作者自身的利益。

接下来，我想谈谈一组实验。它们确实使用了欺骗手段，侵犯了一部分人希望保守的隐私，但这些实验揭示出的一些滥用和错误却带来了巨大的公共利益。它们的目的在于保护公众，因而也显得愈发紧要。这是否足以令此类欺骗行为合情合理呢？

伪病患研究

在童话故事里，王子装扮成牧羊人深入民间了解在宫廷里听不到的事情：病人和穷人如何生活，朝臣和地方官如何工作，权力如何运作。过去 15 年里，社会学领域也出现了类似的奇特探索：伪病患研究。调查人员伪装成患有抑郁症、妄想症或忍受疼痛折磨的病人前往医院和诊所寻求"帮助"。他们想亲自了解患者的护理情况、公共资金的使用情况以及精神病院和卫生诊所的日常工作。这些研究如今已变得相当普遍，以至于有人建议医生学习如何应对这一类伪病患。[15] 面对如此狡诈的研究手段，医疗卫生从业人员往往表现出震惊和敌意。

在这些研究中，最具争议的当属 D. L. 罗森汉（D. L. Rosenhan）及其同事进行的一个项目。他们发表的题为"论精神病院中的理智"（On Being Sane in Insane Places）[16] 的文章流传甚广，一是因为其结论令人不寒而栗，二是因为它掀起了一场关于此类研究的伦理问题的辩论。调查者希望检验这样一个假设：在精神病院中，很难，甚至不可能区分正常人和失去理智的人。八名调查人员试图用以下方式进入 12 家医院：

电话预约之后，伪患者来到医院的入院处，抱怨自己有幻听症状。当被问及听见了什么声音时，伪患者回答说，多半听不清，但大致可以分辨出那声音在说"空洞""空的""砰"。

……除了声称有幻听症状，提供了虚假的姓名、职业和现工作信息外，伪患者没有伪造个人性格、经历或境况。

……伪患者一入院就立刻停止假装任何异常症状。

……尽管伪患者公然"表现得"神志正常，却从未被识破。他们中有一人被诊断为精神分裂，其余均被诊断为"精神分裂缓解期"。

在澳大利亚，研究人员雇用伪病患，以期了解医生给自称患有抑郁症的病人开药的情况，以及性别成见是否会影响医生对待病人的方式。[17] 十名接受过训练的伪病患，五男五女，各自在事先选定好的医生面前展示出典型的轻度抑郁症状。该项目的研究人员指出，"伪病患的体验与反馈"提供了用其他方式无法获取的医疗服务视角，"强调了消费者对医疗服务的看法"。他们建议设立一个常设机构，借助伪病患研究定期报告医疗服务状况。

在美国，类似的研究已屡见不鲜。1976 年秋，参议员弗兰克·莫斯（Frank Moss）公布了他亲自参与的纽约医疗补助制度调查结果，引发轩然大波。[18] 作为参议院长期护理小组委员会的主席，他获得了一张医疗补助卡，暗访了一家医疗中心，并派遣国会警察和委员会的助手对纽约市的其他医疗补助机构进行了 120 次暗访，发现这些机构广泛存在欺诈行为。作为病人，他们接受了不必要的检查，常常被转诊，还被开具大量处方。

于是，这些手段如今被越来越多地用于监测医疗领域的实践。

受监视者则因此觉得受到双重冒犯：他们被欺骗了，谎言令他们措手不及，也侵犯了他们与病人之间的私密关系。他们问：为什么要这样对待他们？调查人员的欺骗行为既不是白色谎言，也不是迫于紧急境况。倘若继续滥用伪病患研究，整个医疗系统可能因怀疑和司法诉讼而遭进一步削弱。

对此，调查人员该如何回应，可以援引什么原则为自己辩护？首先，他们中有些人觉得根本没必要为此辩护，欺骗手段在他们看来不是问题。他们接受了近几十年来的操纵技术教育，并把这些技术传授给自己的学生。面对被误导的实验对象，他们早已不再犹豫。有时他们甚至提出"平等"的概念：如果欺骗性研究的对象可以是病人，为什么不可以是医生呢？[19] 由于对欺骗性实验的麻木，他们往往不认为需要寻找可替代的诚实手段。

另一些调查人员的情况则比较棘手。有时他们是迫于无奈，因为他们所怀疑的滥用或错误行为相当严重，但找不到其他方式可以揭露。无数病人在医疗补助机构接受了错误治疗的事实表明医疗体制存在不公，纳税人的钱被大肆滥用。因此，这些调查人员援引了避免伤害和产生利益的原则为自己的行为辩护，认为这些原则高于案例所涉及的诚实考量。

至于被调查的医生声称该行为侵犯了他们与病患间的私人关系，调查者或可指出这些关系应该受到公众的监督。就此意义而言，这种私人关系与个人性行为和宗教行为截然不同。法律支持调查人员的这种区分，认为为了公众的合法利益而公开隐私不构成对隐私的侵犯。此处涉及的隐私问题与同性恋调查、服从当局暴行要求等研究截然不同。

调查人员也可以援引公平原则。男性和女性因性别差异、而非实际病情得到不同的治疗是不公平的。医疗补助机构对穷人和最无助的人群给予如此劣质的医疗服务是不公平的。对于精神病院里那些最容易受伤害的人而言，接受伪病患研究中记录的治疗程序是不公平的。最后，调查人员还可以援引真实性原则。他们指出，调查监视将使得今后的医疗护理更透明，出于对伪装成病患的调查人员的忌惮医护人员会更尊重病人，更谨慎地避免医疗中的性别偏见。

在权衡这些观点时，我们需要区分伪病患研究的两个不同目的——获取科学知识和保护处于危险中的人。首先，如果纯粹从研究角度着眼，调查人员的主张说服力相对较弱。即便支持此类研究的人也承认，同样的知识完全可以用非欺骗性手段获取，且目前的应用已经相当成熟。因此，欺骗不是达成科研目标的唯一方法。鉴于我们已经阐述过的关于欺骗的种种伤害，必须将诚实研究作为首选。至于公平对待弱势群体、促使医疗人员更诚实，此类调查研究实则涉及不多、贡献有限。

另一方面，如果单纯考虑研究的监督作用，论证倒是更有力。毕竟，在汽车修理、银行、餐厅服务等很多行业中暗中监督是很常见的，其服务标准无疑也更高。然而，如果伪病患研究的主要目的是监督，那么参与者应该被告知会受到监督，并对此做法明确表示同意。仅仅假定公众或专业人员认可这种做法是不够的，这和使用无标识警车的案例是一个道理。

如果能像其他监督形式那样，也对伪病患监督设立一些规范，它就可以成为一种医疗监督的方式。如此一来，伪病患监督至少将不同于现下社会科学领域常见的一般欺骗性研究。目的很重要，保护亦急需。监督的秘密性——在欺骗性研究中非常普遍——在很大程度上因监督对象的许可而变得可以接受。这样的对职业关系的监督完全不同于普通欺骗性研究中侵犯毫无戒心的受试者的隐私。

不过，这种欺骗性做法有可能给实践者自身造成伤害。我们的社会已经容忍了太多的秘密监督。我们要扪心自问，究竟想要多少监视和渗透。难道我们也希望课堂里出现假学生、宗教场所出现假信徒，以及假党员、假客户？为了揪出少数不法分子，我们得做多少训练密探、监视同伴的事？如果没有迹象表明存在不轨行为，是否还应进行监督？

这些问题要交由公众选择。各种秘密行为应该放在一起考量，并对公众认为必需的、可容忍的监督设立标准。在伪病患研究标准设立之前，医疗卫生专业人员应假设自己有可能成为秘密研究的对象。回到我们这一章开头的童话故事，最明智的做法或许是善待所有陌生人，谁知道呢，他们或许就是微服私访的王子！

第十四章　家长式谎言

第一个推论是，即便对婴幼儿或精神失常的人说了某些带有虚假成分的事情，也不会因所言不实而受到责备。因为人们似乎普遍认为，可以"嘲弄毫无戒心的孩童"。正如昆提连（Quintilian）在谈到男童时所言："为了他们的利益着想，我们采用了许多虚构的手法。"其中的原因不难理解。既然婴幼儿和精神失常的人没有判断的自由，那么也就不可能存在侵犯这种自由的不当行为。

——格劳秀斯，《战争与和平法》
（ *The Law of War and Peace* ）

滥用真相应同说谎一样受到惩罚。

恰如有两个地狱，一个惩罚违背爱的罪行，另一个惩罚违背正义的罪行！

——布莱士·帕斯卡尔，
《思想录》（ *Pensées* ）

说出全部真相，但要拐弯抹角

社交圈里逢场作戏

因为孱弱的欢愉受不住

真相的骇然惊诧

如同用善意的解释

安抚被雷电吓坏的孩子

真相必须慢慢点亮

否则所有人都会失明

——艾米莉·狄金森（Emily Dickinson），

《诗集》（*Poems*）

家长式作风

霍布斯说，通过征服、出生或自愿委身这三种方式，一个人可以成为另一个人的附庸。[1] 因此，只要无人对权力神授或天然取得提出疑问，强迫和操纵的权利就是理所当然，唯有当这种权利受到挑战时才有辩护的需要。此时，就有必要问：何时可以正当地行使权威——比方说对孩子？习惯于家长式作风的人会回答说，当为了某人自身的利益时对其行使权威是正当的。

家长式作风的行为方式是以保护他人为目的，为他人的最大利益着想，引导、甚至强迫他人，就像父亲对待自己的孩子那样。他一定要确保他们不受伤害，出于必要甚至可以使用武力。如果小孩子想玩火柴或喝氨水，家长必须干预阻止。同样，美国很多州规定，想骑摩托车的人也必须戴头盔保护自己。奥德修斯让水手把自己绑在船桅上，因为海妖塞壬"在海面上编织着令人神魂颠倒的歌"[2]，还叮嘱他们，如果他哭喊着乞求解开绳索，就多缠上几道。

家长式的约束可以是暂时的、自愿的，如奥德修斯那样，也可能长久得多、被动得多。[3]

说到彻头彻尾的家长式作风，不得不提及 18 世纪的德国人、被称为"公共卫生之父"[4]的约翰·彼得·弗兰克（Johann Peter Frank）。他在六卷本的《完善的医疗管理体系》（*System for a Complete Medical Policing*）中提出了"通过明智的法令来预防邪恶"的方法。他指出，在所有或可促进公民健康的层面都应颁布法律。性行为、婚姻、育儿都要规范到点滴细节。应该颁布法令禁止女性穿影响呼吸的紧身衣，应该把疾病控制的努力落实到每个村庄。弗兰克甚至建议制定一项法律，要求刚参加过晚间乡村舞会的人离场前必须稍事休息，以免劳累后着了风寒。

有些家长式的约束显然是必要的。我们能生存下来完全得益于儿时受到了保护。即便成年后，我们也会忍受一些旨在降低疾病感染、意外事故风险的规定。但同样显而易见的是，防范伤害的意图会因某些错误或滥用而给他人带来巨大的痛苦。"保护"可以令人窒息，也可以被利用。纵观历史，男人、女人、孩童被迫从事有辱人格的工作，被迫接受外来的宗教习俗、制度、甚至所谓"解放"他们的战争，所有这些，都是打着为了他们的最大利益的名号。欺骗，可能成为比强迫更高级的奴役手段，愚弄人们去顺从、接受各种意识形态和宗教。那些认为受骗者的福祉得不到保障的人最是热衷此举。

家长式欺骗

除了引导和劝说，崇尚家长式作风的人还可以通过强迫或欺骗手段进行操纵。我们已经讨论过政府的大规模操纵，其依据似乎就是家长式作风。在这一章节里，我打算重点讨论家庭成员和朋友之间的欺骗，因为我们大多数人正是在这层关系里才会遭遇说真话与说谎的两难选择。我们也许永远不必担心在法庭上、在实验中或面对记者时是否要说谎，但在家庭中、在与朋友或我们最关心的人相处时，谎言有时似乎是唯一能避免伤害或失望的途径。与为了公共利益或科学进步而诉诸的更大、更专业的欺骗不同，我们此刻关注的是人与人之间最亲密的纽带。

保护这种纽带的谎言具有特殊的直接性和恰当性。不让孩子知道父母可能离婚；努力装出身体健康的假象；对深受打击的人保证一切都会好起来——在这些情况下，说谎是为了支持、安慰、保护。

欺骗儿童通常最无顾虑。他们比其他人更需要关心、支持和保护。不让他们接触粗暴的言语和可怕的消息，用美化和掩饰让他们远离恐惧和痛苦，就像为他们遮风挡雨那样自然。因为他们比成年人更脆弱、更易受影响，时常无法应对接收到的信息。他们的任何尝试和努力，哪怕再幼稚，也应给予鼓励和关注，而不能仅仅"客观"评价。不加修饰的事实、漫不经心或带有恶意的表达方式，都会伤害他们，甚至扭曲他们幼小的心灵，让他们转而寻求冷漠的自我保护。

撇开保护和鼓励，人们在与孩子交流时，信息的准确性也并非首要考虑。用艾里克·艾里克森（Erik Erikson）的话说[5]，尤其是对幼儿，讲童话故事、奇思妙想、游戏扮演，至多是"开垦了一些处女地，分享了一些神性的空间"，将常规的"准确"和"现实"远远抛开。

不过，与儿童打交道的人常有可能混淆"真相"与"真实性"的概念，每当这种情况发生，危险随之而来。他们有可能将故事、笑话、偏离事实的东西与谎言混为一谈，*于是失去了尊重孩子、以诚相待的意识。如此一来，对孩子撒谎看上去就像是给他们讲故事，或是在现实与虚构间放飞想象力。这种混淆忽视了一个事实，即虚构并不意味着误导，而是要求——用柯尔律治的话说——"自愿悬置怀疑"，这恰恰是普通欺骗行为所不具备的。

也有些严厉的成年人，因混淆了虚构和欺骗，得出相反的结论，试图将二者统统从孩子们的生活中抹除，这种做法同样具有破坏性。他们为童话故事里不真实的、虚构的一面所扰，觉得孩子们

---

* 虚构与欺骗的混淆由来已久。柏拉图在《理想国》（*Republic*, 597E）中指出，艺术家和剧作家在"三重意义"上脱离了自然。相反，奥古斯丁等人则认为，艺术家传达的东西以及运用符号和仪式表现的东西并无欺骗性，因为其目的不在于误导。塞缪尔·柯尔律治（Samuel Coleridge）在《文学传》（*Biographia Literaria*）第十四章中将虚构作品要求读者所具有的诗意的信仰称为"自愿悬置怀疑"，这种悬置怀疑就是某种形式的同意。

虚构和谎言虽截然不同，但二者之间也有些模棱两可的边缘领域。比如，某个作者的确意图用作品来操纵他人，也就是常说的政治宣传；比如，作者将虚构故事和事实陈述混在一起，且不注明对哪些内容应"悬置怀疑"；比如，读者以为是虚构内容，但作者呈现的却是他眼中的真实事件，就好像精神分裂症患者发表自己的近期日记；再比如，某出剧目的作者并无意欺骗任何人，但过于沉浸剧情的观众却跳上舞台拯救了剧中的受害者。所有这些情况都是因为虚构与欺骗的因素彼此交织。

此外，有些情况明显是欺骗，如抄袭和伪造。

的故事里充斥着谎言和癫狂。他们扼杀了一切充满想象力的表达，让家人和自己付出了沉重的代价。埃德蒙·戈斯（Edmund Gosse）在《父与子》（*Father and Son*）中描述了类似的、极不寻常的成长经历。他解释说，他一出生，父母就决定日后要让他成为神职人员，希望他"真诚"。他写道：

> 我在书本里找到了最大的乐趣。我可以阅读的类型有限，各种故事书都被严格禁止。任何类型的虚构作品，无论是关于宗教的还是世俗的，都不得出现在家里。……
>
> ……我年幼时，从来没人对我说过那句动听的开头："很久很久以前。"我听过传教士的事迹，却没听过海盗的故事；我熟悉蜂鸟，但不知道小精灵。巨人杀手杰克、侏儒怪、罗宾汉，我闻所未闻，我了解狼的习性，却不知道小红帽是谁。[6]

家长式欺骗的另一个原因恰恰源自对儿童或理解力有限的人真诚相待的愿望。为他们的利益着想，奉行家长式作风的人在与他们交谈时可能会寻找一个合适的说法，让他们尽可能分清利害，从而"恰当地"做出回应，既不对眼前的危险掉以轻心或紧张不安，也不对未来的危险过分担忧。于是，真相被精心修饰，以便传达说话者认为正确的"画面"。它将弥补听者的稚嫩或胆怯，就如同提高声音有助于同听障者交流，借助翻译可以将某人的意思转换成另一种语言。

这种"翻译"成孩子能理解的语言的做法在旁人看来或许离谱，但没有丝毫欺骗的意图，纯粹是为了唤起适当的反应。当然，这种做法也可能与欺骗同时使用，比方说，用来淡化一些无力避免的危险，或者反过来用来吓唬孩子以确保他们远离可以避免的危险。父母们可能会通过这种方式告诉孩子，药并不难吃，包扎伤口不会痛，可能会夸大不吃"健康"食品的坏处。无论是哪种情况，孩子长大之后都会意识到成年人会按照自己的判断"适时"地歪曲事实。

出于保护和鼓励的需要，对准确性要求不高，希望跨越理解上的障碍、传递有意义的信息或反馈，这些因素都是儿童容易受骗的原因。弥尔顿的文字体现了人们通常对误导孩童和无行为能力者的宽容态度：

> 对于一部分人，比如男孩子们、疯子、病人、醉鬼……我们完全有理由欺骗，难道不是吗？[7]

不少人接受了格劳秀斯的观点，认为欺骗儿童无可厚非，因为他们根本没有获得真实信息的权利。既然儿童对他们听到的话没有"判断的自由"，对其撒谎也就不可能造成不当或侵犯他们的自由。

无论我们如何看待特殊情况下诉诸家长式谎言的做法，有一点可以肯定：仅仅因为他们是儿童或无行为能力者就对他们说谎，这一主张是站不住脚的。若有人用撒谎的方式伤害儿童，肯定会受到更多指责，因为受害者不能完全理解面临的危险。谎言给儿童造成的伤害绝不亚于对其他人造成的伤害，而说谎者本人也会因此反累自身。此外，对儿童说谎往往会影响到他的家庭，因为通常孩子的家庭成员或参与了欺骗，或同样是骗局的受害者。下面这个例子足以说明"为了孩子自身的利益"说谎的做法对整个家庭造成的侵蚀：

> 有个少年，由于婴孩时就罹患癌症，失去了一个肾脏。他的父母不希望他和他的兄弟姐妹们为此忧虑，就编造了一个故事：男孩很小的时候，有一次在八岁的姐姐照看下荡秋千，结果摔了出去，肾脏严重受损，被切除了。如今，这个少年一心想参加剧烈运动，但他知道凭着仅剩的一个肾脏绝无可能。他对姐姐又气又恨，姐姐对他则深感愧疚。

遭受家长式欺骗的不只是孩童和需要照顾的人。我们对关系密切或负有特殊责任的成年人也会做出同样的举动，比方说教师有时会出于保护学生的目的而欺骗他们，或者，同僚们会奉承失败的裁判员，说他依旧目光犀利。我们可能会对寻求慰藉的人给出虚假的保证、赞许或爱意，以免让他们失望，尤其是在同事、朋友等关系密切的人群中。为了保全面子、为了遵守长期承诺、为了避免伤害，人们会用谎言来掩饰。

即便是公开拒绝，比如拒绝某人的工作申请、拒绝金钱要求、拒绝求婚，人们也常常用家长式谎言掩饰真正的原因，以维持彼此间的客套，减少对被拒绝者自尊心的打击。说某人不能做某事或规则不允许做某事，比说不愿意做某事要容易得多；说某个作家的书不畅销比说他的书难以卒读更委婉；说某个职位暂无空缺也比说某个求职者缺乏必要技能更容易让人接受。

用谎言来掩饰拒绝的真实理由，在当代产生了有趣的新功用，即阻止某个家庭成员将器官捐献给另一个家庭成员。众所周知，直系亲属间的肾移植成功率远高于无血缘关系的人。然而有时，家庭成员中没有合适的捐赠者；也有时，某个家庭成员虽表达了捐赠意愿，但同时因害怕、不满而犹豫不决。勒内·福克斯（Renee Fox）和朱迪斯·斯瓦泽（Judith Swazey）描述了这样一个案例：

> 苏珊的母亲汤普森太太表示愿意捐献肾脏给苏珊，但医疗小组有理由认为这并非出于她本人的意愿。例如，医疗小组注意到，汤普森太太的胃肠道问题和心悸越来越严重，而当得知自己不必捐献器官给女儿后，"她的状况立刻好转了"。汤普森太太和她的女儿都不知道，她其实是因心理原因被医疗小组排除在捐献者之外……医生们告诉汤普森太太，她不能捐献是因为她的"匹配度不高"。[8]

此类欺骗行为均自我标榜为仁慈之举，声称是出于对受骗者的关心。然而仔细审视，身份立场的差异性便再次凸显出来。我们可以理解家长式谎言背后的保护欲，意识到即便在不经意间也不应用真相去伤害他人的重要性。但站在受骗者的角度，家长式欺骗却可能带来诸多危险。也许，说谎者试图掩盖的真相不会被发现，就像那个被欺骗的母亲，并不知道自己的器官适合捐献给急需换肾的女儿。也许，虚假的希望能够继续维持，比方说研究生花了多年时间学习某个领域，却从没有人坦言，他们在该领域内不可能大展宏图，甚至连工作都找不到。也许，在那个被告知姐姐导致了自己的病况的少年心中，不必要的怨恨永远挥之不去。也许，遭遇危机的婚姻和友谊会因受欺骗者没有机会反思而愈发冷淡。

家长式谎言受青睐的原因之一在于，人们觉得它们与其他很多欺骗不同，不带有偏向性，而是出于向有需要的人提供帮助的无私愿望。然而，倘若我们仔细审视就会发现这种客观性和无私性往往是虚假的。说谎者宣称的善意时常伴随着并非无私的动机：比如，担心引发冲突，从而暴露说谎者更真实的感受和意图；上瘾或不忠行为被发现时想要逃避压力，不愿改变；或是希望维持谎言带来的权力（尤其是在受骗者毫无防备或需要帮助的情况下）。这些都是自我保护和操纵的动机，以期保持对局势的控制，继续随心所欲地行使代理人的权力。只要说谎者不能认清这一点，就会认为自己的谎言乃是出于利他目的，合情合理，而这种判断自然也是偏狭的、不可靠的。

由此可见，受骗者的视角对家长式谎言的"帮助性"提出了质疑。此外，家长式谎言也未必能给说谎者自身带来好处。欺骗行为对说谎者的影响——需要不停地圆谎、担心被揭穿而引发的焦虑、对信用的威胁——因亲密关系被放大到极致，因为处在这种关系中，维持骗局仅靠一个谎言是不够的，说谎者从欺骗行为中收获的利益往往不足以弥补"活在谎言中"的代价。

正当性？

因此，我们应当警惕两种最容易诉诸家长式谎言的情况。仅仅因为对象是孩子或判断能力不足的人，或因为他们属于某一特定人群就对他们说谎，这种做法并不妥当。路德和其他不少人表达的简单观念，即认为"有益的谎言"因其自身的利他主义而具有合理性，让太多的谎言免受质疑，未免过于轻率。[9]这两种观点忽视了核心，谎言对受骗者和说谎者，以及他们之间关系带来的多重伤害。

那么，究竟有没有合理的家长式谎言呢？如果有，它们与大量被滥用的家长式欺骗有何区别？首先，我们来回顾一下本书多次指出的强迫与欺骗的相似之处，试问：是否只要是可以合理地使用强迫手段的情况，就可以合理地使用家长式谎言？

毫无疑问，在危急关头，当无辜生命受到威胁且无计可施的情况下，使用欺骗或强迫手段似乎同样无可厚非。例如，为了营救一个受到惊吓、不敢离开失火建筑的孩子，无论是将他强行抱出去，还是谎称没有危险、鼓励他大胆地跑出去，都是合理的。但两种手段间的异同不仅于此。家长式作风常常盛行于家庭成员和其他亲密的、存在依赖性的关系中，这便影响了人们在强行操纵和诉诸欺骗之间的选择。相比于其他人际关系，此类关系需要更多的信任，持续更长久的时间。因此，虽然在凶手追寻受害者等许多危急时刻，说谎比试图用暴力更合适，但在家庭危机中和牵涉信任问题时情况可能恰恰相反。

我们来设想这样一个案例。一对父母试图阻止一名幼儿跳进池塘。他们可能会尝试分散他的注意力或耐心劝说，如果都不奏效，可能会诉诸强迫手段。但如果他们假称池塘里有怪兽呢？这种策略可能有效地避免了孩子溺水的危险，也在一定程度上节省了父母的体力，但从长远来看，对这个家庭恐怕并非好事。（当然，倘若父母距离孩子太远，或无法将他带离池塘，作为最后手段，欺骗或许是可以接受的。）

对待我们亲近的人，家长式的关心不能为我们先前已经接受的少数谎言——比如危机中的谎言、真正的白色谎言、受骗者事先准许的谎言——增加新理由。恰恰相反，亲密的关系往往限制了这一小类谎言的合理性。正如我们刚才所见，危急关头，唯有在劝说和强迫均无济于事的时候方能诉诸家长式欺骗。[10] 相比于泛泛之交，琐碎的谎言更容易在亲人、邻居、好友和同事间发酵。对于此类谎言，我们还应考虑到它们对亲密关系本身的伤害，以及一旦谎言被揭穿后，说谎者将不得不承受的信任损失。

家长式谎言中最大的问题在于准许。孩子、朋友、配偶很少会事先准许为了自己的利益而被欺骗。于是，有人提出了一种变通：默许。该主张认为，被善意地欺骗的人，早晚将会感激为其自身利益而施加给他们的约束；而被恶意欺骗的人则不会有这样的感受。他们指出，如果那些眼下因其自身利益而被欺骗的人是完全理性、明智、成熟、健康的人，定然会准许这种为其自身利益着想的行为。[11] 假设让他们站在说谎者的立场上，同样会出于利他的考虑而选择说谎。于是，这种对未来感激的期望就等价成了常规意义上的事先准许。

"默许"可以作为在危机中、在琐碎环境里、意图保护或鼓励或安慰他人的各种家长式谎言的检验标准吗？这样一来，说谎者与受骗者的立场就会趋同，他们的目的——令受骗者获益——就可一致。于是，要判断家长式谎言是否正当，可以问问受骗者：如果完全能够判断自己的最大利益，是否还愿意被欺骗。如果他在未来的某个时候变得足够理智，可以做出独立判断，那么就可以问他，是否会对曾经的欺骗行为给予追溯准许，也就是说，他是否感激自己曾经受此欺骗。

有时答案是明确的。如果有人事先要求被欺骗或被限制，则通常可以假定其表示准许。例如，奥德修斯让水手把自己绑在桅杆上，有些病患让医生不要告知不好的预测。也有些时候受骗者并没有事先表示准许，但每个有理性的人为自身利益着想都会希望自己能被阻止、甚至被欺骗。例如，索要刀具的暂时性精神失常者，在失火的房屋中因惊吓而手足无措的孩子，毫无疑问，一旦他们恢复了判断力，都不会怀疑欺骗者当初的好意。

上述问题同样可以帮助我们剔除某些借家长式欺骗之名、但不可能得到真正准许的强迫行为。例如，为了"帮助"某人消除与当局的政治分歧而将其关进精神病院，这种情况不适用默许。对此种处境的追溯准许不再是自由的意志表达，而是受害者精神崩溃的迹象。

或者，我们举个古代常用的例子：向临战动摇的士兵传达胜利的假消息，鼓舞他们继续击溃敌军。说假话的人或许自认为是在帮助士兵。一旦战斗胜利，幸运地活下来的士兵或许也会赞同这种说法。但在投入战斗之前，他们不会如此乐观。他们完全有理由问，如果不知道战斗的结果，该行为怎能算合理呢，说谎者凭什么自以为是地认为能获得追溯准许？更何况，准许只会发生在取得胜利的情况下、在幸存者之中。虽然对这种谎言的辩护使用了家长式的措辞，强调被骗士兵获胜后的自豪感和追溯准许，以及他们对谎言激起的战斗勇气的感激，但我们在这种辩护的背后几乎看不到对士兵的真正关心，也无法得出受骗士兵没有足够的理性自行选择的结论。此类谎言纯粹是策略性的，完全是为了实现战斗指挥者的目标。

但在很多案例中，有理性的人是否会在将来的某个时候对欺骗给予追溯许可却并不那么明确。家长式谎言的当事方常常有着非常私密的关系，长期掩饰之下的错综复杂令人们难以分清什么是现实的选择、受骗者是否有能力面对真相、什么是有益的、什么是有害的、甚至什么是谎言。

例如，养父母是否该假装成孩子的亲生父母？[*]病势沉重的妻子，若是担心丈夫无法承受，是否该向他隐瞒自己的病情？如果我们想想为了隐瞒真相而说的谎话以及说出真相的后果，就会发现很多时候不能一概而论。大多数人可能希望知道真相，但也有些人会悲伤不已，宁可永不知情。

除非是非常明确的情况，即所有人都会同意准许或拒绝准许，否则默许就与实际准许存在极大差异。实际的准许使得虚假的陈述不再具有欺骗性，就好比游戏中的玩家都认可游戏规则。默许则不然。因此，无论你是否认为某个谎言会得到准许，都必须考察其正当性。说谎者和受骗者之间的纽带本身并不能证明家长式谎言的合理，说谎者自以为的善意、对受骗者得知真相后不能采取恰当行动的担忧、认为得到了受骗者的默许，也不能证明谎言的正当性。从说谎者的角度出发做出准许假设，总是难免各种偏见。

如果站在潜在受骗者的立场，尽量不落入他人设计的任何骗局就显得非常重要。我们或许可以在婚姻、友谊和工作关系中事先讨

---

* 目前的做法是鼓励养父母对养子女坦承事实。

论彼此可接受的真实程度，在需要遮遮掩掩之前就定下基本规则。家长式谎言和白色谎言一样（且二者往往互有重叠），在生活中或许难以避免。但我们没有理由不去尽力减少，不去努力寻找替代方法，让大家意识到人们更愿意被坦诚相待。（当然，正如我们在讨论白色谎言时所说的，我们不应把放弃欺骗手段等同于抛弃谨慎和敏感。）

制定标准的做法在配偶、朋友、同事之间可行，但面对儿童和智力低下者则较为困难，他们或许不会很快、或许永远不能与他人讨论该坦诚到何种程度的问题。因此，不仅当下获得他们的欺骗准许很难，获得追溯许可即便不是不可能，也要事隔很久，极不可靠。

对于这样的人群更困难的还在于，诉诸公开讨论的检验往往不利于保护他们的利益。极其"理性的"思考者大多赞成对不成熟、无行为能力、无理性的人使用最不近人情的操纵、欺骗手法。即便是大力倡导自由的约翰·斯图尔特·密尔（John Stuart Mill）也认为，必须为儿童、接受照顾的人和"因其族群处于社会发展原始阶段而落后的人们"破例。他指出：

> 专制是管理野蛮人的合法模式，只要到头来能改善他们的境况，而最终的实际效果则赋予该手段以正当性。[12]

依靠"理性的人"，向来不能保护那些被视作局外人、下等人、无行为能力者或不成熟的人的利益。况且，他们自己无法区分谎言中的善意与恶意动机，也无法从历史中找到轻信善意的理由。因此，我们不应随大流，认为可以合理地对孩童或在说谎者眼中类似于孩童的人群说谎，而应采取特别措施，以免他们遭利用。

综上所述，家长式谎言有时虽可理解、易获认同，但也存在极其特殊的风险。对于说谎者自身而言，为了在共同生活或经常见面的人中保持形象，不得不用谎言包裹谎言，也因此更容易被揭穿、失去信誉；对受骗者而言，存在各种被利用的危险；欺骗行为涉及的双方关系也面临挑战。

尽管如此，在某些情况下有些人的确宁可接受家长式欺骗。难的是，我们往往不能确定什么样的人会做出这样的选择。能否询问他们的意见呢？这在很大程度上取决于他们的遭遇。对一个人说假话或许既不公平也不善良，但将真相告诉他同样有可能既不公平也不善良。在家长式欺骗中，交流的私密性愈发加重了困境，一如我们无法分担无能为力者的两难。

我打算在下一章详细探讨这个问题，重点考察对病患或临终者的谎言。长久以来，人们对这种场合里的欺骗一直意见不一。如今，我们已经积累了一些经验数据，或可说明在患病或死亡临近时，人们究竟想知道哪些信息。当我们决定是否对病患说出真相时，有必要权衡从经验数据中得到的结论。此外，由于涉及医疗专业人士，也就意味着我们不必囿于家庭生活的荫蔽，可以重新使用公开讨论的方式进行检验。

第十五章　对病患和临终者说谎

医生就像外交官一样，要能不动声色。自然是个仁慈的老好人，她用最温柔的幻想欺骗着病人和临终者，远胜一切止痛剂……

对于坚持刨根问底、却丝毫听不懂科学解释的病人，精明的老医生总是准备了几个术语。我听说"脊柱刺激"这个说法很管用，但我觉得，总体而言，适用最广且语焉不详、同时能让所有人满意的，莫过于"门脉系统栓塞"这个华丽的术语。

——奥利弗·温德尔·霍姆斯（Oliver Wendell Holmes），

《医学文集》（*Medical Essays*）

这种欺骗折磨着他——他们不愿承认彼此都心知肚明的事情，一心想着靠谎言来掩饰他的可怕状况，还指望、强迫他也装模作样。那些谎言，那些在他临死之夜上演的谎言，那些注定要把这可怕的、肃穆的事件降格成他们的探望、他们的窗帘、他们的鲟鱼晚餐的谎言。伊万·伊里奇痛苦不已。

——列夫·托尔斯泰（Leo Tolstoy），

《伊万·伊里奇之死》（*The Death of Ivan Ilych*）

　　当一个人的生活与分析技术联系在一起时，他会发现自己完全失去了对一名医生而言不可或缺的说谎和欺骗能力，即便他偶尔怀着最善良的意图试着说谎，也很可能会发现自己在背叛自己。既然我们严格要求病人说实话，那么倘若我们自己背离真相且被察觉，就会彻底毁了我们的权威。

——西格蒙德·弗洛伊德（Sigmund Freud），

《论文集》卷二（Collected Papers, II）

欺骗疗法

　　一名 46 岁的男子因参保被要求去诊所进行常规体检，结果被诊断出罹患癌症。这种癌症可能令他在 6 个月内死亡，目前尚无已知的治愈方法。化疗或可延长数月生命，但副作用明显，医生觉得没有必要，且认为应把这种治疗留给有机会康复或好转的病人。这名男子目前没有任何症状，不可能对自己的健康生疑。他希望一周后可以休一次短假。

　　对于医生而言，眼下有几个选择。他应该将检查结果告诉病人，还是该隐瞒？如果病人问起，他是否该否认？如果他决定告知实情，是否应等病人度假结束后？如果他将病情的严重性实言相告，是否该提及化疗的可能性以及不建议实施化疗的原因？还是应该尽一切努力推迟死亡？

　　在这个案例中，医生选择立即将体检结果告知患者，但没有提及化疗的可能性。一名在他手下工作的医学生不认同这种做法，认为侵犯了病人的权利，几名护士也觉得应该把化疗的选择告诉病人。他们试图说服医生，未能成功。于是，医学生违背医生的吩咐，告知患者可以接受化疗。与家人协商后，患者要求治疗。

医生常常会面对这样的选择，且需要立即做出决定。他们告知的、隐瞒的或歪曲的内容对于患者而言至关重要。医生会强调歪曲或隐瞒信息的理由：比如避免让患者产生不必要的困惑；避免对癌症患者造成不必要的痛苦或不适；避免临终患者因了解病情真相而绝望；为提高治愈的机会而对某些治疗表现出不合理的乐观。医生视信息本身为治疗方案的一部分，一点一点，喜忧掺和，选择最合适的时机喂给病人。相比之下，信息的准确性就无足轻重了。

因此，对病人撒谎似乎是一种格外可以原谅的行为。有些人认为，应授予医生操纵真相的权利，但也只能授予医生，绝不可将此权利给予政客、律师和其他人。[1]医生接受专业训练就是为了帮助病人，他们与患者间的关系承载着某种特殊的义务，他们比非专业人士更了解什么有助于、什么有碍于康复和生存。

即便是最有良知、绝不与庸医为伍的医生，也未必能一概放弃谎言。他们认为，通常而言，说谎固然不对，但比起用真相伤害病人，谎言倒更为可取。B. C. 迈耶（B. C. Meyer）对此指出：

> 我们的职业传统上一直遵循着一条戒律，它超越了为说真话而说真话的美德，那就是："尽可能不造成伤害。"[2]

在迈耶看来，真相或许重要，但若危及病人的健康和福祉就未必可取了。这种观点过去在很多医生眼里是不言而喻的，因此几个世纪以来的医生守则、誓言和著作中鲜有提及真实性。相比之下，其他伦理准则在同样的文献中却得到一以贯之的动人阐述。

行善与不造成伤害这两条基本原则与医务工作者的关系最直接，也是最经常被强调的。守护生命和健康，抵御疾病、痛苦和死亡，是医学及护理领域的长期任务。在医学史上，这些原则始终以强有力的形式得到体现。希波克拉底誓言承诺：

用治疗帮助病患……但绝不伤害、绝不行恶。[3]

印度教的入教誓言也说：

无论日夜，皆应全心全意解除病患痛苦。即便为生活，亦不可抛弃或伤害病患。[4]

但几乎所有的誓词、守则和祷词对真实性则没有给予类似的重视。希波克拉底誓言没有提及对病人如实告知病情、预后或治疗，其他早期的守则和祷词也同样保持沉默。这些文献常常提到医生应为病人保守一切秘密，但没有相应地提到应对病人保持诚实。为数不多的几名呼吁对病人坦诚相待的医生中，有一位因医术而闻名的犹太医生，叫阿马图斯·卢西坦努斯（Amatus Lusitanus），1568 年受迫害折磨致死。他曾发表了一份誓词，写道：

若我撒谎，甘愿承受上帝和天使拉斐尔永恒的愤怒，在医术上一事无成，永不能达成心愿。[5]

后来的守则依旧在回避这个话题，甚至连 1948 年世界医学协会（World Medical Association）通过的《日内瓦宣言》（*Declaration of Geneva*）对此也只字未提。美国医学协会的《医学伦理原则》[6]则将是否如实告知的决定权留给医生。

有了这样的自由，医生就可以自行决定向病人透露多少信息，只要不触犯法律即可。在本章开头提到的那个案例里，有的医生认为为了病人的利益而撒谎是合理的，有的医生则认为应实话实说。有些医生可能会隐瞒推荐方案之外的替代方案，有些则不会。无论何种选择，都有美国医学协会的伦理原则做背书。他们中很多人会选择撒谎，宣称谎言可以避免病人受到伤害，况且，最初的悲观诊断未必正确，因此"真实"的陈述有可能反而对病人造成不必要的伤害。抱着这样的想法，医生选择了与公开透明背道而驰的做法，主张对无法治愈的病人给予治疗和支持，尤其是当预后不佳，当病人因疾病或药物的影响变得更依赖医生，或更忧郁、更不理智时。

医生们非常清楚诊断或预后可能存在很大变数。他们知道对健康和疾病给出有意义的、正确的答案是多么困难。他们也知道，倘若流露出犹豫或担忧，会让建立在康复信念之上的优势化为乌有。他们还担心，若揭示相关的风险，无论其发生的概率有多小，都有可能转变成"自我实现的预言"。他们与其他人一样，不喜欢惴惴不安，不喜欢宣告坏消息。此外，坐下来开诚布公地讨论如此敏感的疾病话题，可能会占用其他更需要帮助的病人的时间。

这些理由或有助于解释为何护士、医生、病患及临终者的亲友不希望被规则约束，不愿失去隐瞒、拖延或歪曲信息的选择。这倒不意味着他大多数情况下都打算撒谎。他们仅仅是希望能自由地选择他们认为明智的做法。反过来，正是因为不愿禁止此类谎言，医学守则和誓词里才没有涉及说真话和说谎的问题。

但现在，尖锐的矛盾开始出现。医生不再是单独面对病人。相比于以前，他们必须同更多人协商，参与照顾病患的其他同行可能未必赞成撒谎。对于这种困境，一名护士如是说：

> 从个人经验而言，我觉得，那些没有被告知罹患绝症的病人有很多问题、疑惑未得到解答，他们中很多人会开始意识到，自己的病情可能比别人告诉他们的严重得多。……
>
> 相比于医生每天短暂的查房，护士要一天 24 小时照顾这些病患。一旦病人被潜在的恐惧压倒，他们往往也会求助于护士。……这对于我们这些护士而言是很困难的，因为我们总是与病人打交道，可以看到情况一步步地恶化。病人不断地问你，"为什么我的疼痛没有减轻？"或"为什么不用放疗减轻疼痛？"……作为护士，从法律上讲，我们不能（我也不想）给病人诚实的答案。然而问题并没有解决，而是不断恶性循环，留给病人独自承受。[7]

医生选择说谎，令同事被迫扮演既不人道也不明智的角色。可惜，这些问题既没有在医学界得到充分探讨，也没有在医学教育里得到严肃对待，于是矛盾愈发激化。[8]不同的医生对待处于相似困境的病人的态度可能截然不同。即便医护人员的态度一致，病人亲属往往也会有不同意见，造成摩擦进一步升级。此外，对病患家属是否有权提出要求的问题，医学界尚未达成共识，因此允许每个医生按照自己认为合适的方式随意处理。

病患的立场

病人自身承受的压力以及经验数据的曝光进一步增加了医学界对说真话的顾虑。对病人撒谎的理由主要有三点：在实践中不可能保证真实性，病人不希望听到坏消息，真实的信息会伤害病人。

第一点我们在第一章已经讨论过。这个观点混淆了"真相"与"真实性"，从而给基于第二、第三个观点的适时说谎扫清了障碍。由此我们可以更清楚地看出，这是一个策略性的主张，旨在首先切断对真实性的追问，以便将说什么、怎么说的选择权留给医生。声称"既然不可能说出真相，则真假之间也就不会有明显区别"，[9] 乃是试图在展开讨论之前先消解反对说谎的主张。试想，倘若汽车销售商或房地产销售商提出这种观点，人们会做何反应，便可知它有多么荒谬了。

然而，在医学上，这个观点却得到了另一个辅助观点的支持：平日里的话题固然不难理解，但病人面对的特定交流内容却未必容易接受，此时就需要家长式作风。持此观点的人认为，买车买房时我们需要自己做出判断；但若是生病，靠自己却不一定能解决问题。我们需要外界的帮助来做出选择，即便这意味着得被蒙在鼓里。医生不仅受过训练，而且愿意提供帮助。

的确，有些病人因疾病或药物的影响格外虚弱，无法为自己做出最佳选择，但大多数病人可以。即便病人自身能力不足，也有权让他们的监护人、配偶等相关人员了解到真实的信息。

此外，凌驾于病人之上的家长式作风会给医生自身造成极大风险，令其养成一种居高临下的态度。不久前，一份医学杂志上刊登的读者来信就显示出了这种傲慢：

> 作为一名被起诉的放射科医生，我认真考虑过获得知情同意的建议，但最终决定"承担不告知患者的风险"，我选择相信"上帝、法官和陪审团"，不借助法律手段逃避责任。……
>
> 在常规放射性实践中，很多病人是不知情的。如果每一项可能有害的研究都必须获得他们的同意，那我们根本不可能有任何进展。
>
> ……我们有些病人有语言障碍、没受过教育、呆板木讷、神志不清，无法给出知情意见、获得知情同意。有些病人不是脾气大就是焦躁不安，既不听解释也不能理解。普通住院病人里还有35%是享受医疗保险的老年人和残疾人。头脑清醒的病人则疲惫地请求我们不要打扰他们。……至于剩下的很多人，用理查德·布赖特（Richard Bright）的话说，"他们的大脑缺氧"，理解不了。[10]

以得不到充分且真实的信息或病人缺乏理解能力为由，拒绝向病人提供信息，这种观点从患者的立场而言是站不住脚的。给予最有良心、最有利他主义精神的医生的自由裁量权，同样会给予那些在医疗补助定点的"穷人医院"里工作的医生，如此一来，不只是合格的医生能替代病人做出选择，不合格的医生也能。更何况，即便是最好的医生做出的选择也可能与病人的愿望相悖。

　　第二个欺骗病患的观点专门针对会令病人恐惧或沮丧的消息。该观点认为病人事实上并不想听到此类信息，宁愿不必面对严重的疾病和死亡。基于这样的想法，大多数医生在接受调查时都表示，通常不会将罹患癌症等严重疾病的消息告知病人。

　　相反，在发放给病人的调查问卷中，80% 以上的受访者表示希望被告知诊断结果。[11] 上述调查还应在更大的人群中继续开展，但现有的调查结果确实表明，遇到癌症等严重疾病时，医生和病患在患者是否希望知情的认知上普遍存在巨大分歧。

　　尽管如此，有些医生对上述认知分歧仍视而不见，坚持认为病人不愿面对坏消息。他们声称，病人的说法与现实有差距，他们口里越说想知道，心中就越是害怕，即便得到了信息也不愿接受。因此，将情况告知病人毫无意义，他们会抗拒、否认无法消化的信息。按此观点来看，对病患进行的经验调查没有丝毫价值，因为它们没有深入考察人们对死亡的普遍抵触情绪。

　　该观点只是部分正确。从医学实践经验来看，的确有一些病人存在抵触情绪。针对自身的病情，即便反复询问、反复被告知，仍有约 15%～25% 的患者会找出反证。几乎每个人在死亡逼近时都会试图否认。[12] 伊丽莎白·库布勒－罗斯（Elisabeth Kubler-Ross）认为，这往往是由于某个陌生人为了"赶紧了事"而过早地、过于突然地和盘托出。在她看来，否认起到了被意外消息震惊后的缓冲作用，让个体得以集中精力、启动防御措施。她描述了一名长期否认病情的患者：

　　她坚信 X 光片"弄混了",一再询问,认为自己的病理报告不可能这么快就完成,一定是其他病人的报告上错写了她的名字。当这些怀疑无法得到证实时,她立刻要求出院,徒劳地希望其他医生"能给我的烦恼一个更好的解释"。这名患者"换了"很多医生,有些给了令她安心的答案,有些则证实了早前的怀疑。但无论是哪一种,她的反应都一样,要求检查、再检查……[13]

　　但若说否认病情是普遍现象则不符合现有证据。如果把任何相反的说法都视为更深层的否定"现象",理智的探讨也就没有了余地。这种普遍的否认无法被证明或证伪。它是对人类状况的总体观念,而不是对病人行为的个体陈述。的确,我们永远也无法完全理解自身死亡的可能性,正如我们无法真正理解什么是活着。但人们肯定可以在不同程度上多多少少地接近这种认知,为此准备、计划,学会坦然面对。

　　蒙田称,为了学会生存和死亡,人们必须思考死亡,准备好接受它。[14]把头埋在沙堆里,或者因受谎言蒙蔽而不能察觉未来,那便限制了人的自由,限制了将生命视作一个有开始、有过程、有终结的整体的自由。有些人可能宁愿受骗也不想意识到生命是有限的;有些人拒绝接受这样的信息;但大多数人希望知情。他们希望了解自身状况,远远不只是因为纯粹的好奇,或想在所剩无几的时间里做出孤立的个体选择,更是由于他们的整个人生立场、赋予生命以意义和完整性的能力正受到威胁,他们需要真相来进行判断。[15]医生的谎言或隐瞒或许恰恰反映出,他们自己在面对人生的意义和无可避免的死亡时的恐惧（据一项研究显示，[16] 医生的恐惧比普通人强烈得多）。

除了欺骗造成的对生命本质认识的剥夺，我们还渐渐意识到病人因信息被隐瞒和歪曲而可能遭遇的一切。谎言使他们无法参与事关自身健康的选择，甚至不能选择是否成为“病人”。身患绝症的人倘若不知道自己的病无法治愈且临近死亡，便失去了生命最后一程的选择权：是否该进医院，是否要做手术，与何人在何处度过最后的时光，如何安排自己的事务。如果他被蒙在鼓里，或得到的信息彼此矛盾，这些最私人的决定权就无从谈起。

长久以来，对身患绝症的病人隐瞒实情总是特别容易。他们最脆弱，最没有能力采取行动去获得相关信息或保护自己的主权。患病这一事实本身大大增加了被他人控制的可能性。而面对这种控制，无助的恐惧感也愈发强烈。与此同时，人们的依赖期和健康的衰退期也在拉长，老年人和临终患者的入院率急剧升高。（目前，超过 80% 的美国人在医院或其他相应机构里去世。）

病势沉重的患者往往会进一步失去对自身基本功能的控制。电线、仪器、静脉注射，都会令他们产生新的依赖，同时增加他们与亲近者的距离。可治愈的病人往往愿意接受这样的过程，但当治愈无望时，这些手段只能加剧疏离感和不确定性，甚至替代了本可聊作慰藉的人类行为。然而，遭受此种折磨的患者往往担心抱怨会遭人嫌弃。对他们说谎，也许固然是出于最大的善意，却让他们在不知不觉中滑向新的依赖，用新一轮手术，用输血、呼吸机、甚至大多数人不希望经受的抢救来延缓死亡。

见到亲人身处这样的困境，大大增加了人们对死亡和濒死的担忧。这种恐惧的根源不在于死亡来临那一刻或死亡前一瞬间，也不在于死亡本身。与几个世纪以来对死后惩罚的恐惧相反，现代人大多接受了公元前 270 年去世的伊壁鸠鲁的观点：*

> 因此，死亡，这最可怕的恶，对我们而言算不了什么，因为当我们存在时，死亡尚未到来，而当死亡到来时，我们已不存在。

日益增长的恐惧，倘若不是来自死亡的那一刻或死亡本身，那定是源于很多人在死亡之前所要经历的一切：漫长的痛苦，日渐虚弱，不确定，老迈无力，感觉成了他人的负担。对专业医务人员的不信任则进一步加剧了恐惧。其中一部分原因是，医疗补助丑闻、养老院暴利、从患者身上谋取商业利润等滥用职权的行为被曝光；[17]一部分原因是，病人因自己的亲朋好友曾经的受骗经历而产生怀疑；还有一部分原因是，参与医疗照顾的人员又多又杂。病人或许会信任长期接触的医生，但对一个陌生的团队，无论多么专业、多么友善，未必能轻易建立信任。

---

* 参见 Diogenes Laertius, *Lives of Eminent Philosophers*, p. 651。临终前夜，伊壁鸠鲁在花园里给朋友和后人写下了遗言：

"在这个极乐的日子里，在我生命的最后一天，我写下这些给你的文字。痛性尿淋漓和痢疾不断折磨着我，疼痛无以复加。但我回想起我们过去的交谈，心中充满喜悦。"（Letter to Idomeneus, Ibid., p. 549.）

弄清了知情同意*指涉的所有内容以及预设的信息，医疗界第一次开始认真讨论说真话的问题。如果病患应知的信息被歪曲或隐瞒，那么知情同意就不过是场闹剧。对于外科手术或药物治疗而言，单单提供完整的信息显然毫无用处，除非病人知道这些治疗手段所要针对的病情。

强调知情权的病人权利法案正逐渐得到认可。[18] 这项权利并非新生事物，但落实该权利的努力却是新近出现的。然而，即便病人手中握着措辞最优美的权利法案，也未必一定能获得真实的诊断和预后信息。

即便承认病人的知情权，有的医生仍不会和盘托出，个中原因将我们指向了反对对病人说真话的第三点理由。该观点指出，相关信息可能伤害病人，因此对知情权的主张会构成对适当医疗的威胁。持此观点的医生认为，病人在得到令人沮丧的消息后，可能会试图自杀或突发心脏病，或者索性放弃，让仅存的康复希望白白溜走。即使在预后良好的情况下，一部分病人也可能不愿接受微小风险，或拒绝必要的保护措施，例如拒绝注射疫苗、抗生素等。

该观点的事实依据有两方面问题：披露坏消息或风险所带来的损害其实并没有医生想象得那么大；从知情中得到的益处则多得多，甚至可以量化，疼痛更易忍受，术后恢复更快，治疗配合度明显提高。事实证明，"不知情就不会造成伤害"的态度是不切实际

---

*　法律规定，对一个人的身体进行侵入性诊疗，必须在该人知情的情况下得到其自愿同意。"知情同意"这个术语，直到1960年堪萨斯最高法院判决的内桑森诉克莱因一案（Nathanson vs. Kline, 186 Kan. 393,350, p. 2d, 1093）后才普遍使用。现在，无论是治疗还是医学实验，病人都有权充分了解过程中可能的风险、益处和替代性疗法，但紧急情况或病人无行为能力时除外，在后两种情况下需征得代理人的同意。

的；病人正是因为既不知情又隐约怀疑，才会产生有害的担忧。

可以肯定的是，关于病情信息造成的伤害，每个病人的感受不尽相同。我们首先看看医生的顾虑：若将药物处方或手术中的风险告诉病人，哪怕发生风险的概率微乎其微，也会令一部分病人震惊，或拒绝对他们最有益的治疗。对于绝大多数病人而言，这种顾虑毫无根据。研究表明，很少有病人在得知相关信息后撤回手术同意书；至于那些的确撤回同意的，恰恰是感到极度不安的病人，若不事先征得其同意，医生很有可能会被告上法庭。[19] 在极个别情况下，特别敏感的人有可能因受惊吓而出现明显的身体状况恶化。有些医生甚至担心，病人在得知手术相关信息后、实际手术开始前，是否有可能因惊吓过度而死亡。[20] 这类问题无法一概而论，但基本的态度是要求谨慎行事，真正关心那些面对风险的患者，对所有痛苦迹象保持敏感。

但若患者已然相当虚弱、灰心丧气，又被告知预后不容乐观，结果就截然不同了。医生担心这样的信息会令病人寻短见或过度恐惧、抑郁，以致病情恶化。然而，担心大量病人自杀似乎是杞人忧天。[21] 即便确有发生，这种反应难道就如此不合理、如此有悖病人的最佳利益，以至于可以成为医生隐瞒或撒谎的理由吗？过去的很多社会都允许自杀，我们这个社会也已将自杀合法化，还有一些人正致力于对众多自杀行为进行区分，哪些应尽力阻止，哪些应予以尊重。[22]

面对黯淡消息，另一种可能反应是触发了生理机制，令死亡来得更快。这是某种形式的放弃，还是为不可避免的结果做准备，见仁见智。刘易斯·托马斯（Lewis Thomas）研究了人与动物的反应，认为可能发生了下述过程：

> 在某个阶段，当机体意识到终点已近、死亡在即时，它
> 对伤害、疾病或许还有衰老的反应会出现一个关键性的变化，
> 此时，如同触发了协同机制，通往死亡的一系列程序开始了。
> 机体功能依次不可逆地关闭，为着这一刻准备的神经机制同步
> 开启……[23]

这样的反应或许不无助益，如同那些死而复生的人所言，它使
得濒死时刻宁静安详。但若机体原本可以生存，或存在外界恶意诱
杀的情况时，这种反应可能并不合适。托马斯推测，某些"厄运"
致死就是由此导致。从列维－施特劳斯（Levi-Strauss）对驱魔和施
咒致死方式的描述可以看出，同样的过程也可由周遭的人施加。[24]

可以想象，若令人不愉快的消息或难以承受的打击突然降临，
完全可能出乎意料地引发病患的"临终反应"。因此，我们有充分
理由谨慎行事，尽量事先了解病人对此类消息的敏感度。但我们也
必须假设，大多数人已有足够的人生阅历，不会因征求知情同意而
意外触发临终反应。

另一方面，若站在那些已经濒临死亡者的角度去考虑，"临终
反应"或许并非那么糟，也不会显得那么突然或不合理。在大多数
社会中，早在现代医学出现之前，人类一旦感到死亡临近，就会做
好准备。菲利普·阿里斯（Philippe Aries）描述过中世纪很多人在
"觉得人生将尽"时所做的准备。他们在亲友的簇拥间躺下等待死
亡，他们回忆自己经历过的、做过的一切，与在场的人谅解，乞求

上帝保佑他们，最后开始祷告。"临终祷告之后，剩下的就是迎接必将如期而至的死亡。"[25]

现代医学坚定地致力于战胜疾病、拯救生命，却可能在无可避免的死亡临近时打乱了机体意识和纯粹生理反应，令垂死者无法获得传统死亡方式的益处。在早已无力回天的情况下仍对他们撒谎，将各种医学手段强加于他们身上，医生们或许因此剥夺了病患不愿放弃的个人自主权。

综上所述，"临终反应"有时是机体在没有进一步防御手段时做出的自然反应；有时则是因过于惊骇的消息或过于唐突的告知方式造成，因而是不恰当的。对于后一种情况，哪怕罕见，也应得到更多地关注、了解。但并没有证据表明，一般患者会因得知真实病情而身心衰弱。

除了信息可能带来的伤害之外，我们还看到了知情对患者的益处。如果患者知道自己的病况，知道为何要服用某种药物，就能够更认真地遵循医疗指导，从而可能达到更好的治疗效果。*同样，如果患者了解自己的病症和治疗手段，术后恢复会更快，对止痛药的依赖也较少。**

---

* Barbara S. Hulka, J. C. Cassel, et al. "Communication, Compliance, and Concordance between Physicians and Patients with Prescribed Medications," *American Journal of Public Health*, Sept. 1976, pp. 847-53. 该研究表明，近一半的患者没有遵从医生处方（从而未能达到预期治疗效果），其中有很多人倘若充分了解到自身的病情和医生建议使用的药物作用，本会遵从医嘱。

** 参见 Lawrence D. Egbert, George E. Batitt, et al., "Reduction of Postoperative Pain by Encouragement and Instruction of Patients," *New England Journal of Medicine*, 270, pp. 825-27, 1964。另参见：Howard Waitzskin and John D. Stoeckle, "The Communication of Information about Illness," *Advances in Psychosomatic Medicine*, Vol. 8, 1972, pp. 185-215。

尊重与坦诚

总体而言，与患者知情权相比较，上述三种主张对患者说谎的观点远远不像人们以为的那般经得住推敲。人们普遍认为，很多患者不理解、不想了解自身的病情，且有可能因知情而受到伤害，因此，对他们说谎不仅在道德层面无可厚非，甚至应该提倡。这种观点一定要抛弃。相反，我们应做一个更为复杂的比较。病人的知情权，从相关信息中获得的医疗和心理帮助，在不知情的情况下有可能被施予的不必要的、甚或有害的治疗，欺骗行为对医生、医疗行业和其他病人的伤害，这些因素应该综合考虑。有些病人不能理解，有些病人不想理解，有些病人可能会因得知相关信息而受伤害，对待他们不能像对待普通人那样，因为那不符合他们的最佳利益……种种狭隘的家长式观念应被严格限制。

这样的观点很有说服力。少数病人会公开要求不将坏消息告知。另一部分病人则明显会受到坏消息影响，或因得知此类消息而表现出明显的震惊和痛苦。在此情况下，我们是否可以推定这些患者默许受欺骗？

隐瞒、回避、掩饰，有时或许是必要的。但如果有人打算对病患撒谎或隐瞒真相，相应的举证责任必须转移。如同对待其他欺骗行为一样，主张欺骗的人必须承担起自我辩解的责任。他们必须说明为何认为病人会受伤害，如何认定病人无法应对真实信息。欺骗决定必须被视为非常手段，须与同事和参与照顾病患的其他人协商，必须陈述欺骗理由并予以讨论，仔细权衡各种选择。无论在什么情况下，都必须将真实信息告知某个与病患关系密切的人。

　　在相关信息显然会损害病人健康的情况下，法律允许医生对病人隐瞒实情。但这一特权受到法庭的严格限制。相关的司法解释显然不能太宽泛，以至于一概允许"为了其自身利益"欺骗病人；也不适用于病人听完诊断后冷静地决定不再继续接受医生建议的情况；[26] 更不能仅仅以病人心态难以捉摸为由，对大部分病人隐瞒事实或说谎。

　　恰恰相反，对绝大多数病人，医生应本着坦陈、开放的态度。但如果因此认为只要公开，就无须进一步的人道关怀，可以将严酷的诊断结果突兀地抛给病人，那就大错特错了。英国著名的圣克里斯托弗临终安养院的主持医生西塞莉·桑德斯（Cicely Saunders）谈到了医生应有的敏感和同理心：

　　　　对于自己的疾病，每个病人都需要一个能够理解、令他信服的解释，这样他才能配合治疗，放下对未知恐惧的负担。无论是给出充满希望的诊断结果，抑或不容乐观的预后判断，均是如此。

　　　　病人不询问，不意味着没有问题。一次探访或谈话是不够的。只有通过等待和倾听，我们才能琢磨出该说什么。当我们试图了解病人在不断变化的病情中所面临的问题，以及他对此的想法时，沉默和留白往往比语言更能打开他们的心扉。

　　　　……很多交流都将是无声的或间接的。人与人的真正沟通皆如此，但在与那些正面对——无论是否知情——困难或威胁的人沟通时尤然。与重病患者打交道更是这样。

我们之所以反对不加区分地刻意否认不愉快的事实，是因为这种态度令交流变得极其困难，甚至不可能。承认与病人坦诚沟通的可能性，并不意味着要始终这么做，但整个交流氛围会随之改变。接下去，我们就可以将每个病人视作独立的个体，自由地静静观察，期待他们的智慧、勇气和个人决定。他们会感到足够安全，会按照自己的心意向我们敞开。[27]

最重要的是，对那些正饱受痛苦的人说真话，并不意味着要剥夺他们对康复的希望，无论那希望是多么渺茫；也不意味着保证他们在最需要帮助的时候不会被抛弃。

要想消除医疗实践中的欺骗，要想确保隐瞒实情的做法仅限于少数要求隐瞒的病人或告知实情确实会造成伤害的病人，我们还有很多工作要做。医学界必须正视这个问题。正在接受护理和临终关怀培训的医务人员必须学会如何与患者交谈，如何谈论死亡。倘若能要求他们换位思考，把自己放在病人的立场上，甚至去想象自己面对死亡的情景，或许不无助益。

在病人可以确信医生的话值得信任之前，他们能为自己做些什么吗？他们如何才能避免陷入依赖关系，以至于无法相信任何人？有什么办法可以让他们即便在异常虚弱的时候也能保持一定的自主权？

如果患者知道谁将在他们重病或临终前照顾自己，就可以事先讨论相关问题。这样，他们的愿望很可能会得到尊重。如今，有越来越多的人签署生存意愿遗嘱，他们可以在这份声明中特别说明自己是否希望被告知病情，也可以声明在何种情况下不愿拖延自己的生命。[28] 还有些人或许事先未能考虑到这些问题，则可以在需要接受护理时坚持要求得到足够信息。事实上，正是由于大多数患者不敢询问，担心显得对医生缺乏信任，才致使人们想当然地认为病人不想知道实情。

需要护理者的角度和提供护理者的角度相去甚远。在前者看来，病人最基本的问题在于是否能够信任护理人员。这就要求护理人员除少数审慎判定的特殊情况外，一律严格保持坦诚。而后者认为，有时出于真正的人道主义原因，需要为欺骗留有余地。我们唯有将这两种不同观点公开讨论，并明确特殊情况，方能减少矛盾、重建信任。

第十六章 结论

> 当然，若人心能发于仁爱，止于天意，围绕真理之轴旋转，那便是人间天堂了。
>
> ——培根，《谈真理》

几乎每一种声明或行为都可能意在行骗。纵观本书，我们可以看出，意图明显、不加掩饰的谎言总是首当其冲。相对次要的欺骗形式，比如掩饰回避、寻找托词、夸大歪曲比比皆是，随时准备支持前一种谎言或取而代之。除此之外，还有各种意在误导、但丝毫不含虚假陈述的欺骗方式，比如偷换概念、闪烁其词、岔开话题，夹杂着有时同样意在误导的沉默与不作为。

我们的生活在这形形色色的表里不一中展开。从孩提时代起，我们就学会了各种应对方法，对其中一些听之信之，对另一些一眼看穿，还有一些，我们则有意识地忽略。对于某些彻头彻尾的谎言，我们甚至有可能因无法识别出它们与那些我们会断然拒绝的谎言的共性而采取容忍态度。例如，容忍号称为群体或个体的"最大利益"服务的谎言，或者打着宣传、自卫等幌子的谎言。在此，我想讨论的是，我们每个人必须在多大程度上与谎言共存，并着重揭示它们给我们带来的负担。

难道我们命中注定必须接受欺骗吗？难道这是不可改变的吗？没有理由这样认为。我们所处的环境因家庭而异、因职业或社会而异，因此有足够的空间来改变。但如何才能实现呢？有哪些事情可以由个体推动，有哪些措施需要靠集体努力？

毋庸置疑，个体可以改变言行方式，有能力减少生活中的欺骗行为。他们可以选择尽量用诚实的方法替代欺骗手段，渐渐学会用坦诚的态度处理问题。他们可以更谨慎地对待那些似乎不得不诉诸谎言的情境。他们可以利用公开检验来制定标准，规范欺骗性实践。此外，他们还可以学会提防他人的欺骗，并明确表示即便在小事情上也希望对方能坦诚相待。

但每个人推动改变的能力有大有小。他们在欺骗及替代方式的认识上，在推动改变的意愿上，在谎言对自身影响——无论是作为说谎者还是受骗者——的理解上都存在差异。很多人或许有能力改变自身生活中的表里不一，但他们没有意识到其中的道德问题，因而不觉得有必要去审视自己的行为、寻找其他方式。也有些人则是无暇顾及。

个体间的另一个差异也极大地削弱了很多人做出改变的能力。倘若要挑战的是已然根深蒂固的欺骗习气，则能否不因此反累自身决定着他们是否能坚持到底。与欺骗行径作斗争时，若缺乏应对后果的力量和自由，就会使得人们愈发麻木、漠视，令最反感欺骗的人也倍感压力。

因此，不积极编故事就会丢了饭碗的年轻记者，一场选战决定职业生涯的政坛新人，可能比那些工作有保障的人更容易受到诱惑去撒谎；但后者在例行公事般的欺骗行径里浸淫已久，变得越来越无动于衷。

我们的社会强调个人主义、竞争，强调物质上的成功，这既是我们社会的特色，同时也给个体带来了压力，促使人们想方设法走捷径。为了赢得选举，为了增加收入，为了超过竞争对手，这些动机都催促着人们参与到他们本会抵制的形形色色的骗局中。他们越是认为此类做法具有普遍性，压力就越大，乃至于争先恐后地加入行骗行列。

目前，欺骗的社会诱因非常强大，控制手段则多显薄弱。很多人觉得身陷其中无力改变。因此，指望个体靠自己的力量让集体欺骗行为发生重大变化，只能是一厢情愿。公共和私人机构拥有影响个体选择的巨大力量，必须伸出援手，以改变现存的压力和刺激机制。

在减少谎言的努力中，政府可以发挥什么作用？首先，政府可以检视自身的做法，评估处理公众事务时的"气氛"。想抚平过去几十年间对民众信任和公共生活的伤害，绝非一朝一夕可成。其次，政府对现有的反欺诈、反伪证法可加大执行力度。这里需要再次强调，公务人员必须首先遵守相关要求。最后，对于社会现有的法律和规章我们必须重新审视，看看它们是否无谓地鼓励了欺骗行为。有些法规给个体施加了很大压力，比方说，诱导人们为了能继续领取福利金，或为了在对离婚有着极其严格限定的社会中获准离婚而行骗。有些法律甚至要求人们行骗，例如，在有些州，当某类重罪犯的潜在雇主向犯罪记录官员询问其是否曾有案底时，依照法律，犯罪记录官必须予以否认。

私营机构在扭转不良风气方面也能发挥类似作用。最近的研究表明，商人们认为社会中普遍存在不道德行为，给自身带来巨大压力。[1] 这些压力可能直接来自高层，并对下层管理者产生影响。以尼克松竞选连任委员会的低层工作人员为例，四分之三的受访者表示，资历浅的工作人员会主动配合上级以显示忠诚。然而在很多时候，上下级之间并不存在此类垂直沟通，压力是间接形成的。例如，某家公司可能会设置较高的生产或销售目标，当经济状况不利时，若不使用一些欺骗手段恐怕无法完成目标。此时，如果为预定目标而设的激励措施——第一是保住工作，第二还有升职、奖金或加薪——过于敏感，撒谎和欺骗的诱惑就会令人难以抗拒。

1960 年通用电气和重型电力机械销售的价格垄断丑闻暴露出的正是这一类情况。多年来，低层管理者参与非法垄断，每年涉及的销售金额逾 10 亿美元。他们密谋操纵价格、竞标和市场划分，通过秘密会谈、误导性代码、伪造的费用账目来掩盖不法行为，涉及人员众多。在这起事件中，高层管理者向所有下属发出严禁操纵价格命令的同时，也在提高利润方面对每个人施加了越来越大的压力。[2]

如今，有人强烈要求企业建立起一套道德守则。但道德守则的作用往往就像盾牌，它太抽象，从而令很多人口中念着道德，实际却继续着习以为常的勾当。在商界以及一些已经制定了相关守则的行业中，还需要引入更多措施。在工作中遇到道德问题时，守则只是起点。非专业人士，尤其是受到行业实践影响的人，如客户或病人，必须参与行业道德审视，并在行业管理委员会中有一席之地。必须落实和强化对违反行业守则者的惩罚。

如此，若能改变诱导欺骗的激励机制，整个社会都将受益；若欺骗手段带来的好处变少，则可在短期内提升诚实的价值。有时，这样的改变并不难实现。例如，各高校近年来发现，新生家长常常谎报家庭收入，以牺牲其他更需要帮助的人的利益为代价，为自己的子女争取奖学金。若能事先告知家长，他们有可能会被要求出示所得税报表，这种谎报收入的情况就会大大减少。

然而，很多情况下，可能没有这样的复核手段，例如在交流评估时、在投票选举时、在拍卖竞标时。大型机构的专家们常常给出失实的评估意见和虚假的预测，以便影响人们的选择，令最终决定朝向他们认为"正确"的方向。

尽管如此，人类依旧有能力找到鼓励诚信的方法。很多人开始思考可能的改变方式，尤其是经济学家们，正尝试在投票、提供专家建议、谈判、竞拍等活动中引入诚信奖励机制。[3] 他们将数学经济学引入公共政策的制定过程，建议从日常的社会实践程序着手，让人们面对关键选择时能够看到诚信带来的益处。这样一来，现下一些鼓励欺骗、乱象横生的社会风气或可扭转，从而令所有人受益。

教育机构也可以发挥很大作用。第一，它们同样需要审视自身的做法。在树立榜样的时候，是否严守诚信？如何处理作弊、抄袭和欺骗性研究？什么样的压力促成了这些行为？哪些学科、在多大范围内事实上在教授学生欺骗性技术？法学院的课程在法庭策略方面是否设有底线？商学院的课程在谈判沟通方面有何限制？第二，为了让学生更具洞察力，能更好地应对职业生涯中可能遭遇的各种表里不一的伎俩，教育培训可以做些什么？大专院校、护士学校、警校、军校、会计学校以及其他众多教育机构都需要考虑，如何才能鼓励学生做出最好的道德选择，让他们知道可以期待、坚持什么样的标准。

有些专业，比如医学和法学，有相对较悠久的道德探究传统，这些领域的相关课程不胜枚举，教材汇编也颇具规模。也有些专业，相关努力才刚刚开始。[4] 但无论是哪个专业领域，对职业伦理课程任课教师培养的投入远远不足。结果，现有的课程往往不够深入，让学生误以为道德选择晦暗不明，不如凭直觉而为。

开发此类课程、培训任课教师不必从头开始。我们并不是最先遇到欺骗等道德问题的人。其他人已经对此进行了探讨并得出了结论。谎言的结构与可能的理由早已有人研究，我们完全可以借助传统的途径。我们需要思考的是，为何人们觉得有计划地说谎比一时冲动说谎更可恶，为何诱导他人说谎（也就是教别人欺骗，无论是在家庭中、工作场合还是学校里）比自己说谎更恶劣，为何对有权获得真实信息的人说谎比对其他人说谎更糟，为何对将重要事务托付给你的人说谎比对敌人说谎更不可容忍。

我们现在拥有早期研究难以企及的资源。我们能够获得足够的信息、能够找到合适的方法，去辨析说谎带来的后果中什么是"有益的"什么是"有害的"，让相关概念更清晰、更完善。有待探讨的问题还很多，但我们正在学习。有多大比例的重症患者希望得到坦诚对待？在亲子关系上被欺骗的领养儿童会受到什么影响？公众对当局的骗局会做何反应？此外，我们对偏见的形成和合理化机制也有了更多了解。在欺骗行为的记录整理方面，我们的文献远远超越早期思想家的奇闻轶事。

这些实践不会一成不变。在一个并不完美的世界中谎言不可能被彻底清除，但肯定可以减少、削弱。我希望这本书已经让诸位看到谎言援引的理由往往站不住脚，并且意识到谎言可以掩饰和助长其他错误行为。信任和诚实是无价之宝，但打破容易重建难。唯有在尊重事实的基础上，它们才能茁壮成长。

附 录
奥古斯丁、阿奎那、培根、格劳秀斯、康德、
西奇威克、哈罗德、朋霍费尔、沃诺克作品选

论说谎 *
奥古斯丁

    第一类谎言，也就是在宣讲教义时说谎，此类谎言罪大恶极，任何人在任何情况下都不应说。第二类是不公正地伤害他人的谎言，这种谎言有损而无益。第三类谎言有益于一方但伤害了另一方，虽然伤害并非身体上的。第四类纯粹以说谎、行骗为乐，是真正意义上的谎言。第五类是为了取悦他人而说的甜言蜜语。对上述几类都应避免、拒斥。此外，还有第六类，这一类谎言既不会伤害任何人，又能给一部分人带来益处，比如说，某个人知道有人试图以不公正的方式夺走另一个人的钱财，就对掠夺者谎称自己不知道钱在哪里。第七类同样无害于任何人，且对部分人有益，但接受法官质询的情况除外，也就是说，由于不愿出卖死刑犯而说谎，且不论该犯人是无辜受累还是罪有应得，因为按照基督教的教义，永远不可放弃愿意皈依的人，永远不应剥夺人们悔悟的机会。对于以上

---
   * 引自 Augustine, "Lying", *Treatises on Various Subjects*, ed. R.J. Deferraii, Fathers of the Church (New York: Catholic University of America Press, 1952), vol. 14, chap. 14。

两种经常引发广泛讨论的类型，我已详细阐述过，并提出了我的看法，即：只要人们坚强、诚实、有信仰，愿意光荣而勇敢地承受苦难，同样可以避免这两类谎言。第八类谎言对任何人都无害，且能保护部分人免遭身体的玷污，至少是我们上面提到的那种玷污。犹太人认为用不洁的手取食是污秽的。如果某人把这个视为玷污，且为此而撒谎，那是不可取的。然而，倘若谎言对某人造成了伤害，却保护了其他人免遭公众憎恶的污秽，那就另当别论了。如果这样的谎言造成的伤害与我们刚刚谈到的污秽相去甚远，是否可以说谎呢？这个问题的关键不在于说谎，而在于是否可以为了让一个人免遭玷污而伤害另一个人，与具体的手段无关。即使伤害微不足道，比如我先前提到的让某人损失一斗粮食，这种为保护某人而伤害他人的做法也令我深感不安。但正如我所说，这属于另一个问题。

驳说谎 *

奥古斯丁

康塞提乌斯，我亲爱的兄弟，你寄了这么多信给我，真是够我读一阵子的。……我很高兴地看到，你口才雄辩、熟记经文、思维

---

　　*　引自 Augustine, "Against Lying", *Treatises on Various Subjects*, ed. R.J. Deferraii, Fathers of the Church (New York: Catholic University of America Press, 1952), vol. 16, chaps. 1, 2, 18。

敏锐，对天主教徒的冷漠痛心疾首，对隐藏的异教徒嫉恶如仇。但我不认为应该利用谎言把他们引出来。想想看，我们为什么要如此煞费苦心地追捕他们？难道不是为了让他们暴露在睽睽众目之下，以便教导他们真理，或判决他们的罪过，令他们不再伤害别人吗？简而言之，不就是为了去除或防止他们的虚妄，让上帝的真理得以彰显吗？因此，我们怎能心安理得地以谎言对谎言，或者以劫掠对劫掠、以亵渎对亵渎、以邪淫对邪淫呢？你说"如果用我的谎言，换来上帝之真理的彰显"，那我们是不是也可以说"何不作恶以求善呢"？你知道使徒对此多么深恶痛绝。因此，如果说"让我们用说谎的方式，将谎话连篇的异教徒引向真理"，岂非无异于说"何不作恶以求善"？又或者，难道说谎有时是善，有时是恶？倘若如此，为何经文中写着："凡作恶者，你皆憎恨，凡说谎者，你必灭绝？"这里没有例外，也没有说"你必灭绝某些说谎者"，让人以为有些谎言可以容忍。这是个泛指判断："你必灭绝所有说过任何谎话的人。"或者，难道因为经文里没有说"你必灭绝所有说过任何谎话的人"，我们就可以认为，上帝为某些谎言留下了余地，不会惩罚说此类谎言的人，而只会惩罚说不义谎言的人，因为祂发现有一些谎话事实上不该受责备、反应得到赞扬？

你难道看不出，这个观点恰恰支持了那些我们试图用谎言来抓捕的人吗？正如你自己所言，这是普里西利安派的观点。为了树立这个观点，他们从《圣经》里炮制证据，鼓励信徒们效仿族长、先知、使徒、天使的榜样去说谎，甚至不惜拿我主基督为例。他们知道，除非断言真理乃是虚谬，否则便无法证明他们的假话真实可信。对这种观点，必须予以批驳，而不是效仿。我们决不能像普里西利安派那样。他们的恶行证明，他们比其他异教徒更可耻，因为只有他们才会为了掩盖自己信仰的东西而假说教义允许说谎。他们竟以为这弥天大罪是正义的，宣称真实的东西必须藏在心里，对陌生人口吐谎言不是罪过。他们说，经上写着"心中念着真理"，似乎这样就可以堂而皇之地对陌生人撒谎。他们甚至认为，既然使徒保罗说"抛弃谎言，说真话"，并补充说"各人与邻舍真诚相待，因为我们彼此相依"，显然意味着对不属于同一个社群、不信奉同一种真理的人说谎是合法的、恰当的。

但我们都是凡人，生活在凡人中，我承认，我还不能摆脱人情世故的烦恼。生而为人的同情心往往战胜了我的理智，让我无法坚持。比方说，若有人对我说："你看这个人，病得奄奄一息，如果将他宝贝独子的死讯告诉他，他定然活不下去。若他问儿子是否还活着，而你知道真相，你会怎么回答？除非你说'他没死'或'他活着'或'我不知道'，否则病人都会认为儿子已经死了，因为他意识到你既不敢说真话也不想撒谎。沉默不语同样无济于事。三个有说服力的回答中，有两个是假话——'他活着'和'我不知道'，不撒谎就给不出这两个回答。但若你如实回答，说他已经死了，如果伤心欲绝的父亲随后撒手人寰，人们就会哭喊着说是你杀了他，指责你舍弃有益的谎言，偏偏要说致命的真话。谁能忍受他们的这般夸大指责呢？"这番话令我动容——铿锵有力却未必明智！我的心灵转向上帝的理智之美，祂的口中从未有虚言。尽管我的软弱在愈发耀眼的真理之光下惴惴不安，却被这大美之爱激励，鄙视一切向我招手的人情世故。这感觉很难持续，但它对我的影响却足以抵御诱惑。事实上，只要我想起没有谎言阴影的光芒四射的善，哪怕病人因我们不愿说谎而得知真相后死亡，哪怕人们把真相称为谋杀，我也不会动摇。如果一个淫荡的妇人想要勾引你，被你拒绝，欲火中烧而亡，那么是否贞洁也成了谋杀？或者，既然我们读到过，"在上帝面前，无论是得救的人还是迷失的人，我们都沾着基督的芬芳，这芬芳让有些人死去，让另一些人生存"，是否也要因此把基督的芬芳称为谋杀？但因为我们是凡人，因为人类同情心常常会在这样的问题上令我们动摇、困惑，因此他补充说，在这种事情上，有谁能无可指摘呢？

　　除此之外，还有一个更痛苦的现实，那就是，如果我们认为应该为了病人健康而在他儿子的生死上撒谎，这种恶就会一点一点增长、累积，直到变成弥天大谎，这种积小成大的祸害无可阻挡。因此，经书上明明白白地写着："轻视小事者，必渐渐衰败。"那些看重今生、不惜舍弃真理的人，为了让一个人不至于死去，或者为了让一个迟早要死的人稍稍苟延残喘，不仅想让我们撒谎，还要我们发假誓，这算什么？他们要我们白白地赖上我主上帝之名，只是为了让一个虚弱的人多活片刻。这些人之中有的还很博学，他们甚至给什么时候应该、什么时候不该说谎定下了规矩。哦，这真是叫人欲哭无泪。我们该怎么办？该何去何从？倘若我们不仅没能避免谎言，竟还敢于教人发假誓，如何能躲得过真理的怒火？让谎言的拥护者去自欺欺人吧！唯愿在祈祷时，他们能意识到不应说谎；唯愿在发假誓、亵渎上帝时，他们能约束自己；唯愿在引用上帝的名、上帝的见证、上帝的誓言时，唯愿在谈论神圣的宗教时，既没有人说谎，也没有人赞美、教唆、要求说谎，或称说谎为义举。至于其他种种，就让那些觉得应该说谎的人自己选择他自认为最温柔、最清白的谎言吧。我深知，即便是教我们说谎的人，也希望装出传授真理的模样。因为如果他传授的是虚假的教义，如果为师者行骗，学习者受骗，又有谁会愿意学呢？但如果他为了能招揽学生，竟一边教唆着我们撒谎，一边宣称自己教的是真理，那岂非颠倒黑白？正如使徒约翰所言，真理中得不出虚妄。因此，主张我们有时应该说谎是错误的，我们也绝不该说服他人去相信错误的事。

是否可将谎言分为善意的谎言、戏谑性的谎言和恶意的谎言？ *

托马斯·阿奎那

我们来分析第二条论点：

异议 1. 似乎不应该把谎言划分成善意的、戏谑性的和恶意的。因为正如亚里士多德所言，对事物分类应依其属性（Metaph. vii, text. 43: De Part. Animal i.3）。但是，道德行为所产生的效果意图似乎与该行为的种类无关，且是偶然的，因此一个行为可能引发无数种后果。现在的这种划分方式正是根据效果意图而来：戏谑性的谎言是为了取乐，善意的谎言是为了某种有用的目的，恶意的谎言则是为了伤害他人。因此，谎言并不适合以这种方式划分。

异议 2. 再者，奥古斯丁将谎言分为八类（Contra Medac. xiv）。

---

* 引自 Thomas Aquinas, *Summa Theologica* 2. 2. ques. 110, art. 2。

第一类是在宣讲教义时撒谎；第二类不能给任何人带来好处且会伤害部分人；第三类对一方有利、对另一方有害；第四类纯粹是以说谎行骗为乐；第五类是为了取悦他人；第六类不伤害任何人，且能保全某些人的钱财；第七类同样不伤害任何人，且能拯救某些人的生命；第八类也不伤害任何人，并可令某些人免受肉体玷污。由此可见，第一种谎言划分方式并不合适。

异议 3. 此外，亚里士多德将谎言分为夸大和艰涩（Ethic. iv. 7），前者言过其实，后者言不及实。先前提到的划分方法无法涵盖这两种谎言，因此似乎不合适。

反驳，诗篇（Ps. v. 7）"凡说谎者，你必灭绝"的注释写道，谎言有三种：有些是为了部分人的福祉和便利；有些是为了作乐；第三种乃是出于恶意。第一种称为善意的谎言，第二种是戏谑性的谎言，第三种是恶意的谎言。因此，谎言可分为这三类。

我对此的回答：划分谎言的方式或有三种。第一种方式依据其性质划分，这是基于本质的恰当的方式。按照亚里士多德的观点（Ethic, iv. 7），用这种方式，可将谎言分为两类，即言过其实的夸大和言不及实的艰涩。这种方式是对谎言从本质上进行划分，因为谎言就是真相的对立面，正如上一篇所说：真理是某种平衡，过与不及均与之根本相悖。

其次，可以依据谎言的罪恶性进行划分，并考虑其最终意图是增加了还是减少了谎言之罪。如果某个人打算用谎言去伤害另一个人，这种行为就增加了谎言本身的罪恶，这样的谎言也称为恶意的谎言；如果说谎的目的良好，无论是为了逗乐的戏谑性谎言，还是意在帮助他人或防止他人遭到伤害的善意的谎言，都减少了谎言本身的罪恶。因此，谎言可以分为上述三类。

再次，还可以用一种更普通的方式划分谎言，即考虑谎言与相应后果的关系，看看它们的严重程度是大是小。用这种方法，可以把谎言划分成第二条异议中提到的八类。前三类均为恶意的谎言，它们或是在宣讲教义时撒谎，既违背了上帝又意图伤害他人；或是不能给任何人带来好处且会伤害部分人；又或者意图伤害一方，同时给另一方带来益处，即对一方有利、对另一方有害。其中第一类最严重，因为上文说过（I–II, Q.73, A.3），违背上帝的罪孽最深；第二类比第三类严重，因为后者有令他人受益的意图。

上述三类的罪孽在谎言本身的基础之上有所加重。第四类纯粹是以说谎行骗为乐，它的罪恶程度不增不减。这种行为乃是出于习惯，因此亚里士多德说（Ethic, iv. 7），依习惯说谎的骗子从谎言中获得愉悦。

接下去的四类谎言罪恶较轻。第五类实是戏谑性的谎言，是为了取悦他人；剩下来的三种则属于善意的谎言，带着有助于他人的意图。这种益处或是身外之物，比如第六类谎言，能保全某些人的钱财；或是身体，比如第七类谎言，能拯救某些人的生命；再或是美德，即第八类谎言，令某些人免受肉体玷污。

显然，谎言中包含的善意越大，可以抵消的罪恶也就越多。因此，稍稍用心便不难发现，上述几类谎言的罪恶程度逐渐递减，因为有益的善好于追求愉悦的善，生命重于钱财，而德行则重于生命。

以上分析，足以回答各条异议。

是否所有的谎言都罪不可恕？ *

托马斯·阿奎那

我们来分析第四条论点：

异议 1. 似乎所有的谎言都罪不可恕。因为经上说：凡说谎者，你必灭绝（Ps. vi. 7），口中说谎，灵魂死亡（Wis. i. 11）。不可恕之罪令灵魂毁灭和死亡。因此说谎罪不可恕。

异议 2. 其次，凡违背十诫，皆不可恕。说谎违背了十诫律条：不可做假见证。因此说谎罪不可恕。

异议 3. 再次，奥古斯丁说（De Doctr. Christ, i. 36），每个说谎的人在说谎时都违背了自身的信仰，因为他希望欺骗对象相信自己，然而当他说谎时，却并不忠于自己的信仰。违背自身信仰的人罪大恶极。轻微的过错不会令人违背信仰，也不至于罪大恶极。因此说谎绝非轻微过错。

异议 4. 此外，除非罪不可恕，否则不会失去永恒的恩典。说谎者失去了永恒的恩典，换来短暂的奖赏。故而，格里高利（Gregory）说，我们从助产士的回报中可以看出谎言的罪过：她们的善良带来的回报，以及她们可能获得的永生，都因她们的谎言降格成了暂时的鉴赏（Moral. xviii）。因此，即便是助产士所说的那种善意的谎言，虽然似乎微不足道，也是不可恕之罪。

异议 5. 再者，奥古斯丁说（Lib. De Mend, xvii），完人的戒律

＊　引自 Thomas Aquinas, *Summa Theologica* 2. 2. ques. 110, art. 4。

不仅要求绝对不说谎，而且连说谎的念头都不应有。违背戒律罪不可恕。因此，完人的所有谎言均罪不可恕，相应地，普通人的谎言也罪不可恕，否则完人便逊于普通人。

反驳，奥古斯丁就诗篇的"你必灭绝"（Ps. v. 7）一句评述道：有两类谎言，既非极其严重，也非全然无罪，那就是当我们为了取乐或者为了造福邻人时撒的谎。但不可恕之罪乃是极其严重的，因此戏谑性的谎言和善意的谎言并非罪不可恕。

我对此的回答：如前文所述（Q.24, A.12; Q.35, A.3），正确说来，灵魂借着仁爱与上帝同在，而不可恕之罪乃是对这种仁爱的违背。谎言有可能以三种方式违背仁爱：第一，其本身与仁爱相悖；第二，它具有邪恶的意图；第三，偶然性。

谎言有可能因本身的虚假含义而与仁爱相悖。如果在神圣的事情上撒谎，就违背了上帝的仁慈，遮蔽、破坏了祂的真理，因此这一类谎言不仅有悖于仁慈的美德，也有悖于信仰和宗教的美德，罪大恶极、不可宽恕。如果谎言的虚假含义是关于人类之善的认识，比如，涉及科学知识或道德行为，这种谎言就会让邻人持有错误的观念，从而对他们造成伤害，因此便与友邻之爱相悖，同样不可宽恕。然而，如果谎言造成的错误观念是关于一些微不足道的事情，就不会给邻人带来伤害，比如某人在一些与自己无关的或然性细节方面受骗，这样的谎言本身并非罪不可恕。

从谎言的意图来看，有些谎言因其目的在于伤害上帝而有悖于仁爱，无论在何种情况下，此类谎言都是不可宽恕的，因为它与宗教对立。有些谎言意图伤害邻人，损害其身体、财物或名声，因此罪不可恕，即便只是有此意图。但如果说谎的意图并不违背仁爱，在此层面而言，该谎言就并非不可宽恕，例如为了获得些许欢乐的戏谑性谎言，或旨在为邻人谋福的善意的谎言。也有些谎言可能因丑闻或其他伤害性结果偶然地违背了仁爱，因而也成了不可恕之罪，例如，如果某人没有因羞耻之心而停止公开撒谎。

答异议 1. 所引用的经文针对的是恶意的谎言，诗篇 v. 7 凡说谎者，你必灭绝的注释对此有解释。

答异议 2. 如前文所述（Q. 44, A. 1, ad 3: I-H, Q. 100, A. 5 ad 1），十诫的所有戒律都是关于爱上帝、爱邻人，谎言违背了戒律，违背了对上帝、对邻人的爱。因此，明确禁止对邻人发假誓言。

答异议 3. 从广义上说，与正义的公平相比，即便轻微的罪过也是不义之举。因此，经上说（1 John iii. 4）：所有罪过皆不义。奥古斯丁所言就是此意。

答异议 4. 助产士的谎言可以从两个方面来考虑。第一是她们对犹太人的善意，以及她们对上帝的敬畏，这些良好的德行是值得称赞的，理应得到永恒的恩典。故而，哲罗姆（Jerome）在对以赛亚书（Isa. ixv. 21）"她们将建造房屋"的解释中说，上帝为她们建造了精神家园。第二是她们的说谎行为。谎言带给她们的的确不是永恒的奖赏，而是暂时的回报，这种回报与她们的谎言相称。这才是格里高利的意思，我们不能把他的话理解成，尽管她们已用善意做出了功绩，但谎言令她们失去了永恒的恩典，否则就颠倒原意了。

答异议 5. 有人说，对于完人，所有谎言都是不可恕之罪。但这种说法不合理。因为除非一种罪行演变成了另一种，否则不可能变得更严重。涉罪之人本身并不能改变罪行的种类，除非此人的行为有一些附加属性，比如，倘若他违背了自己的誓言，但这种情况不适用于善意的谎言或戏谑性的谎言。因此，对于完人，善意的谎言或戏谑性谎言不是不可恕之罪，除非是因丑闻引发的偶然。我们或许可以从这个意义上去理解奥古斯丁所说的"完人的戒律不仅要求绝对不说谎，而且连说谎的念头都不应有"，尽管奥古斯丁的话语并不肯定，而是带着疑惑，因为他在开头说道：倘若这能算作戒律，等等之类。这个问题与他们作为真理守卫者的身份无关。他们必须守卫真理，这是他们作为裁定者或引导者的职责所要求的。倘若他们在真理问题上撒谎，当然罪不可恕，但这并不意味着他们在其他问题上撒谎也必定不可宽恕。

谈真理 *

弗朗西斯·培根

　　何为真理？彼拉多笑问，并不在意答案。的确，有些人天性轻率，把坚守信念视作束缚，将自由意志灌注思想、付诸行动。此派哲学家业已作古，但仍有些机敏的言谈，虽少了古人的血气，却一脉相承。不过，谎言之所以大行其道，不只是因为探寻真理的困难劳苦，也不是由于找到真理后思想会受束缚，而是因为人们对谎言本身有一种朽败而自然的喜爱。有个较晚近的希腊学派探究了这个问题，却百思不解人们为何喜爱谎言。他们既不像诗人那般以谎

---

*　引自 Francis Bacon，"Of Truth"，in *Essays Civil and Moral* (London: Ward, Lock & Co., 1910)。

言寻欢，也不像商人一样借谎言谋利，只是为撒谎而撒谎。我不能肯定，或许真理如同明亮耀眼的日光，不会如烛光那般高贵、优雅地展现世界的假面、虚幻与辉煌。又或许真理就像一粒珍珠，只有在白昼里才光彩照人，却不像钻石或宝石在各种光线下都熠熠生辉。掺点谎言总是能增添乐趣。若从人们心中去除了自负的观念、虚幻的期望、不切实际的估计和想象，如此种种，则很多人的思维里就只剩贫乏空洞，满脑子都是忧郁不安，自怨自艾，不是吗？有位神父尖刻地把诗歌称为恶魔的葡萄酒，因为它充满想象力，却只不过是虚假的幻象。但正如我们先前所说，有害的，不是掠过心头的谎言，而是沉淀在心中的谎言。尽管这些东西占据了人类堕落的判断力和情感，但真理，仅以自身为标准的真理却教导人们，探寻真理——即对真理的爱慕和追求、认识真理——即意识到真理的存在、信仰真理——即沐浴在真理的喜悦中，乃是人类天性中最大的善。上帝创世，首先创造了感性之光，最后创造了理性之光，之后，祂歇了一切的工，安息了，以圣灵普照世间。他首先将光吐纳在物质和混沌的表面，然后将光吐纳到人的脸上，让这光始终泽被着他的选民。那位用华美的辞藻为本族增色的诗人写得好：立于岸边眺望船只扬帆海面，是一种享受；立于城堡窗前俯瞰两军对垒，是一种享受；但没有任何乐趣能比得上站在真理的制高点（一座永不能征服的山头，这里的空气永远清新明朗），看着山谷里的错误、徘徊、迷茫和动荡。因此，这样的景象总是带着怜悯，不可骄傲自负。当然，若人心能发于仁爱，止于天意，围绕真理之轴旋转，那便是人间天堂了。

　　从神学和哲学的真理，转向为人处世的真诚，即便不遵循真理的人也承认，光明磊落乃是人性之光，弄虚作假就像在金银中掺了杂质，虽增加了硬度，却贬损了价值。这种迂回弯曲的行径好似蛇类爬行，匍匐在地，不能站立。弄虚作假、背信弃义，令人蒙羞之举莫过于此。谈到为何谎言如此可耻，蒙田说得好：仔细想来，一个人说谎，无异于挑战上帝而惧怕凡人。因为谎言避开凡人，直击上帝。对于弄虚作假、背信弃义之恶，此言总结得再高明不过，那将是恳请上帝审判人类的最后吁求。预言说，当基督再临，他将无法在世间找到信仰。

谎言的特征 *
格劳秀斯

XI. 谎言之所以不被允许，在于它具有与他人权利相冲突的特征。**解释如下。**

1. 为了举例说明，我们必须首先明确谎言的一般概念：一个人用言语、文字、符号或手势表达出某种意思，令其他人无法从中理解出他的真实想法，这就是谎言。

但在这个较为宽泛的含义基础上，我们还必须给出一个更严谨的定义，以体现出谎言的特性。如果我们对此问题的理解正确、或者至少是符合各国的普遍看法的话，则我们可以认为，这种特征恰恰在于对信息接收者现有的、且将持续的权利的侵犯。因为很显

---

　　* 引自 Hugo Grotius, *On the Law of War and Peace,* trans. Francis W. Kelsey (New York: Bobbs-Merrill Co., 1925), bk. 3, chap. 1。

然，无论某人的谎言多么荒谬，他的欺骗对象都不可能是自己。

　　在此，我所说的权利不是泛泛而谈的各种权利，而是指与我们眼下讨论的问题相关的特定权利。这种权利，归根结底是一种判断的自由，即根据人们的默认理解，说话者对听话者负有某种义务。因此，当人们决定使用语言或符号、手势进行交流时，就表示他们愿意承担这种相互的义务，否则交谈就毫无意义。

　　2. 此外，我们要求这项权利在交流发生时是有效且持续的。因为有可能发生这样的情况：交谈的那一刻权利的确存在，但随后就被撤销了，或被其他优先的权利取代了，就如同债务因得到偿还或触发终止条件而被取消。另外，这项权利属于参与交谈的当事人，而与他人无关，正如合同中的不当行为仅指对合同当事人权利的侵犯。

　　关于这一点，你或许还记得，柏拉图采纳了西蒙尼德斯（Simonides）的观点，认为说真话就是正义。《圣经》中提到的谎言，至少是被禁止的那类谎言，往往指的是做伪证或欺骗邻人。奥古斯丁认为，欺骗意愿是谎言的必要本质。西塞罗（Cicero）也指出，应将说真话视为正义的基本原则。

　　3. 此外，我们所说的权利有可能因听话者的明示同意而丧失，比如，某人告诉对方自己所言非真，对方表示许可。类似的，这种权利也可因默许、合理推定、或违背了公认的更优先的权利而丧失。

　　正确理解上述要点之后，我们可以得出一系列有助于弥合分歧的推论。

　　XII. 可以对婴幼儿和精神失常者说假话的观点，应予认可推论一，即便某人没有对婴幼儿或精神失常者说真话，也不应因此受到责备。因为人们似乎已有共识，认为天真无邪的孩童是可以被戏弄的。

昆提连在谈到男童时说，"为了他们的利益着想，我们采用了许多虚构的手法。"其中的原因不难理解。既然婴幼儿和精神失常的人没有判断的自由，那么也就不可能存在侵犯这种自由的不当行为。

XIII. 致使非交谈当事人受骗的谎言应予允许，以及此类谎言被允许的场合

1. 推论二，只要交谈对象没有被误导，即便陈述内容令第三方得出错误的印象，也不是谎言。

这样的陈述不是谎言，因为交谈对象的自由并没有受到损害。对于他而言，这就像对知道何为寓言的人讲寓言，或对理解修辞手法的人使用"反讽""夸张"的语言。正如塞内加（Seneca）所言，这是通过虚谬达至真理，或者用昆提连（Quintilian）的话说，是一种夸张的表述。对于偶然间听到这番交谈的第三方而言，该陈述也不是谎言，因为这番话本不是对他说的，因此说话者对他不负有义务。如果第三方从这番并非对自己所言的话语中得出了某种看法，那就只能归咎于自己，不能归责于他人。总而言之，我们应该做出一个正确的判断，即对于第三方，这番交谈并非交谈，而是任何不具特定意义的东西。

2. 因此，监察官加图（Cato）假意承诺援助盟友的做法并无不妥，弗拉库斯（Flaccus）对其他人假称敌方城市已被埃米利乌斯

（Aemilius）荡平的做法也没有错，虽然在这两个案例中敌人都上了当。据蒲鲁塔克（Plutarch）记载，阿格西劳斯（Agesilaus）同样使用过类似的诈术。他们其实对敌人什么都没说，随后的伤害也不能归咎于他们的话，何况，他们希望达成的目的并非不可取。

对于这一类谎言，"金口"克里索斯托（Chrysostom）和哲罗姆以使徒保罗为例。保罗在安提阿（Antioch）时指责使徒彼得过分恪守犹太传统。他们认为，彼得当时完全明白保罗此言并不当真，同时在场的那些人则缺乏幽默感。

XIV. 对希望以这种方式受骗的人可以说假话

1. 推论三，如果可以确定交谈对象不会因自身的判断自由受侵犯而恼怒，或甚至会因随后得到的益处而心生感激，在此情况下说假话，不构成严格意义上的谎言——即有害的谎言。这就像某人为保护另一人的巨大利益，在推定该人同意的情况下使用其拥有的极小部分物品不构成盗窃一样。

在此类相当确定的事情上，推定意愿可被视为明确的意思表示。此外，在这种情况下，谎言显然不会给心甘情愿受骗的人带来伤害。因此，用假话安慰患病的朋友似乎无可厚非，例如普林尼（Pliny）在《书信集》（Letters）中提到的故事：儿子死后，阿里娅（Arria）对帕伊图斯（Paetus）说了不实之言。与此类似，用假情报鼓励战斗中摇摆不定的人，使他们鼓起勇气，获得胜利和安全，这种行为，用卢克莱修（Lucretius）的话说，是"有欺骗而无背叛"。

2. 德谟克利特（Democritus）说："我们必须说真话，无论如何，这都是最好的办法。"色诺芬（Xenophon）写道："如果是为了朋友的利益着想，欺骗他们并无不妥。"亚历山大的克莱门特（Clement of Alexandria）认为"谎言可以用作治疗手段"。提尔的马克西穆斯（Maximus of Tyre）说："医生欺骗病人，将军欺骗士兵，领航员欺骗水手，这一类欺骗没有错。"普罗克洛斯（Proclus）在评论柏拉图作品时说过，"因为善比真实更重要"。

属于这一类谎言的案例还有：色诺芬提到过谎称盟军即将到来的假情报；图卢斯·霍斯蒂乌利斯（Tullus Hostilius）谎称从阿尔巴来的军队正按照自己的命令向敌军侧翼移动；执政官昆提乌斯（Quinctius）说过敌军侧翼正在溃退的"有益谎言"；以及史书中记载的大量事例。值得注意的是，这一类谎言对判断的侵犯并不严重，因为它往往限于当下，而真相不久就会揭晓。

XV. 说谎者凭借自身的优势对下属说假话，这种情况应当允许

1. 推论四与上一个推论类似，如果某人拥有凌驾于他人所有权利之上的权利，他就可以运用这种权利为自身或为公众利益说出不实之词。柏拉图在谈到掌权者的说谎权利时，似乎正是出于这种考虑。然而，既然柏拉图先是把这种特权赋予了医生，而后又予以否定，我们显然就应该注意二者的差别。在前文中，他说的医生是那些被公开任命承担医生职责的人，而后文则指那些私自为自己要求该特权的人。柏拉图同时正确地指出，尽管神拥有凌驾于人类之上的权利，但谎言并不因此成为神的举动，因为利用这种欺骗手段来规避危险乃是人类弱点的体现。

2. 有个发生在约瑟夫（Joseph）身上的案例，就连斐洛（Philo）

都认为无可指责。约瑟夫在代行国王之职的时候，先后指控自己的兄弟是间谍、窃贼，且装作对此深信不疑。另一个例子是所罗门（Solomon）受神的启示做出的智慧之举。面对两个争夺孩子的女人，他假意要杀死孩子，真实的意图却绝非如此，而是打算将孩子判定给他真正的母亲。昆提连对此评价说："有时，为了公益，即便是谎言也要维护。"

从利他主义的动机谈所谓谎言的合理性[*]

伊曼努尔·康德

《法兰西》（*France*）1797 年第 6 部分第 1 期第 123 页刊登了本雅明·康斯坦（Benjamin Constant）的文章"论政治反应"（On Political Reactions），其中有这么一段话：

> 如果单纯地、无条件地接受"说出真相是一种义务"这一道德原则，可导致社会分崩离析。一位德国哲学家从该原则出发得出的直接结论足以证明这一点。这位哲学家坚称，若我们的朋友被凶犯追索，藏在我们家中避难，当凶犯向我们询问这名朋友的下落时，对凶犯撒谎就是犯罪。

---

　　*　引自 Immanuel Kant, *Critique of Practical Reason and Other Writings in Moral Philosophy*, ed. and trans. Lewis White Beck (Chicago: University of Chicago Press, 1949), pp. 346–50。

这位法国哲学家在第 124 页对上述原则进行了驳斥：

> 说出真相是一种义务。义务的概念与权利的概念不可分割。一个人的义务对应着另一个人的权利。没有权利，就没有义务。因此，说真话是一种义务，但仅限于对有权得到真相的人而言。没有人有权得到会伤害他人的真相。

这个观点在于"说出真相是一种义务，但仅限于对有权得到真相的人而言"这句话。

首先应该指出的是，"有权得到真相"这种说法毫无意义。应该说，"人有保持自身真诚（veracitas）的权利"，即享有自身的主观真相。因为客观上有权得到真相意味着某个陈述是真是假将取决于某人的意志（大体上属于个体问题范畴）。这在逻辑上显然很奇怪。

现在，第一个问题是：如果一个人必须要在"是"或"否"两种答案间做出选择，此人有权不说真话吗？第二个问题是：当他在不公正的情况下被迫做出陈述，为了保护自己或他人免受恶行威胁，他是否一定要说假话？

在无法回避的陈述中说真话是个体对所有人的正式义务，无论由此可能给他自身或他人造成多么大的不利。如果我不说真话，并没有对那个不公正地强迫我做出陈述的人做错事，然而，由于这种弄虚作假的行为，由于这种名副其实的谎言（虽然不是法律意义上的），我在最基本的层面上违背了义务。也就是说，由于我撒了谎，导致我的陈述总体而言不再可信，从而令基于契约的所有权利失去了效力，这是对人类犯下的普遍意义上的错误。

因此，法学家的定义相当正确（mendacium est falsiloquium in praeiudicium alterius），仅仅是对另一个人的故意不实陈述即构成谎言，无须附加必须对他人造成伤害的条件。因为谎言总是会伤害到他人，即便不是某个特定的人，也总是会对整个人类造成伤害，因为它动摇了法律的根基。

然而，这种善意的谎言可能因意外事件（casus）而触犯民法，即便侥幸逃脱了惩罚，也会受到外界的谴责。例如，如果为了避免谋杀而说谎，你就得为由此产生的一切后果承担法律责任；但如果你严格地秉承事实，则无论发生什么不可预见的后果，公义都不能向你追索。等你如实回答了凶手关于潜在受害者是否藏匿在家的问题后，他或许已经脱身，不会再遇到凶手，于是凶手也就无从作案。但如果你谎称他不在家，事实上他却在你不知晓的情况下溜了出去，如果凶手随后遇到他并实施了谋杀，则你可能会因造成其死亡而受到指控。因为，倘若你当时按照自己所知的情况说了实话，也许凶手在搜查屋子的时候会被邻居们抓住，从而避免了恶行。所以，凡是说谎者，无论其意图多么善良，无论后果多么难以预见，都必须为此负责，甚至接受民事惩罚。因为说真话乃是一种义务，是基于契约关系的所有义务的基础，哪怕有丝毫破例，相关的法律都会动摇、失去意义。

因此，在任何情况下都保持真实（诚实）是理性的、神圣的、绝对的要求，不容任何妥协。

康斯坦先生给出了深思熟虑的意见，不无洞见地批评这些原则太严格，在不切实际的想法中迷失了自我，因此应予以拒斥。他在第 23 页写道，"已被证明为真的原则似乎不适用于任何情况，因为我们缺乏包含应用手段的调节原则。"他引用（p. 121）平等学说作为维系社会关系的第一纽带，指出（p. 122）：

> 任何人都无须被任何法律束缚，除非他参与了该法律的制定。在一个非常有限的社会里，这个原则可以直接适用，无须调节原则就可以得到广泛认可。但在一个由很多人组成的社会里，就必须在此之外引入另一个原则。该调节原则是：个体可以亲自或通过代表参与法律的制定。如果有人想不借助调节原则而直接将第一个原则应用于大型社会，定会造成社会的解体。不过，这种情况只能说明立法者的无知或无能，并不能证明原则本身无效。

他总结（p. 125）道："决不能抛弃已得到认可的原则，无论其中可能包含多么显而易见的危险。"（然而这个善良的人却因对社会的危险而放弃了无条件真实原则。他这么做是因为无法找到可以防止该危险的调节原则。事实上，在这个问题上根本没有什么原则可做调节。）

接下来我们就不再指名道姓了。这位"法国哲学家"将某人在别无选择的情况下说真话、从而对他人造成伤害（nocet）的行为与他对其他人所做的错误（laedit）行为混为一谈。真实的陈述伤害屋中人，那只是意外（casus），而非（法学意义上的）自由行为。让他人为自己的利益说谎，违背了法律的要求。每个人不仅有权利，而且有严格的义务在无法回避的情况下据实陈述，无论这样是否会对他本人或他人造成伤害。如此一来，他既不会伤害承担后果的人，也不会造成意外伤害。在这样的情况下，一个人根本没有选择的自由，因此说真话（如果必须说）就是一种无条件的义务。

这位"德国哲学家"不会把"说出真相是一种义务，但仅限于对有权得到真相的人而言"这一命题（p. 124）作为自己的原则。首先，这个命题的表述含糊不清，真相不是一种个人财产，对真相的权利不具有排他性。但更重要的是，说真话的义务（这是此处唯一的问题）并不因对象而异，相反，这是一种无条件义务，在任何情况下都适用。

现在，为了从（由所有经验条件中抽象出的）法律的形而上学过渡到政治原则（即把这些概念运用到实际案例中），并由此得到符合普遍法律原则的政治问题的解决方案，哲学家将阐明三个观点。第一条是一个公理，即从外部法则定义直接推导出的确定命题（根据普遍法则，每个个体的自由与其他所有人的自由和谐并存）。第二条是外部公共法则的前提（所有人的意志都遵循平等原则形成统一，没有平等原则就没有任何自由可言）。第三，如何安排才能令一个社会无论多么庞大，都能遵循自由、平等的原则并维持和谐（即代议制）。后者将成为一项政治原则，而政治的组织和建立则牵涉到实践知识的总结，并严格遵循司法的机制和执行要求。决不能让法律迁就政治，而应让制度适应法律。

作者指出，"决不能抛弃已得到认可的原则（我要补充说，已确认为先验的、因而是必然的原则），无论其中可能包含多么显而易见的危险。"但此处的危险不能理解为意外伤害，而必须理解为做错事造成的危险。如果我把司法证词中无条件的至高要求——说出真相的义务——变成取决于其他因素的有条件义务，就会出现这种情况。尽管当我说出某句谎言时未必给任何人造成实际伤害，但从对待不可避免的必要陈述的角度看，我在形式上、而非实质上违背了权利原则。这比对某个人做出不公正之举恶劣得多，因为针对某个个体的行为未必总是以该原则的存在为前提。

如果某人被问到是否打算在即将发表的声明中说真话，而此人并未因这种暗示他是骗子的提问感到愤怒，反倒请求允许偶尔为之，那么此人已然是个潜在的骗子。因为他的反应表明，他不承认真实性是一种固有的义务，对这种不容任何破例的规则有所保留。

有关权利的所有实践原则都必须包含严格的真相，所谓的"调节原则"只能含有对实际案例的更细致的定义（遵循政治规则），而不能涉及前者的例外情况。例外会令原则失去普适性，从而也就不能称为原则。

义务的分类——诚实 *

亨利·西奇威克

2. 首先，关于诚实是一种绝对的、独立的义务，还是某种更高原则的特殊应用，似乎尚无明确的共识。我们发现（例如），康德认为说实话是对自己应尽的义务，因为"谎言是对尊严的放弃或泯灭"。由此看来，禁止说谎似乎是荣誉准则的要求，除非有荣誉感的人并不认为任何谎言都会损害尊严，而只有为了一己私利，

---

* 引自 H. Sidgwick, *The Methods of Ethics,* 7th ed. (London: Macmillan & Co., 1907)。

尤其是受恐惧支配下说谎才是卑劣行径。事实上，在有些情况下，似乎是荣誉准则促使人们说谎。然而，在这种情况下，我们可以认为荣誉准则显然背离了道德常识。不过，后者似乎也没能明确说真话是不是一种无须更多理由的绝对义务，抑或者，尽管每个人都可以要求其同伴说真话，但这只是个体的一般权利，有可能在某些情况下被剥夺或中止。正如每个人都在一般意义上享有人身安全的自然权利，但若他企图伤害他人的生命和财产，这种权利就会丧失。因此，倘若我们为了保护自身或他人甚至不惜杀人，而谎言可以更好地保护我们的权利免受侵害，不允许说谎似乎就很奇怪了。常识似乎也并没有禁止这种做法。我们把有秩序、有系统地屠杀称为战争，并认为尽管它痛苦且令人反感，但在特定情况下却是完全正确的。在法庭交锋中，律师在严格的规定和限度内不说实话，往往也被看作合理之举，因为若辩护律师明明得到了授权却拒绝说谎，则未免过于谨慎。同样，如果欺骗是为了令受骗者受益，则常识似乎承认这种做法有时并无不妥。例如，倘若病情真相会给病人带来严重打击，且说谎是隐瞒真相的唯一方法，那么大多数人都会毫不犹豫地说谎；此外，对于孩子们不应知道真相的事情，我认为人们也会很自然地编造出假话。但如果将善意的欺骗一概视为合法，我们就无从判断在什么情况下、怎样的谎言可以接受，除非通过权衡利弊，也就是说，比较某个欺骗行为带来的益处和因违背真相而对相互信任造成的危害。

这里自然不得不谈到那个争论不断的宗教欺骗问题（"善意的欺骗"）。然而，常识在此问题上似乎显然反对宽泛的规则，不认为以宗教利益之名就可以堂而皇之地撒谎。但除此之外还有一种更微妙的情况。一些有德之人认为，凡人无法领会最重要的宗教真理，除非为他们营造一个虚构的环境。因此，把这些虚构的东西描绘成事实灌输给人们，实质上乃是真正的诚实之举。仔细琢磨这个观点，我们可以看出，诚实的含义在此并不清晰。因为从任何一组肯定陈述所直接传达的信念里可以很自然地得出一些推论，这是完全可以预见的。尽管通常情况下，我们希望直接传达的信念与从中得出的推论均是真实的，尽管我们对始终致力于此的人交口称赞，认为他坦率又诚实，但我们发现至少在两种情况下可以放松规则，而且这种主张不无道理。首先，正如我们上文提到的，人们有时会认为，倘若某个结论真实且重要，但以其他方式宣讲却无法达到令人满意的效果，则可以通过虚构的前提来引导听众。不过，与此相反的观点也许更为普遍，即：我们的绝对义务在且仅在于确保实际陈述出的内容乃是真实的。因为有这样一种观点认为，虽然人类交流的理想状况要求我们彼此绝对真诚、坦率，虽然我们理应尽可能地遵从这种美德，但在现实世界中，为了社会的福祉常常需要隐瞒实情，而且可以借助不弄虚作假的合法手段达成目的。因此，人们常说，为保守秘密未必需要撒谎，即不必去制造一个与事实截然相反的信念；而是可以"避开问题"，即通过我们的回答，用间接的、消极的手段，让听者自然而然地产生一个虚假的信念；或者"抛出错误的诱导"，即积极制造出一个虚假的信念。这两种方式分别叫作"隐瞒事实"（suppressio veri）和"虚假暗示"（suggestio falsi）。很多人认为，这两种方式在特定情况下是合法的，但也有些人认为，倘若要在实践中实施欺骗手段，那么反对一种而允许另一种就是纯粹的形式主义。

　　总而言之，我们从上述分析中可以看出，人们普遍接受的诚实规则并不能上升为明确的道德准则，因为对于我们是否有义务将真实信息传达给他人人们并未达成共识。此外，尽管不分场合地要求绝对坦诚违背了常识，但至于何时不应强求坦诚，我们尚未找到不证自明的次级原则。

改良功利主义 *

R. F. 哈罗德

　　……功利主义者说"要始终选择可以最大限度促进幸福的行为"。这个信条非常精简，但它的失误之处恰恰在于过分概括。在人类行为选择问题上往往有必要进行更细致的分析。以说谎为例：功利主义者会主张，在意识到说谎可能造成的后果——包括说谎者可能失去信用、人们可能对口头承诺失去信心——的同时，如果谎言能比真相带来更多的幸福就应该选择说谎。如果每个人都在且仅在这种情况下说谎，一切显然相当好。但事实并非如此。

　　语言交流是人类为了达成目的而做出的一项了不起的发明。沟通的真实性应得到保障，这一点非常重要。如果采用上述粗浅的功利主义规则，沟通就会失去可靠性，巨大的损害可能随之而来。也许会有人辩解说，为了粗浅的功利主义信条，丧失信心未尝不可，而且有时候这种情况确有发生。这种辩解是荒谬的。

* 引自 R. F. Harrod, "Utilitarianism Revised," *Mind* 45 (1936): 137–56。

　　如果这种辩解是正确的，则粗浅的功利主义原则所指向的结果与按照康德原则推导出的结果将始终一致。某个特定的行为及其后果，与在任何类似情况下发生的相同行为及后果不会有什么不同。这就把我们带到了这个问题的本质层面。有一些特定行为，在 n 个类似场合实施时，所造成的后果比实施一次的后果大 n 倍。义务正是由此而生。在这一类情况下，泛化行为产生的利益平衡不同于每个单独行为产生的利益平衡之总和。例如，在一定的时间、空间内说一百万个谎言所造成的信心损失，要比任何一个谎言造成的信心损失严重一百万倍。因此，即便每个独立场合下的每个谎言都能带来益处（比方说，谎言所避免的直接痛苦超过了随后因信心丧失而造成的弊端），整体而言，因信心丧失造成的弊端之总和却可能远远大于说真话带来的痛苦之和。

　　如果有人希望行为能够最终造福人类，就必须放弃粗浅的功利主义，按照康德的原则行动。他将发现，有必要通过在所有的相关实例中——即 n 个类似行为后果超过一个行为后果的 n 倍的情况——运用概括过程来完善粗浅的功利主义。

　　因此，在构建道德体系时，必须在粗浅的功利主义原则和康德原则、作为权宜之计的谎言和说真话的义务之间做出选择。更精致的功利主义会倾向于选择说真话的义务，因为如果说谎变成普遍行为，利益损失会更大。当然，在某些特定案例中，因策略性谎言的普遍应用而造成的信心损失或许并不如带来的利益。这是个事实问题。几代人的经验、道德意识的结晶，似乎都反对说谎。但在关于谎言的实际案例中，无论哪一方的主张正确，有一点已经明确：若某个行为在某个场合中可取，而在类似场合中若所有人都这么做却不可取，那么更精致的功利主义必然将该行为判断为错误行为。如此，康德原则就在功利主义者中得到了体现。

　　顺便应当指出，我所说的康德原则对于谎言并不一概拒斥。无论何种情况下，如果谎言能够弥补痛苦或失去的快乐，如果失去信任造成的总危害没有超过说真话造成的危害总和，则说谎是合理的。我认为这个主张符合通常的道德意识，它将当事人置于比粗浅功利主义原则更严格的约束之下。

　　除了谎言，我们还必须考察违背承诺、触犯法律、违反诸多现行道德标准的行为。考察的标准始终是：如果所有人在类似情况下均采取某种行动，是否会导致一些达成某种社会目标的既定方式的崩溃？我相信人们会发现这一原则是一切所谓的义务的根源所在。这些义务之所以变得教条僵硬，正是由于人们考察的不是特定行为的后果，而是概括性行为的后果。

　　康德认为他的原则是所有道德准则的基础，对此我虽不赞同，但这一原则的确是那些通常被视为义务的特定道德行为的基础。如果某种行为适用于康德原则，则很有可能出现有利于它的平衡。因此，我们通常会对那些被称为义务的行为比较严格。如果某个问题涉及帮助他人，需要从多方面考虑，那就很有可能在反复权衡之后发现，即便从纯粹道德角度来看也不值得做。但如果是关于说真话的问题，即便从揭示真相中产生的积极利益并不比从善意行为中产生的积极利益大，人们也不太可能认为不值得。二者的差异恰恰在于康德原则是否对粗浅功利主义原则有影响。

　　这个说法解释了表面上的观点，即义务的公认性质中存在某种与一切哲学目的相冲突的东西。我们已经看到这种冲突只是表面的。它还解释了这样一个事实，即这种行为所唤起的近乎本能的厌恶情绪往往无缘无故地异常强烈。通常而言，只有在那些稳定的社会里这种情绪才会如此强烈，因为正是在那种情况下，不理解康德原则的个体最有可能说，"凭什么该是我？"人们甚至可以认为，正是由于该原则既微妙又深奥，难以向普通人解释，才使得道德领域中的任意性和权威性因素成为稳定社会发展的必要条件。这个开明的时代自有其危险。或许，提出那些无法界定的义务的哲学家们仍应有一席之地，不该受到功利主义者的公开侮辱。

有趣的是，自由竞争制度不允许在纯粹的经济领域运用康德原则，而恰恰是"收益增加"的现象——类似于需要在日常行为中运用康德原则的现象——为"经济计划"的要求提供了最有力的证据。

我们不能指望那些乌合之众很快自发地赞同康德原则。对他们的失望确实不应过分。"要是每个人都那样的话……"这句谴责你一定耳熟能详。然而，我们会发现这句话最常被用在违反既定惯例的行为上。正是由于普通人的这一弱点，康德原则所适用的行为往往都是公认的惯例和制度。在稳定的社会——至少是暂时稳定的社会——发展过程中，那些续存体系里的公认惯例和制度为康德原则赋予了效力，并允许成员获得遵守该原则所带来的额外好处。这些守则包括荣誉、真诚、诚实、有债必还、信守承诺等等，以及法律体系的要求和忠于国家的义务。

我们首先来看实践。如果因 n 次侵害造成的损失大于一次侵害造成损失的 n 倍，康德原则适用。假设事实上侵害行为时有发生。假设我生活的这个社会里，人们大多认为口说无凭，或经常担心自己的生命安全。在这样一个社会里，事实上无法获得运用康德原则所能获得的利益。我的义务是什么？在这种情况下，是否还适合对粗浅的功利主义进行修正就很值得怀疑了。当然，正直、平和的人或许仍有强大的榜样力量。但粗浅的功利主义原则允许榜样的力量。我认为，根据一般道德意识判断，修正过程并不合适。

　　但是，在这个论点基础上提出一个更精致的观点仍是有可能的。一般道德意识已经认可了共同利益理论，所以应用修正过程是否在任何情况下都能起到促进作用就应是一个关乎事实的问题。现在，在应用这一过程时在特定情况下会有利益损失，但如果应用范围广就可带来益处。功利主义者一定希望它得到广泛应用。我认为，若该实践并不普遍，则需要二次修正。所有有良知的人——即贤德之人——应用这一过程所带来的益处，是否仅仅足以抵消粗浅功利主义原则造成的损失？有人可能会对此提出反对意见，认为不存在贤德之人，只有或多或少具有道德意识的人。为了回应这个异议，我们可以把第二项修正原则中的道德一词限定为具备足可在此情况下保持无私的道德。人们可能会注意到，第二项修正原则在道德哲学中引入了一些复杂的数学知识。如果事实需要，不可因此反对。毫无疑问，在实践中计算只是一种可能性，是粗浅的。没有必要进行精密计算，更何况也缺乏精确的数据。

　　这就是问题所在。双重考虑彼此制约。若某种实践并不普遍，有良知的人就不仅要考虑由于自身行为给粗浅功利主义带来的损失，也要考虑在这种情况下遵守实践所牵涉的对抗冲量控制。他可能不会遵守实践以确保更大层面的获益，其原因可能是因为给他造成的直接损失太严重，也可能是因为相反选择的诱惑大到再正直的人也无法抗拒。他不仅要估算将该实践推而广之后各种情况下的总收益与总损失的关系，还要用同样的变量估算愿意抵制诱惑（以及随之而来的净收益）的人数与诱惑强度之间的关系，而且得研究这些函数之间的互动。我不打算继续深究下去，我只想说明，我认为贤德之人日常生活中随时随地都会遇到这样的计算权衡。

以下这个事实或许更值得注意：恰当的功利主义的确承认，某种实践是否属于义务取决于他人的遵从度，而遵从度又反过来取决于反对者在道德情绪上的抵触程度。霍布斯认为，在自然状态下不存在义务，也就是说，当这些做法得到普遍遵守时就无所谓义务。他的看法以及给出的理由不无道理。他认为，如果没有暴力制裁，人们就不可能在建立足够广泛的实践中取得进展。我觉得，这两条修正过的原则合在一起就基本正确了。但他认为自然状态下不可能存在道德，这一点是错的。因为即便在自然状态下，粗浅的功利主义原则也适用，而且会被贤德之人应用。

在结束关于实践的话题之前，我打算谈谈一个在普通道德意识中占据核心地位的原则，我称之为公开性原则。我们已经看到，某些行为是否属于义务取决于对该行为的遵从程度。在很多情况下，人们能获得利益是基于对信任的维护，例如，信息真实度的可靠性，履行承诺的可靠性等等。从表面上看，如果违约行为不会被发现，谎言不会被揭穿，那么，既然不会导致信任的丧失，义务就会失效，也就不必为了真实性而牺牲某些利益。然而事实上，普通道德意识认为，秘密行为比公开违约更可恶。这个看法非常合理。因为若能证明未必揭穿的谎言是错误的，就需要用更严厉的指责去对抗更大的诱惑。

以永远不会被揭穿的谎言为例。说谎者只享受谎言带来的利益，却不会因失去信任遭受损失。如果在任何情况下，利益平衡普遍存在，且谎言永不会被揭穿，那么一旦说破就会出现合理的信任丧失。而如果始终保守秘密，则不会出现这种情况。但这个秘密是什么呢？如果人们知道贤德之人在有可能保密的特定情况下按照粗浅功利主义原则行事，那么他们就会意识到，在这种情况下，即使最有良心的人也会说谎，从而信心不复。想必，这就要求所有人都彻底抛弃粗浅的功利主义原则，同时又在可以保密的情况下按照这个原则行事。这算是什么主张呢？部分是粗浅的功利主义，因为人们希望所有人都如此行事；部分是反功利主义原则，因为人们希望所有人都以为无人如此行事。康德用"自相矛盾"这个被滥用的表述来评价这一态度似乎颇有道理。

事实上，最符合共同利益的情况可能是，每个人都按照粗浅的权宜之计自行其是，同时认为其他人遵从着某些武断的规则。这个行为体系当然很有趣，但绝对谈不上道德，倒似乎是对残酷事实的呼吁。这种呼吁非常有益。人们对"道德义务"这个词并不陌生，它可以被很方便地用于获得参与者普遍认可的行为体系。而我们刚刚描述的那个行为体系本质上不可能得到普遍认可。此外，为了使道德义务体系切实可行——这是对另一种残酷事实的呼吁——必须将它与赞许或否定的情感表达紧密结合。但这同样是不可能的。因此，功利主义者如果希望在公众认可的实践中体现康德原则并从中获益，就一定得希望公众意识到这些益处，无论其行为是否能保密。

何谓 "说真话"? *

迪特里希·朋霍费尔

从我们生命中牙牙学语的那一刻起，我们就被告知必须说真话。这是什么意思？什么叫"说真话"？它对我们有什么要求？

显然，说真话的要求最初是我们的父母在规范亲子关系时提出的。因此，从父母的意图来看，这种要求严格来说只适用于家庭内部。此外，还需注意的是，这一要求中所涉及的关系不能简单地倒置。孩子对父母诚实与父母对孩子诚实有着本质区别。小孩子的生活对其父母而言是完全透明的，孩子说话不应有丝毫隐瞒，但反过来并非如此。因此，在说真话的问题上，父母对孩子的要求与孩子对父母的要求不一样。

由此可以看出，"说真话"的含义因特定情境而异，因每个人在各个时期的关系而异。随之而来的重要问题是，一个人是否有权，以及可以用何种方式要求他人说真话。父母子女间、夫妻间、朋友间、师生间、政府和公民间、敌友间的交谈有根本性的区别，在上述每一种关系中，交谈所传递的真实信息也截然不同。

有人会立刻反对说，一个人不应对这个或那个人说真话，而只应对上帝说真话。此言不差，但别忘了，上帝不是抽象的，祂把我放在这个活生生的生命体里，要求我用这个活生生的生命侍奉祂。一个人如果谈到上帝，就决不能简单地无视他生活的这个现实世界，否则，他所谈到的上帝就不是以基督耶稣的身份降临这个世界

---

* 引自 Dietrich Bonhoeffer, "What Is Meant by 'Telling the Truth'?" *Ethics*, ed. Eberhard Bethge (New York: Macmillan Co., 1965), pp. 363–72。

的上帝，而是某种形而上学的偶像。正因如此，我要将对上帝的真诚付诸到实际的有形生活中的各种关系里。我们对上帝的真诚必须以具体形式体现在此世。我们的言谈必须真实，这一要求不是抽象的，而是具体的。不具体的真实在上帝面前不是真实。

因此，"说真话"不仅关乎道德品质，也关乎对真实情境的正确理解和严肃反思。一个人生活中的现实情境越复杂，他"说真话"的任务也就越困难、责任越重大。孩子只需面对一种重要关系，即父母子女关系，因此无须掂量、权衡。接着，他进了学校，遇到了第一个困境。所以，从教育的角度出发，父母应以某种我们在此不便讨论的方式让孩子明白，在生活中不同的圈子对应不同的责任。

因此，说真话是必须习得的事情。我这么说，一定会让那些认为一切完全取决于道德品质的人深感震惊，倘若这是无可指责的，那么其余的都是儿戏。然而事实是道德不能脱离实际，因此不断地学习如何接受现实乃是道德行为的必要因素。在我们讨论的这个问题中，行为包括言谈。现实经由言辞表达就构成了真实的言论。于是，我们无可避免地遇到了"如何"用词的问题，即知道在每个场合使用合适的词语。想找到这个词，需要基于对现实的经验和知识并付出长期、认真、不懈的努力。如果一个人想说出事情的真实情况，也就是说，如果一个人想表达得真实，他的目光和思想就必须遵循那种方式，而真实正是以这种方式因上帝之名、借着上帝、存在于上帝之中。

把真实言论的问题局限在某些特定的矛盾案例中未免肤浅。我所说的每个词都要真实，除了内容本身真实不虚外，还涉及说话者与听者之间的关系是否真实。言语间讨好奉承、自以为是、惺惺作态，虽没有说出不实之词，但仍是不真实的，因为它扰乱、破坏了夫妻间、上下级间等关系的现实性。一个人的话语始终是总体现实的一部分，总体现实总是在话语中寻求表达。如果我的话语是真实的，则它必须根据交谈对象、应答对象和我的说话内容而变。世间本没有永恒真实的词语，它和生活一样鲜活无常。如果脱离了生活、脱离了具体实在的他人作为参照，如果所谓的"说出真相"没有考虑到是对谁而讲，那么这个真相就只是徒有其表而缺乏本质属性。

只有愤世嫉俗的人才会声称要在任何时候、任何场合、对任何人都一视同仁地"说真话"，但事实上，这种人塑造的只不过是个呆板的真相。他披着真相信徒的狂热外衣，不能容忍人类的弱点，其实是在破坏人与人之间活生生的真相。他伤害了羞愧，亵渎了秘密，破坏了信心，背叛了他所生活的社会，傲慢地嘲笑他造成的破坏、嘲笑"不能忍受真相"的人类弱点。他说真相本就具有破坏性，要求牺牲，他觉得自己好似凌驾于这些软弱生物之上的神，却不知自己在侍奉撒旦。

这是撒旦的真相。在真相的表面之下，它实则否认一切真实的东西。它存在于对真实和上帝创造的、喜爱的世界的仇恨之中。它假装在对不真实之事行使上帝的审判。上帝的真相以爱审判造物，撒旦的真相以嫉妒和仇恨审判造物。上帝的真相在此世道成肉身，存于现实之中，而撒旦的真相则是一切现实的死亡。

活生生的真相这个概念是危险的，它会让人们误以为，真相可以而且可能以完全破坏了真相的概念、模糊了真相与谬误之差异的方式去适应各种特定情况。此外，我们所说的洞察现实的必要性，有可能被误解为以刻薄或学究式的态度对待别人，斤斤算计决定告诉对方多少真相。意识到这种危险非常重要。然而，对抗这种危险的唯一途径乃是格外留意现实本身施加于某人言论上的特别内容和限制，从而说出真实的言论。人们决不能因为活生生的真相这个概念蕴含危险就放弃它，转而选择形式上的、愤世嫉俗的真相概念。我们必须努力澄清这一点。每个话语或词汇都是鲜活的，有其各自特定的生存环境。在家里说的话与在生意场上或公众中说的话不一样。在私人关系的温情中娓娓诞生的话语会在公共场合的严寒中冻死。命令式的言辞在公共服务领域如鱼得水，但若在家庭里使用，却会切断彼此信任的纽带。每个词都要各安其所。公共词汇通过报纸和电台广泛传播的结果是人们不再能清晰地感受到各类用词的基本特质和界限，例如，私人领域中使用的词汇的特殊含义几乎完全被抹杀了。真正的言谈被琐碎的聒噪取代。话语不再具有任何分量。人们说得太多了。而当各类言辞的界限不复存在，当话语变得没有根、没有家，它也就失去了真实性，谎言便几乎无可避免。当生活中的各种秩序不再相互协调时，话语就变得不真实了。例如，一名教师当着全班学生的面问一个孩子，他父亲是否常常醉醺醺地回家。实情的确如此，但那孩子否认了。老师的问题将他置于毫无准备的境地。他只觉得这件事是对家庭秩序的无理干涉，必须抗拒。家里发生的事不应让学校里的人知道。家庭有家庭的秘密，必须维护。那名教师没有尊重这一现实。在这种情况下，孩子应该找到一种既符合家庭规矩又符合学校规则的回答方式，但他还做不到。他缺乏以正确方式表达自己的经验、知识和能力。作为对老师提问的简单排斥，孩子的回答显然是不真实的。然而与此同时，它表达了一个事实：家庭是个自成一体的（sui generis）单位，教师无权干涉。这孩子的回答的确可被称为谎言，但这个谎言蕴含着更多真相，也就是说，比之于在全班同学面前暴露父亲的弱点，这个回答更符合现实。按照他的知识水平，这个孩子做得对。谎言的责任应完全归咎于教师。若是一个有经验的成年人处在那孩子的境地，他有能力纠正提问者的错误，同时在回答中避免不实之词，如此，他就找到了"正确的用语"。儿童和缺乏经验者说谎，往往是因为他们被迫面对并不能完全理解的局面。因此，既然谎言这个词被正确地理解为某些非常简单、完全错误的东西，那么归纳、扩展该词的用法，将其指称所有形式上不真实的陈述，或许是不明智的。事实上我们可以看出，什么才是真正的谎言，实在很难定义……

道德的对象 *

G. J. 沃诺克 ✤

假设有这么个人，他天生只关心自己，或者在一定程度上不喜欢、不需要、不想生活在同类人中。我们会发现，有一种非常易于实施的特别手段，通过这种手段，他可能会自然而然地倾向于——这么说吧——走上自我中心主义的道路，如果有必要，甚至不惜以他人为代价，这种手段就是欺骗。一个人有可能，而且往往很容易

---

* 引自 G. J. Warnock, *The Object of Morality* (London: Methuen & Co., 1971), chap. 6。

通过行动，尤其是言谈，引导别人相信这样或那样的情形。操纵他人以达到自身目的的最简单、最诱人的方式，莫过于让他们相信这么做是为了他们自己的利益。显然，这样做未必会造成直接的损害。我们都会间或持有各种错误观念，且多半并不会因此令情况更糟。只有当我们的错误观念在一定程度上使得我们以某种方式做出危害自身的实际行动时，事情才会变糟，但这种情况并不常见。因此，如果我用行动或语言诱导你相信并非真实的情况，不一定会对你造成任何伤害，甚至有可能有益于你，例如安慰或夸奖。然而，尽管欺骗未必造成直接伤害，但不难看出，抵制诉诸欺骗的自然倾向至关重要。可以说，有害的不是植入错误观念，而是怀疑有可能被植入错误观念。因为这破坏了信任，而信任一旦被削弱到一定程度，所有的合作都将瓦解，因为合作行为的结果与理由取决于他人已做的、正在做的或将做的事。如果我不能相信悬崖另一端的你会抓紧绳索，那么哪怕为了再重要的事情，都不能合理地指望我借助这条绳索越过悬崖。如果我不认为你会如实表达你的观点，那么征求你的意见就毫无意义。（口头交流无疑是合作中最重要的环节。）我认为，关键的难题恰恰在于欺骗实在太容易。例如，故意扭曲与说出真相同样容易，而且即便是最有经验、最专业的观察者也未必能分辨出来。就此而言，我言行中的任何不实，从本质上说有可能影响到我所有言行的可靠性。可以说，不存在什么能够区分可信与不可信的"自然标识"，一事假，或许事事假。仅仅为了确认某些非欺骗性行为而设定特殊的标识显然也毫无用处，因为倘若行为可以虚假，标识同样可以造假——口中说着"我此言当真"，其实并非如此，这一点都不难，因此说出"我此言当真"不能确保言语的可信。哪怕是想看起来真诚单纯，虽然可能比说起来稍稍困难，却也是可以习得的技艺。当然，在实践中，尽管我们觉得能百分之百弃绝欺骗的人寥寥无几，但在不少场合中仍可以合理地信任相当一部分人。不过，这取决于以下前提：虽然人们有时出于一些特殊的理由行欺骗之举，且我们凭借运气、经验和判断力可以理解他们的行为，但他们不会随时随地、随心所欲地行骗。

注　释

1999 年版序

1. 联邦大法官 Susan Webber Wright, "Excerpts from the Judge's Ruling," *The New York Times,* April 13, 1999, p. A20。

2. 参见 J. A. Barnes, *A Pack of Lies: Toward a Sociology of Lying* (New York: Cambridge University Press, 1994); Stephen L. Carter, *Integrity* (New York: Basic Books, 1996); Marcel Detienne, *The Masters of Truth in Ancient Greece,* tr. Janet Lloyd (New York: Zone Books, 1996); Paul Ekman, *Telling Lies: Clues to Deceit in the Marketplace, Politics, and Marriage* (New York: W. W. Norton & Company); Charles V. Ford, *Lies! Lies!! Lies!!!: The Psychology of Deceit* (Washington D. C.: The American Psychiatric Press); Diego Gambetta, ed., *Trust: Making and Breaking Cooperative Relations* (Oxford: Blackwell, 1988); Daniel Goleman, *Vital Lies, Simple Truths: The Psychology of Self-Deception* (New York: Simon and Schuster, 1985); Christine M. Korsgaard, *Creating the Kingdom of Ends* (New York: Cambridge University Press, 1996), Chs. 5, 12; Michael Lewis and Carolyn Saarni, eds., *Lying and Deception in Everyday Life* (New York: The Guilford Press, 1993); Mike W. Martin, *Self-Deception and Morality* (Lawrence, Kansas: University Press of Kansas, 1986); Brian P. McLaughlin and Amélie Oksenberg Rorty, eds., *Perspectives on Self-Deception* (Berkeley, California: University of California Press, 1988); Iris Murdoch, *Metaphysics as a Guide to Morals* (New York: The Penguin Press, 1993); Onora O'Neill, *Constructions of Reason: Explorations of Kant's Practical Philosophy* (New

York: Cambridge University Press, 1989), ch. II; M. Scott Peck, *People of the Lie: The Hope for Healing Human Evil* (New York: Simon and Schuster, 1983); Daniel Schacter, *Searching for Memory: The Brain, the Mind, and the Past* (New York: Basic Books, 1996); Perez Zagorin, *Ways of Lying: Dissimulation, Persecution, & Conformity* (Cambridge, Mass.: Harvard University Press, 1990)。

3. *Secrets: On the Ethics of Concealment and Revelation,* 1983 (Second edition, New York: Vintage Books, 1989); *A Strategy for Peace: Human Values and the Threat of War,* 1989 (New York: Vintage Books, 1990); *Common Values* (University of Missouri Press, 1996); "Kant on the Maxim 'Do What is Right Though the World Should Perish', " *Argumentation,* vol. II, February 1988, pp. 7−25; "Can Lawyers Be Trusted?" *University of Pennsylvania Law Review,* vol. 138, January 1990, pp. 913−33; "Deceit," *Encyclopedia of Ethics,* (New York: Garland Publishing, Inc., 1992), pp. 242−46; "Impaired Physicians: What Should Patients Know?", *Cambridge Quarterly of Healthcare Ethics,* 1993, vol. 2, pp. 331−40; "Shading the Truth in Seeking Informed Consent for Research Purposes," *Kennedy Institute of Ethics Journal,* vol. 5, March 1995, pp. 1−17; "Truthfulness," *Encyclopedia of Philosophy* (London: Routledge, 1998), vol. 9, pp. 480−85.

4. 我没有尝试把这些材料加入本版，而是仅对现有版本的文字进行了微小改动，增加了若干日期，修改了一些动词时态，以免造成混淆，另外更正了几处我注意到的错误。

5. Ford, *Lies!,* p. 31, 133−37.

6. Ekman, *Telling Lies,* p. 76.

7. Willard Gaylin, 私人交流。

8. 关于自由裁量和道德判断的讨论，参见 *Secrets,* pp. 40−44。

9. 关于"谎言"和"欺骗"定义的详细讨论，参见 Roderick M. Chisholm and Thomas D. Feehan, "The Intent to Deceive," *The Journal of Philosophy,*

vol. LXXIV, March 1977, pp. 143−59。

10. Mark Twain, "Was It Heaven? Or Hell?", 收录于 Charles Neider, ed., *The Complete Short Stories of Mark Twain* (Garden City, New Jersey: Doubleday, 1957), p. 479。

11. Ibid.

12. Joseph Conrad, *Under Western Eyes,* 1911 (New York: Penguin Books, 1959), p. 298.

13. Murdoch, *Metaphysics as a Guide to Morals,* p. 26; *The Fire and the Sun* (Oxford: Clarendon Press, 1977), p. 81. *The Sovereignty of Good* (London: Ark paperbacks, 1985). p. 66.

引言

1. 参见 "The Ethics of Giving Placebos," *Scientific American* 231 (1974): 17−23 及本书第五章。

2. *Cambridge Survey Research,* 1975, 1976.

3. 哈里斯调查, 1976 年 3 月。(1977 年的相应数据有一定程度的上升, 而对白宫的信任度则由 11% 攀升至 31%)

4. Paul Edwards, ed., *Encyclopedia of Philosophy,* 8 vols. (New York: Macmillan Co. and Free Press, 1967) 索引中也没有出现 "真实性" "信任" 和 "真实"。

第一章 "全然的真相"可得吗?

1. 参见 E. H. Gombrich, *Art and Illusion* (New York: Pantheon, 1960), p. 93. 柏拉图在《理想国》最后一部分关于艺术是对自然和真相 "曲折背离" 的评价, 应视为对早期 "真理" 观念的评述和回应。另参见 M. Detienne, *Les maitres de la verite dans la Grece archa'ique* (Paris: Francois Maspero, 1967)。

2. 参见 J. L. Austin, *Philosophical Papers* (Oxford: Clarendon Press, 1961);
William James, *The Meaning of Truth* (Cambridge, Mass., and London:
Harvard University Press, 1975); W. F. Quine, *The Ways of Paradox and
Other Essays* (Cambridge, Mass., and London: Harvard University Press,
1976); Bertrand Russell, *An Inquiry into Meaning and Truth* (London: Allen
and Unwin, 1940); Alfred Tarski, *Logic, Semantics, Mathematics* (Oxford:
Clarendon Press, 1956); Alan White, *Truth* (New York: Doubleday, 1970)。

3. 例如，索伦·克尔凯郭尔的论述："无限的激情就是真理。但无限的
激情恰恰是主观的，因此主观性即是真理。"(*Concluding Unscientific
Postscript,* in *A Kierkegaard Anthology,* ed. Robert Bretall [Princeton, N.J.:
Princeton University Press, 1946], p. 214.)

4. 我所说的"谎言"采用的是其通常定义"有意为之的谬误"。类似
的区分参见 Nicolai Hartmann, *Ethics,* vol. 2 (Atlantic Highlands, N.J.:
Humanities Press, 1967), p. 283。

5. Dietrich Bonhoeffer, *Ethics,* trans. Neville H. Smith (New York: Macmillan
Co., 1955), p. 369.

6. Friedrich Nietzsche, *The Will to Power,* ed. Walter Kaufmann (New York:
Random House, 1967), p. 451.

7. Diogenes Laertius, "Pyrrho", 收录于 *Lives of Eminent Philosophers,*
trans. R. D. Hicks (London: William Heinemann, and Cambridge, Mass.:
Harvard University Press, 1925), bk. 9, chap. 11 (pp. 475-19)。

8. 关于认识论和伦理学的诸多相似之处，参见 R. B. Brandt, "Epistemology
and Ethics, Parallel Between"，收录于 Paul Edwards, ed., *The Encyclopedia
of Philosophy,* 3:6-8. 对认识论优先于伦理学的反驳，参见 John Rawls,
"The Independence of Moral Theory," *Proceedings and Addresses of The
American Philosophical Association,* 1974-75, pp. 5-22。

9. 参见 David Hume, "Of the Academic or Skeptical Philosophy," *An Inquiry
Concerning Human Understanding,* ed. Charles W. Hendel (Indianapolis and
New York: Bobbs-Merrill Company, 1955), sec. 12, pt. 2 (pp. 158-64)。

10. 但有些人把信仰带入了生活。因此据说皮洛"随遇而安，不做预测，坦然面对一切风险，无论是马车、悬崖、恶狗或其他……但他的朋友常常跟在身后，保护他免受伤害"（Diogenes Laertius, "Pyrrho," 62, p. 475）。

11. Epictetus, *The Encheiridion,* trans. W. A. Oldfather (Cambridge, Mass.: Harvard University Press, 1928), p. 536（我在本版中调整了译文，令其更贴近原文。）

12. Lawrence Henderson, "Physician and Patient as a Social System," *New England Journal of Medicine* 212 (1935): 819–23.

13. 参见附录。另见 Roderick Chisholm and Thomas D. Feehan, "The Intent to Deceive," *The Journal of Philosophy* 74 (1977): 143–59; Nicolai Hartmann, *Ethics,* vol. 2 (chap. 25), pp. 281–85; A. Isenberg, "Deontology and the Ethics of Lying"，收录于 Judith J. Thomson and Gerald Dworkin, *Ethics* (New York: Harper & Row, 1968); John Henry Cardinal Newman, *Apologia Pro Vita Sua* (London: Longmans, Green, and Co., 1880), pp. 274–83, 348–63; Frederick A. Siegler, "Lying," *American Philosophical Quarterly* 3 (1966): 128–36; George Steiner, *After Babel* (New York and London: Oxford University Press, 1975)。

14. Hugo Grotius, *On the Law of War and Peace,* trans. F. W. Kelsey and others (Indianapolis Bobbs-Merrill Company, 1925), bk. 3, chap. 1.

15. 参见第三章注释 6—11。

16. 自我蒙蔽给下定义带来了一些困难。它算不算欺骗？是有意还是无意？其中是否涉及交流？如果一个人自我蒙蔽，那就不是两个不同的人其中一个欺骗另一个的问题。但你也可以认为，这个人的两个"部分"参与了欺骗。我们不是说，有时右手不知道左手在做什么吗？此时，左手难道不是在欺骗右手吗？对大脑功能的最新研究表明，这种情况下并非欺骗与被骗，而是大脑协调的两个不同过程。该过程是否可以称为欺骗，自柏拉图以来就有不同见解，当代哲学家就此又展开了新的讨论。参见 R. Demos, "Lying to Oneself,"

Journal of Philosophy 57 (1960): 588–94; 以及 H. Fingarette, *Self-Deception* (Atlantic Highlands, N.J.: Humanities Press, 1969). 关于自我蒙蔽心理学的最新讨论，参见 Guy Durandin, "Les Fondements du Mensonge," pp. 273–98。

17. 参见 Gordon W. Allport and Leo Postman, *Psychology of Rumor* (New York: Henry Holt & Co., 1947). 作者提出了"谣言的基本法则"：谣言的传播量为该话题对相关个体的重要性乘以相关证据的模糊性。如果模糊性或重要性为零，则谣言传播的可能性为零。

第二章 真实性，欺骗和信任

1. 参见第三章引述的但丁的《地狱》，他将强迫与欺骗视为不公正的两种形式。另见 Northrop Frye, *The Secular Scripture: A Study of the Structure of Romance* (Cambridge, Mass.: Harvard University Press, 1976), chap. 3。

2. Samuel Johnson, *The Adventurer* 50 (28 April 1753), 收录于 *Selected Essays from The Rambler, Adventurer, and Idler,* ed. W. J. Bate (New Haven and London:Yale University Press, 1968)。

3. Nicolai Hartmann, *Ethics,* 2: 282.

4. 随后的讨论将借鉴决策理论中关于选择与决策的框架。该框架包含了决策者看到的目标、实现该目标的备选方案、相关的成本和收益估算，以及权衡的选择规则。

5. Aristotle, *Nicomachean Ethics,* trans. H. Rackham (London: William Heinemann, and Cambridge, Mass.: Harvard University Press, 1934), bk. 4, chap. 7. 关于亚里士多德"真相"概念的讨论，参见 Paul Wilpert, "Zum Aristotelischen Wahrheitsbegriff," *Phil. Jahrbuch der Gorresgesellschaft,* Band 53, 1940, pp. 3–16。

6. 参见 Michel de Montaigne, "Des Menteurs," in *Essais,* vol. 1, chap. 9 (pp. 30–35); 以及 *What Luther Says: An Anthology,* comp. Ewald M. Plfiss (St.

Louis, Mo.: Concordia Press, 1959), p. 871。

7. 关于偏见和 " 投机心理的干扰 " 的讨论，参见 Gunnar Myrdal, *Objectivity in Social Research* (New York: Pantheon, 1968)。

8. " 犬类 " 指的是 " 未开化者 " 或 " 行兽奸行为者 "；John Noonan, Jr. 在 *The Morality of Abortion* (Cambridge, Mass.: Harvard University Press, 1970) 第九页中指出，*pharmakoi* 一词在此译为 " 下药者 "，指的是那些诱导人堕胎和开堕胎药的人。

9. W. Montgomery Watt, *The Faith and Practice of Al-Ghazali (London: George Allen and Unwin, 1953), p. 133.* 不过，阿尔加扎利允许在没有其他可行的替代方案的情况下，为必要的、值得推崇的目的撒谎。参见 Nikki Keddie, "Sincerity and Symbol in Islam," *Studia Islamica 19 (1963): 45*。

10. Homer, *Odyssey,* trans. Robert Fitzgerald (Garden City, N.Y.: Doubleday & Company, Anchor Books, 1961), p. 251. 对比 Nietzsche, *The Will to Power,* p. 293:" 人的本质狡诈千倍 " 以及 "On Truth and Lie in an Extra-Moral Sense," *Nietzsche,* trans. Walter Kaufmann (New York: Viking Press, 1954), pp. 42–47。

11. 虽然该原则并不像其他原则那样经常被强调，但却得到了有力的维护。西塞罗指出，" 此外，正义的基础是善意，即真相和对承诺与协议的忠诚。"(*De officiis* 1. 7. 23, trans. Walter Miller [Cambridge, Mass.: Harvard University Press, and London: William Heinemann, 1913], p. 25). 弗朗西斯·哈奇森在 1755 年出版的遗作 *System of Moral Philosophy,* bk. 2 (New York: Augustus M. Kelley, 1968) 第 32 页中谈到了 " 诚实的一般规则 "。Richard Price, *A Review of the Principal Question of Ethics,* 1758, ed. Daiches Raphael (Oxford: Clarendon Press, 1948), pp. 153–57, 将诚实视为责任之源。Hastings Rashdall 在 *Theory of Good and Evil,* 2d ed. (London: Oxford University Press, 1924), bk. 1, p. 192 提到了 " 真实原则 "。W. D. Ross 在 *The Right and the Good* (Oxford: Clarendon Press, 1930), pp. 19–22 强调 " 忠诚义务 " 包括不说谎。G. J. Warnock 在新作 *The Object of Morality* (London: Methuen & Co., 1971, pp. 83–

86) 中强调了非欺骗原则的必要性。

　　对于有些人而言，该原则是宗教的要求，有些人凭借直觉相信该原则，另一些人则从过去的经验中得出该原则的重要性。

12. 对照 Robert Nozick, "Moral Complications and Moral Structures," *Natural Law Forum* 13 (1968): 1–50. 另见 Richard McCormick, *Ambiguity in Moral Choice* (Milwaukee: Marquette University Press, 1973), 以及帕雷托最优解的讨论：当不存在一个所有人都能接受的、且受到部分人欢迎的替代方案时的情况。

第三章　永不说谎？

1. Augustine, "On Lying," "Against Lying," *Treatises* on *Various Subjects* and *Enchiridion.* 关于早期观点的讨论，参见 Hugo Grotius, *On the Law of War and Peace* 以及 John Henry Cardinal Newman, *Apologia Pro Vita Sua*。

2. "On Lying," chap. 3. 需要注意的是，从本章开头引用的《教义手册》以及"论说谎"的第三章可以看出，奥古斯丁给出的定义里的确包含了欺骗的意图。在后一篇中，他在给出了说谎的定义之后，隔了几句才谈到欺骗的意图，因此有时会被人们忽视。

3. "On Lying," chap. 14. 奥古斯丁在《教义手册》中再次简要回顾了这种区别："一个人为了帮助别人而说谎，其罪过并不像为了伤害别人而说谎那般深重。一个人因说谎而令旅行者走上歧途，造成的伤害并不像通过虚假的或误导性陈述而扭曲了整个人生那般严重。"(chap. 18, p. 21)

4. *Enchiridion,* chap. 22, p. 29.

5. 关于忏悔者，参见 "Bigotial Penitential" (sixth and seventh centuries), III, 5; 收录于 Ludwig Bieler, ed. *The Irish Penitentials* (Dublin: Institute for Advanced Studies, 1968); 以及 John McNeill and Helena M. Gamer, eds., *Medieval Handbooks of Penance* (New York: Columbia University Press, 1938)。

Sententiarum Libri Quattuor 是 12 世纪涉及谎言问题的系统汇编，Peter Lombard, *Patrologia Latina,* vol. 192, ed. J. P. Migne (Paris, 1880), bk. 3, distinction 38. 它完全采用了奥古斯丁的定义、分类和道德判断。托马斯·阿奎那在《神学大全》2.2. ques. 110 中尽力协调了奥古斯丁、亚里士多德和其他人的观点。

15 世纪的道德神学巨著、佛罗伦萨的安东尼的 *Summa Theologica* (reprint of Verona 1740 edition [Graz: 1959]), bk. 2, pt. 10, chap. 1 包含了整个中世纪关于谎言的观点，再次表明当时讨论的基础来自奥古斯丁。

6. 在此问题上，阿奎那的贡献不容小觑，他清晰地区分了说假话的意图和欺骗的意图，并指出只有前者才属于谎言。*Summa Theologica* 2. 2. ques. 110, art. 1.（参见附录）

7. 参见 J. P. Gury, *Compendium Theologiae Moralis,* ed. A. Sabetti and T. Barrett (Rome, New York, and Cincinnati: Ratisbon, 1902), pp. 221–23. 另见 Bernard Haring 在 *The Law of Christ,* pp. 556–76 中的论述，以及 Cardinal Newman 在 *Apologia Pro Vita Sua,* pp. 269–74, 348–61 中提到的冲突。

8. Blaise Pascal, *Provincial Letters,* 收录于 *Pensees, Provincial Letters,* trans. W. F. Trotter (New York: Modern Library, 1941), Letter 9, p. 443.（我对译文做了几处修正，以更贴近法文。）

9. John Maguire et al., "Truthfulness," 收录于 *Cases and Materials on Evidence,* 6th ed. (Mineola, New York: The Foundation Press, 1973), pp. 248–52。

10. John Calvin, "Petit Traicte Monstrant Que C'est Que Doit Faire un Homme Cognoissant la Verite de L'Evangile Quand II Est Entre les Papistes," *Opera Omnia VI* (Geneva, 1617), pp. 541–88. 在后来的一封信里，加尔文指出，借用秘密跟从耶稣的尼哥德慕之名，乃是对这位圣人的误解，因为尼哥德慕后来不再遮遮掩掩，而是公开追随耶稣；而尼哥德慕派则没有公开承认自己的信仰，继续秘密从事他们

的"偶像崇拜"。参见 John Calvin, *Three French Treatises,* ed. Francis M. Higman (London: Athlone Press, 1970), pp. 133–45。

11. Charles J. McFadden, *Medical Ethics* (Philadelphia: F. A. Davis, 1967), p. 391.

12. Grotius, *On the Law of War and Peace,* vol. 3, chaps. 1, 2.

13. 例如，Thomas Percival 在 *Medical Ethics,* 3d ed.（Oxford: John Henry Parker, 1849）中引用格劳秀斯的话说，"谎言始终被理解为对真理的犯罪性破坏，因此无论在何种情况下都不是正当的。"（p. 135）

14. 康德使用的教科书是 Alexander Gottlieb Baumgarten 的 *Ethica Philosophica,* 3d ed. (Magdeburg, 1763). 该书对谎言的结论相对严格（pars. 343, 344）。

15. 保罗·门则尔（Paul Menzer）整理了这些学生笔记，并于 1924 年出版 *Lectures on Ethics* (trans. Louis Infield [London: Methuen & Co., 1930])。他特别提醒，不应单凭这些笔记得出康德的道德哲学结论，因为做笔记的学生们尚且无知。此外，康德是在写作《纯粹理性批判》时讲授这些课程的。他从来没有发表相关讲稿。在这些笔记被统称为《康德的伦理学讲演》的今天，必须记住这一点。在评判康德对谎言的看法时这一点尤为重要。在他发表的所有作品中，对于这个主题的态度总是非常严格。虔敬派家庭的成长环境，以及在神学家、哲学家 F. A. 舒尔茨开办的弗里德里希中学求学的经历，都促成了他的严格态度。然而，在《伦理学讲演》中，康德提出了一些情况，在这些情况下不实之词并非谎言，因而不必受到谴责。有人指出，这种灵活的观点是康德自己的；还有不少人认为，他后来在写到谎言问题时显得过分严厉，是因为他上了岁数。（例如，参见 W. I. Matson, "Kant as Casuist," *Journal of Philosophy* 51 [1954]: 855–60.）这种观点所依据的是康德没有亲自发表的东西。我认为，学生笔记中表现出的灵活性，倘若可以采信的话，更多地应理解为康德在尚未完成自己的伦理学著作前在教学中愿意接受禁止说谎的例外情况。

16. 康德在两个地方详细讨论了说谎问题："On a Supposed Right to Lie

from Altruistic Motives," （见本书附录）以及 *The Doctrine of Virtue,* trans. Mary J. Gregor (New York: Harper & Row, 1964), pp. 92–96。

17. Kant, "On a Supposed Right to Lie".

18. Ibid.

19. Kant, *The Doctrine of Virtue,* p. 93.

20. 在 "On a Supposed Right to Lie" 中，康德提到了本雅明·康斯坦在 "Des reactions politiques", *France,* 1797, 6:123. 中的观点。康德指出，"有权得到真相" 的表述是没有意义的。

    在 *The Doctrine of Virtue,* p. 92 中，康德指出，"在法学范畴中，只有当故意的不实之词侵犯了他人权利时，才叫谎言。但很显然，在不以［对他人的］伤害为道德判断标准的伦理学中，一切有意为之的不真实意思表达都应被视为说谎。"

21. Kant, "Introduction to the Metaphysic of Morals," *The Doctrine of Virtue,* p. 23.

22. Kant. "On a Supposed Right to Lie."

23. Cardinal Newman 的 *Apologia Pro Vita Sua,* pp. 274, 361 是对皈依天主教生活的热情捍卫，他用诉诸谎言这个传统的微妙之处回应了新教徒的指责。另参见 J. L. Altholz, "Truth and Equivocation: Liguri's Moral Theory and Newman's *Apologia,*" *Church History* 44 (1975): 73–84。

24. 比照 James Martineau, *Types of Ethical Theory* (Oxford: Clarendon Press, 1875), 2:241: "敌人、杀人犯、疯子必须要有我们的配合才能对受害者施加其邪恶意志吗？"

25. 参见附录中节选的康德作品。另见 "The Metaphysic of Morals", *The Doctrine of Virtue:* "某个适当行为的结果，无论是好是坏……都不能归于行为主体。"（p. 28）

26. 参见本章开头的引文 John Wesley, *Works,* vol. 7 (London: Wesleyan Conference Office, 1878). 卫斯理在布道时指出，"真正的以色列人不行诡计" 指的是 "心中无诡计，因而口中无妄言" 的人。在卫斯理看来，此处的第一层意味在于 "诚实——从心底里说真话——摒弃一切故意的谎言，无论其类型和程度"。接着，他给谎言下了定义，以否定"内心保留"和某些不实之词算不得谎言的说法。

27. Paul, First Epistle to Timothy, 1:9–10. 与出自 *The Didache, or Teaching of the Twelve Apostles* 的这段话相对照，公元 2 世纪的教会指南 *The Apostolic Fathers,* trans. Kirsopp Lake, vol. 1 (Cambridge, Mass.: Harvard University Press, and London: William Heinemann, 1912) 中写道："你不可杀人，不可奸淫……不可偷盗，不可使用法术……不可做伪证，不可做假见证，不可说恶语，不可坏恶意。你不可假心假意，不可口是心非，因为口是心非乃是死亡的陷阱……"（pp. 311, 313）

28. Dante, *The Divine Comedy: Inferno,* trans. Charles S. Singleton (Princeton, N.J.: Princeton University Press, 1940), canto 11, p. 111.

29. Kant, *Critique of Practical Reason,* p. 129.

30. Augustine, "On Lying," p. 66. 他从《旧约》智慧书 1:11"说谎者灵魂死"得出结论，认为谎言会令灵魂死亡，并将这句话比照《马太福音》10:28"不要怕那些能杀死肉体而不能杀死灵魂的事，而要担心那些会令肉体和灵魂均在地狱中毁灭的事"。

31. Richard F. Gombrich, *Precept and Practice* (Oxford: Clarendon Press, 1971), pp. 64–65, 255.

32. 参见 Lewis Jacobs, *Jewish Values* (London: Vallentine, Mitchell, 1960), pp. 145–54. 关于伊斯兰教对谎言和伪装的看法，参见 Nikki Keddie, "Symbol and Sincerity in Islam"。

第四章 权衡后果

1. Erasmus, *Responsio ad Albertum Pium, Opera Omnia,* vol. 9 (Leiden, 1706; reprinted Hildesheim, 1962), cols. 1194–96.

2. H. Sidgwick, "The Classification of Duties. Veracity," p. 316 (see Appendix). 另见 Hastings Rashdall, *The Theory of Good and Evil,* 2d ed. (New York and London: Oxford University Press, 1924), bk. 1, pp. 192–93。

3. Laurence Tribe 在 "Policy Science: Analysis or Ideology?" *Philosophy and Public Affairs* 2 (1972) :66-110 中批评很多现代哲学，包括功利主义，只关注最终结果，不考虑 "形成个体与社会行为的过程"。我认为，归根结底，不能对谎言进行评估正体现了这种态度。另见 R. Nozick, *Anarchy, State and Utopia* (New York: Basic Books, 1968), chap. 7。

4. 然而，因说谎者信誉受损而产生的那部分负值，只要没有造成痛苦，就不被边沁承认。但密尔则不这么认为。

5. D. H. Hodgson 在 *Consequences of Utilitarianism* (London: Oxford University Press, 1967) 中指出，从功利主义的角度看待撒谎和讲真话，必然会导致沟通信任度的下降。（参见 D. K. Lewis, "Utilitari anism and Truthfulness," *Australian Journal of Philosophy* 50 [1972]:17-19.）

6. 参见 Sidgwick, *Methods of Ethics,* p. 316, and Rashdall, *The Theory of Good and Evil,* p. 193。

7. 参见 J. J. C. Smart and Bernard Williams, *Utilitarianism, For and Against* (London: Cambridge University Press, 1973), p. 62。

8. 因此，F. H. Bradley 在 *Ethical Studies* (New York and London: Oxford University Press, 1927), p. 193 中声称："不可能有某种道德哲学会告诉我们具体应该做什么……这不是哲学要解决的问题。"

　　另见 C. D. Broad, *The Philosophy of C. D. Broad,* ed. P. Schilpp (New York: Tudor Publishing Co., 1959), p. 285, 以及 R. M. Hare, *Essays on Philosophical Method* (Berkeley and Los Angeles: University of California Press, 1972), pp. 1-18。

9. 在 *A Theory of Justice* (Cambridge, Mass.: Harvard University Press, Belknap Press, 1971), p. 34 中约翰·罗尔斯将那些认为存在多个可能相互冲突的原则并认为这种冲突无法用明确的优先规则或方法解决的人称为"直觉主义者"。他们只能求助于"直觉"来解决此类冲突。诚然，我相信人们可以运用一系列原则，我尚未找到一个可行的、可以解决原则冲突的优先规则。但我不想接受"直觉主义者"这个标签。我相信，存在比"直觉"更好的实际道德推理，可以解决一些冲突。

直接诉诸"直觉"往往会使推理陷入困境，尤其是在利害关头。如果在辨析什么情况下该说谎、什么情况下不该说谎时运用直觉则显然会为私利左右，正如迪斯雷利所言："绅士就是知道何时该说真话、何时不该说的人。"

10. 在实践中根除酷刑是如此困难，不能归咎于道德体系的失败。

11. 神学伦理学中的两种道德推理方法——情境伦理学和双重效应原则——也是如此。(Joseph Fletcher, *Situation Ethics: The New Morality* [Philadelphia: Westminster Press, 1966] 和 Richard A. McCormick, *Ambiguity in Moral Choice* [Milwaukee: Marquette University Press, 1973]) 这些方法含有相当的功利主义成分，都可以像功利主义那样通过扩展来"说明"很多无法直接计算的问题。

12. 关于道德哲学体系中引申出的对自杀和自愿安乐死的对立立场讨论，参见我的 "Voluntary Euthanasia," Harvard University, unpublished dissertation, 1970, chaps. 1 and 2。

13. 此类传统往往指的是诡辩。参见 L. Edelstein, *The Meaning of Stoicism* (Cambridge, Mass.: Harvard University Press, 1966), pp. 71–98; K. E. Kirk, *Conscience and Its Problems* (London: Longmans, Green and Com-pany, 1927), pp. 106–212; R. Thamin, *Un Probleme Moral dans I'AntiquitS* (Paris: Hachette et Cie, 1884); W. Whewell, "Note" on casuistry, in *Lectures on the History of Moral Philosophy in England* (London: John W. Parker and Son, 1852)。

第五章　白色谎言

1. 见附录。

2. 亚里士多德在 *Nicomachean Ethics* (pp. 239–45) 中将这二者称为"言过其实"和"言不及实"。他认为二者是两个极端，可取的真实性就位于两个极端之间。

3. 该讨论出自我的两篇文章："Paternalistic Deception in Medicine, and

Rational Choice: The Use of Placebos," Max Black, ed., *Problems of Choice and Decision* (Ithaca, N.Y.: Cornell University Program on Science, Technology and Society, 1975), pp. 73–107; 以及 "The Ethics of Giving Placebos," *Scientific American* 231 (1974): 17–23。

4. O. H. Pepper, "A Note on the Placebo," *American Journal of Pharmacy* 117 (1945) : 409–12.

5. J. Sice, "Letter to the Editor," *The Lancet* 2 (1972):651.

6. 感谢梅尔文·莱文博士允许我转载这个用于波士顿儿童医院伦理学研讨会上的案例。

7. C. M. Kunin, T. Tupasi, and W. Craig, "Use of Antibiotics," *Annals of Internal Medicine* 79 (October 1973): 555–60.

8. 内科、儿科、外科、麻醉科、产科和妇科常用的 19 本较新的教材中只有 3 本提到安慰剂，且没有一本详细说明因此产生的医学或伦理学困境。6 本药理学教科书中有 4 本提到了安慰剂，但只有一本涉及伦理角度。8 本精神病学教科书中只有 4 本提到安慰剂，且没有一本提到伦理问题。相关参考资料参见 Bok, "Paternalistic Deception in Medicine and Rational Choice."

9. 出自美国陆军军官评估报告 DA 67–7，1973 年 1 月 1 日。

第六章　借口

1. John McNeill and Helena M. Gamer, trans., *Medieval Handbooks of Penance* (New York: Columbia University Press, 1938), p. 163.

2. William Shakespeare, *Othello,* act 1, scenes 1 and 3.

3. *Othello,* act 1, scene 3.

4. 另一方面，为了获得不公平的利益而伪装，虽然也很常见，但不能成为理由。

5. 保守秘密乃是基于承诺，就此而言，这也是真实性——即令承诺变为现实——的间接要求。

6. 关于此类权利与更普遍的人权之间的区别讨论，参见 H. L. A. Hart, "Are There Any Natural Rights?" 收录于 Anthony Quinton, ed., *Political Philosophy* (London: Oxford University Press, 1967), pp. 53–66。

7. 当然，在这种情况下，是否有行为能力是关键。如果对受试者做出知情同意的能力有所怀疑，仅仅说受试者事先同意接受欺骗性实验是不够的。此外，如果可以预见到有理智的人会反对实验，则有行为能力和知情同意均不足以成为开展实验的充分条件。参见 Jay Katz, *Experimentation with Human Beings* (New York: Russell Sage Foundation, 1972)。

8. 此类例子参见 Lmar Waldner, "Comments," in Max Black, ed., *Problems of Choice and Decision,* (Ithaca, N.Y.: Cornell University Program on Science, Technology and Society, 1975), pp. 118–19。

9. 比照 Hastings Rashdall, *The Theory of Good and Evil,* 2d ed. (New York and London: Oxford University Press, 1924), bk. 1, p. 194:"甚至在有些情况下，为了真相本身，必须说谎；为了传达更高的真理或促进思想和言论的真正自由，必须做出不实陈述。"

10. Shakespeare, *Othello,* act 1, scene 3.

第七章　辩解

1. David Hume, *An Enquiry Concerning the Principles of Morals,* "Conclusion," 收录于 *Hume's Moral and Political Philosophy,* ed. Henry D. Aiken (New York: Macmillan Co., Hafner Press, 1948), p. 252。

2. Ludwig Wittgenstein, *Philosophical Investigations,* ed. G. E. M. Anscombe (New York: Macmillan Co., 1953), par. 265 (p. 93e).

3. John Rawls, *A Theory of Justice* (Cambridge, Mass: Harvard University Press, Belknap Press, 1971), p. 133. 比照 Kurt Baier, *The Moral Point of View: A Rational Basis of Ethics* (Ithaca, N.Y.: Cornell University Press, 1958): "'秘而不宣的道德'这一说法自相矛盾。" p. 196。

4. 这一发展在当代出现了一个有趣的证明，即评估医院人体实验的伦理委员会。参加过委员会的人，只要认真对待自己的工作，都不会否认审慎考虑一个个道德选择所产生的巨大影响。

5. Seneca, *Moral Epistles,* trans. Richard M. Gummere (Cambridge, Mass.: Harvard University Press, and London: William Heinemann, 1917), vol. 1, p. 185.

6. Irving L. Janis, *Victims of Groupthink* (Boston: Houghton Mifflin, 1972), p. 204.

7. 参见 The National Commission for the Protection of Human Subjects of Biomedical and Behavioral Research, *Report and Recommendations, Research on the Fetus* (U.S. Department of Health, Education and Welfare, Publication No. [OS] 76−128, 1975)。

8. 毫无疑问，这种权衡过程唯有在权利和自由受到法律保护的背景下方能有效进行。

9. 见附录。

第八章　危机中的谎言

1. 在没有公认义务的情况下，例如船只遇险时船长应承担的义务，或"女士和儿童优先"的普遍行为规范。

2. George Steiner, *After Babel,* p. 224.

3. *United States* v. *Holmes,* 26 Fed. Cas. 360 (C.C.E.D. PA 1842). 另见 James Childress, "Who Shall Live When Not All Can Live?" 收录于 Thomas A. Shannon, ed., *Bioethics* (New York: Paulist Press, 1976), pp. 397−411。

4. Plutarch, "Lycurgus," *Lives of the Noble Greeks,* ed. Edmund Fuller (New York: Dell Publishing Co., 1959), p. 42.

5. 参见 K. Donaldson, *Insanity Inside Out* (New York: Crown, 1976), 他被非自愿地监禁在佛罗里达的一家州立医院里，为获得自由斗争了15 年，终于 1971 年获释。1975 年，美国最高法院支持了他的上诉 (O'Connor v. *Donaldson,* 422 U.S. 563)。

6.感谢梅尔文·莱文博士允许我使用这个案例。

第九章　对骗子说谎

1. 这是一个标志，近几个世纪以来缺乏辩论，像汉娜·阿伦特那样家喻户晓的作家竟在《真理与政治》中宣称，除拜火教之外，其他主要宗教均未将说谎列为严重罪过，称说谎只是随着清教徒道德的盛行才被视为严重罪行，足见几个世纪以来对该问题的讨论之匮乏。（Peter Laslett and W. G. Runciman, eds., *Philosophy, Politics and Society*, 3d ser. [New York: Barnes and Noble, 1967], p. 108）

2. Augustine, "Against Lying," p. 125−26.

3. 比照 Benjamin Spock, *Baby and Child Care* (New York: Pocket Books, 1976), p. 355。

4. 关于以礼还礼、以款待报答款待的复杂讨论，参见 Marcel Mauss, *The Gift* (New York: W. W. Norton & Company, 1967)。

5. Augustine, "Against Lying," chap. 2.

6. Christopher Ricks 讨论了英语中常用的 "lie/lie pun"，参见 "Lies," *Critical Inquiry,* Autumn 1975, pp. 121−42。

7. Steven N. Brenner and Earl A. Molander, "Is the Ethics of Business Changing?" *Harvard Business Review* 55 (January-February 1977): 57−71.

第十章　对敌人说谎

1. Machiavelli, *The Prince* (New York: Random House, 1950), chap.18 (p. 64).

2. James Martineau, *Types of Ethical Theory* (Oxford: Clarendon Press, 1875), 2:242, 244.

3. 关于滥用酷刑的情况，参见大赦国际的文献。该组织致力于释放没有使用或主张使用暴力的政治犯。关于医务人员参与酷刑的讨论，

参　见 Leonard A. Sagan and Albert Jonsen, "Medical Ethics and Torture," *New England Journal of Medicine* 294 (1976): 1427–30.

4. Francis Hutcheson 在 *A System of Moral Philosophy,* bk. 2, chap. 10 (p. 34) 中讨论真实原则的例外情况时指出："若承诺或叙述是在明显不公正的暴力强迫下做出的，那些施暴者抛弃了生活中所有的自然法则，因而也丧失了一切人权。因为若维持他们的权利，就会强化或鼓励他们，或助长他们的邪恶行为。"

5. Hannah Arendt, "Truth and Politics," p. 128.

6. 参见 Ernst Kris and Nathan Leites, "Trends in Twentieth Century Propaganda," 收录于 Bernard Berelson and Morris Janowitz, eds., *Reader in Public Opinion and Communication* (New York: Free Press, 1950), pp. 278–88. 关于影响观念的各种方式，另见 J. A. C. Brown, *Techniques of Persuasion: Propaganda to Brainwashing* (Baltimore: Penguin Books, 1963)。

7. 尽管二者都不涉及违反法律的欺骗形式。

8. 参见 Alva Myrdal, *The Game of Disarmament* (New York: Pantheon Books, 1976)。

第十一章　为保护同行和客户撒谎

1. Prince Albert Morrow, *Social Diseases and Marriage* (New York and Philadelphia: Lea Brothers & Co., 1904), p. 51.

2. Marcel Eck, *Lies and Truth* (New York: Macmillan Co., 1970), p. 183.

3. Bernard Haring, *The Law of Christ,* 3:575.

4. 参见 Harvey Kuschner et al., "The Homosexual Husband and Physician Confidentiality," *Hastings Center Report,* April 1977, pp. 15–17。

5. 关于青少年忠诚的经验研究，参见 Esther R. Greenglass, "Effects of Age and Prior Help on 'Altruistic Lying,'" *The Journal of Genetic Psychology* 121 (1972): 303–13. 研究发现，12 岁的孩子比 8 岁的孩子更愿意为了曾经帮助过他们的同伴撒谎，在拒绝为同伴撒谎的孩子中，12 岁

组和 8 岁组之间没有差异。

6. Dietrich Bonhoeffer, *Ethics,* p. 367.

7. 美国医学协会，*Principles of Medical Ethics,* 重印于 Stanley Joel Reiser, Arthur J. Dyck, and William J. Curran, eds., *Ethics in Medicine* (Cambridge, Mass., and London: MIT Press, 1977), pp. 38–39。

8. Boyce Rensberger, "Unfit Doctors Create Worry in Profession," *New York Times,* 26 January 1976（当然，取决于对"无法胜任"的理解不同，这个统计数字可能有很大出入。但无论如何界定，都必须包括对酒精或其他药物成瘾的医生。）

9. *Hoffman* v. *Lindquist,* 37 Cal. 2d (1951) (J. Carter, dissenting)："但无论原告的案情如何，医学协会的医生们都会为被控有渎职行为的同事辩护，而为了真相和正义、鼓起勇气、冒着被同行排挤和失去公共责任保险的风险给出专业证词的英勇行为则寥寥无几。"

　　另见 *Agnew* v. *Parks,* 172 Cal. App. 2d 756, 343, p. 2d 118 (1959) 以及 *L'Orange* v. *Medical Protective Company,* 394 F. 2d 57 (6th Cir. 1968).

10. *Boston Sunday Globe,* editorial, 24 August 1975。

11. 关于工作中的错误与失败这一社会学话题，参见 Everett Hughes, "Mistakes at Work," in *The Sociological Eye* (Chicago and New York: Aldine-Atherton, 1971), pp. 316–25。

12. Charles Curtis, "The Ethics of Advocacy," *Stanford Law Review*, 4 (1951): 3; Henry Drinker, "Some Remarks on Mr. Curtis' The Ethics of Advocacy,"*Stanford Law Review*, 4 (1952): 349, 350; Marvin Frankel, "The Search for Truth: An Umpireal View," *University of Pennsylvania Law Review*, 123 (1975): 1031.

13. Monroe H. Freedman, *Lawyers "Ethics in an Adversary System,"* (Indianapolis and New York: Bobbs-Merrill Co., 1975), pp. 40–41.

14. "The Penitential of Cummean," 收录于 James McNeill and Helena M. Gamer, *Handbooks of Penance* (New York: Columbia University Press, 1938), p. 106。

15. 关于该立场的批评，参见 John Noonan, "The Purposes of Advocacy and the Limits of Confidentiality," *Michigan Law Review* 64: 1485。

16. *Code of Professional Responsibility,* Canon 7, 重刊于 Andrew Kaufman, *Problems in Professional Responsibility* (Boston: Little, Brown and Co. 1976), p. 669。

17. David Mellinkoff, *Lawyers and the System of Justice* (St. Paul, Minn.: West Publishing Company, 1976), p. 441. 另见 Lloyd L. Weinreb, *Denial of Justice* (New York: Free Press, and London: Collier Macmillan Publishers, 1977)。

18. Hugo Grotius, *On the Law of War and Peace,* bk. 3, chap. 1; Samuel Pufendorf, *Of the Law of Nature and Nations,* trans. Basil Kennett (London, 1710), vol. 2.

19. Thomas D. Morgan and Ronald D. Rotunda, *Problems and Materials on Professional Responsibility* (Mineola, N.Y.: Foundation Press, 1976), p. 2.

20. 不单只有律师会面对这种直观决策。例如，Nicolai Hartmann 在 *Ethics,* 2:285 中指出："当一个人在责任层面上面对严重冲突时，他应该本着自己的良心做出最好决定，也就是说，根据自己实际生活中对相关价值的判断来决定，无论其是外在的还是内在的，并最终承担所涉及的罪责后果。"

21. Frankel, "The Search for Truth," pp. 203-4.

第十二章　为公共利益撒谎

1. 关于 gennaion pseudos 这个说法有很多争议。有些人翻译为"虔诚的欺骗"，并就是否可以实施这种欺骗展开了辩论。因此，Hastings Rashdall 在 *The Theory of Good and Evil,* 2d ed. (New York and London: Oxford University Press, 1924), bk. 1, p. 195 中指出，"倘若（在考察了所有响应后果后）此类欺诈是为了社会利益"，则可以实施。也有人将这个词汇解释为"高贵的谎言"（Jowett）或"想象力的大胆放飞"（Cornford）。后者代表了一种努力，即认为柏拉图并不提倡政府说谎，而是主张政府可以说故事，且有可能犯错。但这种解释很难站得住脚，因为 The Republic 389b 在讨论说谎时写道："城邦的统治者可以为了国家的利益对敌人或公民适当撒谎。" 柏拉图为城邦管理者撒谎背书是非同寻常的，因为在他看来，真理不仅与虚假相对立，也与不真相对。

2. Arthur Sylvester, "The Government Has the Right to Lie," *Saturday Evening Post,* 18 November 1967, p. 10.

3. Erasmus, *Responsio ad Albertum Pium, Opera Omnia,* vol. 9 (Leiden, 1706; reprinted Hildesheim, 1962).

4. 参议员格拉威尔编 *The Pentagon Papers* (Boston: Beacon Press, 1971), 3:556–59。

5. 林登·约翰逊早在 1964 年 3 月就知道可能不得不做出这一艰难选择。参见 Doris Kearns 在 *Lyndon Johnson and the American Dream* (New York: Harper & Row, 1976), p. 197 中引用的电话记录。

6. Theodore H. White, *The Making of the President 1964* (New York: Atheneum, 1965), p. 373.

7. *Cambridge Survey Research,* 1975, 1976.

8. *The Public Papers and Addresses of Franklin D. Roosevelt,* 1940, vol. 8, p. 517 (October 30, 1940).

9. 参见 Arthur M. Schlesinger, Jr., *The Imperial Presidency* (Boston: Houghton Mifflin, 1973), p. 356:"隐瞒信息和泄露信息的权力不可避免地变成了撒谎的权力……不受控制的保密行为往往使得撒谎成为惯例。" 另见 David Wise, *The Politics of Lying* (New York: Random House, 1973)。

10. 关于政治中的说谎与道德选择，参见 Plato, *The Republic;* Machiavelli, *The Prince;* Grotius, *On the Law of War and Peace;* Werner Krauss, ed., *Est-il utile de tromper le peuple?,* a fascinating compilation of answers by Condorcet and others in a contest sponsored by Frederick II in 1780 (Berlin: Akademie-Verlag, 1966); Max Weber, "Politics as a Vocation," *Essays in Sociology,* trans. H. H. Gerth and C. Wright Mills (New York:

Oxford University Press, 1946), pp. 77–128; and Michael Walzer, "Political Action: The Problem of Dirty Hands," *Philosophy and Public Affairs* 2 (Winter 1973): 160–80。

第十三章 带有欺骗性的社会科学研究

1. Stanley Milgram, "Some Conditions of Obedience and Disobedience to Authority," *Human Relations* 18 (1965): 57–75; 以及 "Problems of Ethics in Research," 收录于 Stanley Milgram, *Obedience to Authority* (New York: Harper & Row, 1974), app. 1 (pp. 193–202)。

2. Jay Katz, *Experimentation with Human Beings* (New York: Russell Sage Foundation, 1972); 以及 Henry K. Beecher, *Research and the Individual* (Boston: Little, Brown and Company, 1970)。

3. DHEW *Code of Federal Regulations,* Title 45, revised as of Nov. 6, 1975, pars. 46.101, 102, 103.

4. Revised Ethical Standards of Psychologists, Principle 9, d, g, *APA Monitor,* March 1977, pp. 22–23.

5. Elliot Aronson, "Experimentation in Social Psychology," 收录于 *The Handbook of Social Psychology,* ed. Gardner Lindzey and Elliot Aronson, vol. 2 (Reading, Mass.: Addison-Wesley, 1968), p. 26。

6. Herbert Kelman, "Human Use of Human Subjects: The Problem of Deception in Social Psychological Experiments," *Psychological Bulletin* 67 (1967): 1–11.

7. Francis Bacon, "Of Truth."（见附录）

8. Charles McClintock, *Experimental Social Psychology* (New York: Holt, Rinehart and Winston, 1972), p. 62.

9. *Ethical Standards,* Principle 9, h.

10. Herbert Kelman, "Research, Behavioral," *Encyclopedia of Bioethics* (New York: Free Press, 1978).

11. Kai Erikson 对"伪装观察"表达了类似的担忧。他在"A Comment on Disguised Observation in Psychology," *Social Problems,* 1967, pp. 366–73中指出："这种特殊的研究策略可能会以事前无法预先、事后无法弥补的方式造成伤害。"(p. 367)。

12. DHEW *Code*（参见本章注释 3）。

13. 关于此类侵犯的例子以及相关讨论的着眼点，参见 Judith Jarvis Thomson, "The Right to Privacy," *Philosophy and Public Affairs 4* (1975): 295–322。

14. Donald Warwick, "Social Scientists Ought to Stop Lying," *Psychology Today* 8 (February 1975): 38–49, 105–6.

15. Stuart Sutherland, "The Case of the Pseudo-patient," *Times Literary Supplement, 4* February 1977, p. 125.

16. David Rosenhan, "On Being Sane in Insane. Places," *Science* 179 (1973): 250–58.

17. Allan Owen and Robin Winkler, "General Practitioners and Psychosocial Problems: An Evaluation Using Pseudo-patients," *Medical Journal of Australia 2* (1974): 393–98.

18. *The New York Times,* 30 August 1976.

19. Owen and Winkler, "General Practitioners and Psychosocial Problems," p. 398.

第十四章　家长式谎言

1. Thomas Hobbes, *De Corpore Politico,* in *Body, Man, and Citizen: Selections from Thomas Hobbes,* ed. Richard Peters (New York: Collier Books, 1962), p. 330.

2. Homer, *Odyssey* 12, 226.

3. 关于家长式作风问题的讨论，参见 John Stuart Mill, "On Liberty," *The Philosophy of John Stuart Mill,* ed. Marshall Cohen, pp. 185–319, 以

及 Gerald Dworkin, "Paternalism," R. Wasserstrom, ed., *Morality and the Law* (Belmont, Cal.: Wadsworth Publishing Company, 1971), pp. 107-26。

4. 参见 Leona Baumgartner and Elizabeth Mapelsden Ramsey, "Johann Peter Frank and His 'System einer vollstandigen medizinischen Polizei," *Annals of Medical History* n.s. 5 (1933): 525-32, and n.s. 6: 69-90。

5. Erik Erikson, *Toys and Reasons* (New York: W. W. Norton & Co., 1977), p. 17.

关于孩童时代撒谎，以及儿童对谎言的看法，参见 Sigmund Freud, "Infantile Mental Life: Two Lies Told by Children," *Collected Papers,* ed. James Strachey (London: Hogarfh Press, 1950), pp. 144-49; Jean Piaget, "Lying," *The Moral Judgment of the Child* (New York: Collier Books, 1962), pp. 139-96; Durandin, *Les fondements du mensonge.* 关于儿童道德判断形成的理论，参见 Lawrence Kohlberg, "The Development of Children's Orientations Toward a Moral Order: I. Sequence in the Development of Moral Thought," *Vita Humana* 6 (1963): 11-33 以及后续作品。

6. Edmund Gosse, *Father and Son* (New York: Charles Scribner's Sons, 1908), pp. 22, 24.

关于童话故事在儿童成长中的作用，相关讨论参见 Bruno Bettelheim, *The Uses of Enchantment* (New York: Alfred A. Knopf, 1976).

7. Cardinal Newman 在 *Apologia Pro Vita Sua,* p. 274 中引述了弥尔顿列出的欺骗对象，还包括"敌人、罪人和小偷"。另见 Erasmus, *Responsio ad Albertum Pium, Opera Omnia,* vol. 9 (Leiden, 1706; reprinted Hildesheim, 1962); Hugo Grotius, *the Law of War and Peace*（见附录）; H. Sidgwick, *The Methods of Ethics,* p. 316,"对于孩子们不应该知道的真相，我认为人们会毫不犹豫地诉诸虚构。"

8. Renee C. Fox and Judith P. Swazey, *The Courage to Fail: A Social View of Organ Transplants and Dialysis* (Chicago and London: University of Chicago Press, 1974), p. 15.

9. Martin Luther: 见第四章引文，该段文字收录于 *What Luther Says* (St. Louis, Mo.: Concordia Publishing House, 1959), 2:870−72; 以及 *Saemmtliche Schriften,* vol. 1 (St. Louis, Mo.; Concordia Publishing House, 1892), pp. 787−88。

10. Daniel Pekarski 在 "Manipulation and Education" (Ph. D. diss., Harvard University, 1976) 中讨论了教育领域浮现的此类选择。

11. 关于家长式作风下的这种默许同意，参见 Dworkin, "Paternalism" 以及 John Rawls, *A Theory of Justice* (Cambridge, Mass.: Harvard University Press, Belknap Press, 1971), pp. 209, 249. 另见附录格劳秀斯。

12. Mill, "On Liberty," pp. 197−98.

第十五章　对病患和临终者说谎

1. Plato, *The Republic,* 389 b.

2. B. C. Meyer, "Truth and the Physician," *Bulletin of the New York Academy of Medicine* 45 (1969): 59−71. 另见本书第一章引用的哈德森医生的文章（注释 12）。

3. W. H. S. Jones, trans, *Hippocrates,* Loeb Classical Library (Cambridge, Mass.: Harvard University Press, 1923), p. 164.

4. 再版于 M. B. Etziony, *The Physician's Creed: An Anthology of Medical Prayers, Oaths and Codes of Ethics* (Springfield, 111.: Charles C. Thomas, 1973), pp. 15−18。

5. 参见 Harry Friedenwald, "The Ethics of the Practice of Medicine from the Jewish Point of View," *Johns Hopkins Hospital Bulletin,* no. 318 (August 1917), pp. 256−61。

6. "Ten Principles of Medical Ethics," *Journal of the American Medical Association* 164 (1957): 1119−20.

7. Mary Barrett, letter, *Boston Globe,* 16 November 1976, p. 1.

8. 尽管少数医生努力试图让人们关注这些问题。参见 Thomas Percival,

Medical Ethics, 3d ed. (Oxford: John Henry Parker, 1849), pp. 132–41; Worthington Hooker, *Physician and Patient* (New York: Baker and Scribner, 1849), pp. 357–82; Richard C. Cabot, "Teamwork of Doctor and Patient Through the Annihilation of Lying," *Social Service and the Art of Healing* (New York: Moffat, Yard & Co., 1909), pp. 116–70; Charles C. Lund, "The Doctor, the Patient, and the Truth," *Annals of Internal Medicine* 24 (1946): 955; Edmund Davies, "The Patient's Right to Know the Truth," *Proceedings of the Royal Society of Medicine* 66 (1973): 533–36。

9. Lawrence Henderson, "Physician and Patient as a Social System," *New England Journal of Medicine* 212 (1955).

10. Nicholas Demy, Letter to the Editor, *Journal of the American Medical Association* 217 (1971): 696–97.

11. 关于医生们的观点，参见 Donald Oken, "What to Tell Cancer Patients," *Journal of the American Medical Association* 175 (1961): 1120–28; 以及 Robert Veatch, *Death, Dying, and the Biological Revolution* (New Haven and London: Yale University Press, 1976), pp. 229–38 的表格。病人的观点，参见 Veatch, *ibid.;* Jean Aitken-Swan and E. C. Easson, "Reactions of Cancer Patients on Being Told Their Diagnosis," *British Medical Journal,* 1959, pp. 779–83; Jim Mcintosh, "Patients' Awareness and Desire for Information About Diagnosed but Undisclosed Malignant Disease," *The Lancet* 7 (1976): 300–03; William D. Kelly and Stanley R. Friesen, "Do Cancer Patients Want to Be Told?," *Surgery* 27 (1950): 822–26。

12. 参见 Avery Weisman, *On Dying and Denying* (New York: Behavioral Publications, 1972); Elisabeth Kübler-Ross, *On Death and Dying* (New York: Macmillan Co., 1969); Ernest Becker, *The Denial of Death* (New York: Free Press, 1973); Philippe Aries, *Western Attitudes Toward Death,* trans. Patricia M. Ranum (Baltimore and London: Johns Hopkins University Press, 1974); 以及 Sigmund Freud, "Negation," *Collected Papers,* ed. James Strachey (London: Hogarth Press, 1950), 5:181–85。

13. Kubler-Ross, *On Death and Dying,* p. 34.

14. Michel de Montaigne, *Essays,* bk. 1, chap. 20.

15. 这些问题在文学作品中表现得最为直接。近来有两部作品以惊人的美感和简洁明了的方式直指核心，分别是 May Sarton, *As We Are Now* (New York: W. W. Norton & Co., 1973) 和 Freya Stark, *A Peak in Darien* (London: John Murray, 1976)。

16. Herman Feifel et al., "Physicians Consider Death," *Proceedings of the American Psychoanalytical Association,* 1967, pp. 201–2.

17. 关于工业化社会中当代医疗体系医源性趋势的批判，参见 Ivan Dlich, *Medical Nemesis* (New York: Pantheon, 1976).

18. 例如，"Statement on a Patient's Bill of Rights," 再版于 Stanley Joel Reiser, Arthur J. Dyck, and William J. Curran *Ethics in Medicine* (Cambridge, Mass., and London: MIT Press, 1977), p. 148。

19. 参见 Ralph Aphidi, "Informed Consent: A Study of Patient Reaction," *Journal of the American Medical Association* 216 (1971): 1325–29。

20. 参见 Steven R. Kaplan, Richard A. Greenwald, and Arvey I. Rogers, Letter to the Editor, *New England Journal of Medicine* 296 (1977): 1127。

21. Oken, "What to Tell Cancer Patients"; Veatch, *Death, Dying, and the Biological Revolution;* Weisman, *On Dying and Denying.*

22. Norman L. Cantor, "A Patient's Decision to Decline Life-Saving Treatment: Bodily Integrity Versus the Preservation of Life," *Rutgers Law Review 26:* 228–64; Danielle Gourevitch, "Suicide Among the Sick in Classical Antiquity," *Bulletin of the History of Medicine* 18 (1969): 501–18; 相关参考文献，参见 Bok, "Voluntary Euthanasia."

23. Lewis Thomas, "A Meliorist View of Disease and Dying," *The Journal of Medicine and Philosophy* 1 (1976): 212–21.

24. Claude Levi-Strauss, *Structural Anthropology* (New York: Basic Books, 1963), p. 167; 另见 Eric Cassell, "Per mission to Die," 收录于 John Behnke and Sissela Bok, eds., *The Dilemmas of Euthanasia* (New York: Doubleday,

Anchor Press, 1975), pp. 121–31。

25. Aries, *Western Attitudes Toward Death,* p. 11.

26. 参见 Charles Fried, *Medical Experimentation: Personal Integrity and Social Policy* (Amsterdam and Oxford: North Holland Publishing Co. 1974), pp. 20–24。

27. Cicely M. S. Saunders, "Telling Patients," 收录于 Reiser, Dyck, and Curran, *Ethics in Medicine,* pp. 238–40。

28. "Personal Directions for Care at the End of Life," Sissela Bok, *New England Journal of Medicine* 295 (1976): 367–69.

第十六章 结论

1. 参见 "The Pressure to Compromise Personal Ethics," Special Report, *Business Week,* 31 January 1977, p. 107, 以及 Steven N. Brenner and Earl A. Molander, "Is the Ethics of Business Changing?" *Harvard Business Review* 55 (January-February 1977): 57–71。

2. 参见 Richard Austin Smith, "The Incredible Electrical Conspiracy," pt. 1, *Fortune,* April 1961, pp. 132–37, 170–80。

3. 参见 Jerry R. Green and Jean-Jacques Laffont, *Incentives in Public Decision Making* (Amsterdam: North-Holland Publishing Co., 1978), 以及 William Vickery, "Counterspeculation, Auctions, and Cooperative Sealed Tenders," *Journal of Finance* 16 (March 1961): 8–37. 感谢霍华德·莱法令我注意到这一新研究方向。

4. 参见 Derek Bok, "Can Ethics Be Taught?" *Change* 8 (October 1976): 26–30。

参考文献

以下作品有些在正文脚注中提及，有些并未提到，但对于研究撒谎和真实性方面的伦理学课题非常有帮助。

Aquinas, Thomas. *Summa Theologica,* 2.2 ques. 109, 110. Literally translated by the Fathers of the English Dominican Province. London: Burns Oates & Washbourne Ltd, 1st ed. 1922.

Arendt, Hannah. "Truth and Politics." In Peter Laslett and W. G. Runciman, eds., *Philosophy, Politics and Society,* 3d series. New York: Barnes & Noble, 1967.

Aristotle. *Nicomachean Ethics.* Book IV, Ch. 7.

Augustine. "Lying," and "Against Lying." In *Treatises on Various Subjects,* vols. 14, 16. Edited by R. J. Deferrari. Fathers of the Church. New York: Catholic University of America Press, 1952.

Augustine. *Enchiridion,* on Faith, Hope and Love. Edited by Henry Paolucci. Chicago: Henry Regnery Company, 1961.

Bacon, Francis. "Of Truth." In *Essays Civil and Moral.* London: Ward, Lock & Co., 1910.

Bentham, Jeremy. *The Principles of Morals and Legislation,* chap. 16. New York: Macmillan Co., Hafner Press, reissued 1948.

Bonhoeffer, Dietrich. "What Is Meant by 'Telling the Truth'?" In *Ethics,* pp. 363-72. Edited by Eberhard Bethge. New York: Macmillan Co., 1965.

Chisholm, Roderick, and Feehan, Thomas D. "The Intent to Deceive." *The Journal of Philosophy 74* (1977): 143-59.

Durandin, Guy. "Les Fondements du Mensonge." Thesis, Faculte des Lettres et Sciences Humaines, Paris, 1970. Service de reproduction des theses de l'Universite de Lille, 1971.

Fried, Charles. *Right and Wrong,* chap. 3. Cambridge, Mass.: Harvard University Press, 1978.

Grotius, Hugo. *On the Law of War and Peace,* bk. 3, chap. 1. Translated by Francis W. Kelsey. Indianapolis: Bobbs-Merrill Co., 1925.

Haring, Bernard. *The Law of Christ: Moral Theology for Priests and Laity,* vol. 3, pp. 556–76. Translated by Edwin G. Kaiser. Westminster, Md.: Newman Press, 1966.

Harrod, R. F. "Utilitarianism Revised." *Mind* 45, no. 178 (1936): 137–56.

Hartmann, Nicolai. "Truthfulness and Uprightness." *Ethics,* vol. 2, pp. 281–85.

Hutcheson, Francis. *A System of Moral Philosophy,* bk. 2, pp. 31–35. New York: Augustus M. Kelley, 1968.

Isenberg, Arnold. "Deontology and the Ethics of Lying." In J. Thomson and Gerald Dworkin, eds., *Ethics,* pp. 163–85. New York: Harper & Row, 1968.

Jacobs, Lewis. "Truth." In *Jewish Values,* pp. 145–54. London: Valentine, Mitchell, 1960.

Kant, Immanuel. "On a Supposed Right to Lie from Benevolent Motives." In *The Critique of Practical Reason and Other Writings in Moral Philosophy,* pp. 346–50. Edited and translated by Lewis White Beck. Chicago: University of Chicago Press, 1949.

Kant, Immanuel. "The Doctrine of Virtue," pt. 2 of *The Metaphysic of Morals.* Translated by Mary Gregor. New York: Harper & Row, 1964.

Montaigne, Michel de. "Des Menteurs." [On Liars.] *Essais.* Edited by Maurice Rat. Paris: Editions Gamier Freres, 1952.

Newman, John Henry Cardinal. *Apologia Pro Vita Sua: Being a History of His Religious Opinions.* London: Longmans, Green & Co., 1880.

Piaget, Jean. *The Moral Judgment of the Child,* chap. 2. New York: Collier Books, 1952.

Plato. *Hippias Minor.*

Plato. *The Republic.*

Rousseau, J. J. "Les Reveries d'un Promeneur Solitaire" (Reveries of a Solitary). 4eme Promenade. *Oeuvres Completes,* vol. 1. Paris: N. R. F. Gallimard 1959. Trans. John Gould Fletcher. New York: B. Franklin, 1971.

Sidgwick, H. "Classification of Duties—Veracity." In *The Methods of Ethics.* 7th ed. London: Macmillan & Co., 1907.

Steiner, George. *After Babel,* pp. 205–35. New York and London: Oxford University Press, 1975.

Taylor, Jeremy. *Doctor Dubitandum or the Rule of Conscience,* bk. 3. London, 1660.

Warnock, G. J. *The Object of Morality,* chap. 6. London: Methuen & Co., 1971